글로벌 미디어와
아시아 정체성

서울대학교 아시아연구소총서 기초연구시리즈 19

글로벌 미디어와 아시아 정체성

혼종성과 저항성의 경계

초판 1쇄 발행 2020년 4월 15일

지은이 윤선희
펴낸이 오세정
디자인 최선아
인쇄 수이북스

펴낸곳 서울대학교출판문화원
주소 08826 서울 관악구 관악로 1
도서주문 02-889-4424, 02-880-7995
홈페이지 www.snupress.com
페이스북 @snupress1947
인스타그램 @snupress
출판등록 제15-3호

ISBN 978-89-521-2892-8 94300
978-89-521-1475-4 (세트)

이 연구는 2016년도 서울대학교 아시아연구소 아시아기초연구사업의 지원을 받아 수행되었음.

서울대학교 아시아연구소총서
기초연구시리즈 19

글로벌 미디어와 아시아 정체성

혼종성과 저항성의 경계

윤선희 지음

서울대학교출판문화원

Global Media and Asian Identity

Cultural hybridity or cultural resistance

Sunny Yoon

Seoul National University Press

머리말

불확실성의 시대, 위기의 시대로 불리는 21세기에 인류를 위협하고 두렵게 하는 위기와 불확실성은 완전히 불특정하고 예측할 수 없는 것보다는 과거의 경험이나 기존 상식과 다른 현상에서 오는 경우가 많다. 커뮤니케이션 이론에서도 과거 방식의 설명 방식에 사로잡혀 현재의 문제와 위기를 제대로 진단하지 못하는 경우가 많은데, 대표적으로 국제 커뮤니케이션 이론을 들 수 있을 것이다. 국제 커뮤니케이션 이론은 주류 이론과 비판 이론을 망라하며 60, 70년대 유행하던 인식과 현상을 주된 기반으로 형성된 이론으로, 주류 이론에서는 국가 간 관계에서 발생하는 문화 확산론이나 미디어의 글로벌라이제이션을 주요 이론으로 하고 있으며, 비판 이론에서는 문화제국주의와 소유권 집중 혹은 일방향적 국제 미디어 정보 흐름의 문제를 고발하는 정치경제학적 입장을 대변하고 있다. 이런 문제들이 과거에서 현재까지 이어지는 현상이라는 데는 변함이 없으나, 국제 커뮤니케이션 이론들이 구조 기능주의나 도구주의 시선으로 현상에 접근하여 현실 자체의 역동성을 파악하는 데 한계를 보인다는 점은 지적하지 않을 수 없다.

현재 날로 글로벌화하는 미디어 현상에서 가장 두드러지는 점은 과거 이론의 기반이 되었던 중심-주변, 미디어의 생산-소비라는 이분법적 구조가 깨지고 있다는 것이다. 서구-비서구의 권력 이분법을 넘어서서 이제 다양한 국제 지역 정치를 중심으로 다양한 도전이 제기되고 있다. 오늘날 국제 뉴스에 자주 등장하는 무역전쟁, 테러, 군사 위협, 종교 갈등, 이민 문제 등 다양한 이슈는 서구와 비서구라는 이분법적 구조, 정치경제학적 지배구조를 기반으로 한 기존 국제 커뮤니케이션 이론의 틀로 설명하기 어려운 다양한 차원의 도전을 담고 있다. 현재 국제적 차원의 도전을 선도하는 것은 단연 아시아 지역이며, 미중 무역전쟁, 핵 위협, 중동의 종교 갈등과 테러 위협, 난민 문제와 이민 문제는 이를 표상하고 있다.

이 책은 서울대학교 아시아연구소의 기초연구시리즈의 일환으로 아시아의 주요 이슈를 탐구하기 위해 기획되었다. 다소 광범위한 주제이지만 이 연구는 특히 아시아 정체성의 탐구를 목적으로 하고 있다. 아시아는 지리적으로나 문화적으로나 세계에서 가장 범위가 넓고 이질적인 단위로 구성되어 있으며, 역사적으로나 사회적으로나 가변적이고 다양한 영향력 가운데 있기 때문에 단일의 정체성이나 구체적인 성격을 규정짓는 것은 처음부터 불가능한 작업일지 모른다. 이에 아시아 정체성에 가장 현실적이고 구체적으로 접근하기 위해 일반 사람들의 일상성에 천착하여 미디어 수용 과정을 고찰하고자 했다. 세계 어디서나 거의 모든 사람은 미디어 수용자이며, 미디어 수용 과정은 가장 비근하고 구체적인 문화 현상을 드러내며 정체성 형성의 과정을 보여 준다고 할 수 있다. 이 책은 다양한 지역에서 한국 미디어 수용 과정을 심층적으로 살핀 5년간의 현장 연구를 바탕으로, 이질적인 지역과 문화에도 불구하고 공통적으로 나타나는 문화 선호 현상을 일상생활과 의미 생산 과정을 중심으로 들여다봄으로써 탐구한 결과를 모은 것이다.

현재 변화하는 국제 커뮤니케이션은 과거의 이념적 정향이나 일방적 권력 관계로만 프레임 지을 수 없는 복잡다단한 현상 가운데 있다. 날로 변화하는 미디어 기술이 국제적으로 확산되고 있고, 미디어 수용자가 일방적 정보의 단순한 소비자에 머물지 않고 복합적으로 상호 작용하는 현실에서 기존의 이론들은 변화하는 현상을 제대로 설명하지 못하고 있다. 이 중 아시아는 문화적으로나 정치경제적으로나 가장 큰 변화의 격랑에 휩싸여 있다고 해도 과언이 아닐 것이다. 하지만, 또 한편으로는 복합적으로 변화하는 미디어 기술과 사용의 측면 때문에 미디어 수용의 과정은 현재 국제적으로 일어나는 현상들에 여러 설명을 제공해 주기도 한다. 이 책에서는 한국 미디어가 글로벌하게 확산되고 다양한 문화권에서 소비되는 현상을 중심으로, 특정 문화를 선호하는 글로벌 미디어 수용자들의 문화 전략을 살펴봄으로써 아시아적 정체성의 형성 과정을 설명하고자 했다.

이 책이 나오기까지 애써 주신 서울대학교 아시아연구소 소장님 이하 연구원 여러분과 글에 대해 리뷰를 해 주신 두 분 교수님께 먼저 감사의 인사를 전한다. 교재로 접하는 학생들이나 교양서로 읽는 독자분들이 미디어의 글로벌화와 미디어를 통한 문화 교류에 새로운 시각을 갖고 이론을 이해하는 데 이 책이 조금이나마 보탬이 되기를 바란다.

2019년 12월
행당 동산에서
윤선희

차례

제1부

한국 미디어의 글로벌화와 아시아 정체성

제1장 한류와 아시아 정체성

현재 인류는 전방위적인 위기 상황을 겪으면서 이를 타개하고 생존과 자정을 이루기 위한 근본적인 대안을 찾아 헤매고 있다. 하루가 멀다고 뉴스의 헤드라인을 장식하는 테러의 위협, 지구에 몸살을 일으키는 환경 문제와 잇단 천재지변, 젊은이의 사망 원인 선두를 차지하는 자살과 총기 사건, 인종 갈등과 폭동의 악순환은 이제 지구촌의 모든 구성원에게 위협으로 다가오고 있다. 인류가 직면한 이와 같은 총체적인 위기 상황에서 이를 설명하기 위한 노력을 기울이고 돌파구를 모색하는 것은 인류 생존을 위해 당연한 수순이라 할 수 있을 것이다. 현재 인류가 겪고 있는 총체적 위기에 대해 형이상학적·자연과학적·인문학적 여러 가지 설명이 가능하나, 사회적 원인으로 가장 먼저 지목되는 것은 잘못된 사회 구조이며 이는 근대주의로 대변되는 서구 중심의 발전 역사에서 기인한 구조적 문제를 의미한다. 이에 대안을 찾는 노력은 크게 두 가지로 나뉘는데, 근대주의 이전의 역사라는 시간성에서 모델을 찾는 노력과 서구 근대주의 이외의 지역성에서 대안을 찾는 시각이다.

이때 아시아는 비서구 지역성 면에서 가장 유력한 대안으로 떠오르는데, 이는 문화적 다양성과 함께 실제 독자적 발전의 성과를 보였다는 점에서 비롯된다. 현재 아시아에 대한 전 인류적 관심은 오리엔탈리즘으로 대변되는 신비주의나 형이상학적 관심을 넘어서는 실제적인 것이다. 서구 강국을 위협하는 경제대국으로 성장한 일본과 중국, 자본주의 세계체제 질서에 새로운 힘의 재편을 요구하는 중동 세력, 중소 국가에서 경제·문화 양면에서 비약적 발전을 보인 '네 개 용'의 예에서 나타나듯 아시아는 새로운 위협이자 가능성으로 비치고 있다.

그러나 아시아에 대한 이와 같은 현실적 관심에 비해 아시아 연구에는 몇 가지 한계점이 존재한다. 서구 중심주의적 지식과 문명사가 지배하고 있는 근대사의 현실을 논외로 하더라도, 첫째로 제기되는 문제는 아시아가 국제 사회에서 가장 활발하고 광범위한 경제 단위이면서도 공동체로서의 구심점이 매우 희박한 지역 중 하나라는 점이다. 아시아는 유럽연합(EU, European Union)이 보이는 제도적 블록의 체계를 조직하지 못했을 뿐 아니라, 아프리카나 남미가 보이는 저항성의 구심력도 부족하고 북미와 같은 문화적 통합성도 갖추지 못한 대륙 단위이다. 이와 같이 국제 사회 중 가장 느슨한 지역 정체성을 가진 아시아는 경제 협력을 위한 APEC, ASEAN 같은 일시적인 기구 이외에는 조직적 실체를 찾기 어렵다는 한계를 가지고 있다.

또한 아시아는 대단히 이질적인 지역 단위로 구성되어 있어, 아시아 대륙이라는 지리적인 인접성을 제외하면 과연 하나의 공동체를 이룰 수 있을까 의문이 생길 만큼 경제·문화·정치면에서 다양한 구성원들로 이루어져 있다. 우선 경제적으로는 연간 일인당 GNP가 300달러인 나라에서 5만 달러인 나라에 이르기까지, 최빈국과 최고 부강국이 아시아에 함께 포진하고 있다. 정치적으로도 의회민주주의 체제에서부터 가장 교조적인 공산주의 독재 체제를 가진 나라까지 아시아에 포함되어 있다. 이와 같이 정치·경제적으로 공통점을 찾아 묶을 수 없을 정도로 이질적인 개별 단위들로 구성된 아시아는 하나의 정체성을 구심점으로 삼기 어렵다는 한계가 지적되고 있다.

둘째, 문화적 차원에서도 아시아는 하나의 문화로 묶기에는 이질적인 요소들이 상존하고 있다. 아시아를 흔히 유교문화권 혹은 불교문화권으로 지칭하여 일원화해 보려는 시도들이 있다. 하지만 이런 종교적 기반은 역사 시기에 따라 각양각색으로 변모하여 왔고 이를 문화적 결속력의 기축으로 삼기는 어려워 보인다. 예를 들어 유교는 그 세력이 가장 성행한 시기에도 정치적 통치의 수단으로 작용한 것이지 아래로부터 문화적 정체성을 형성하는 기반으로 구실을 하지는 못했다. 스미스(Smith, 1971)는 서구 역사에서 기독교가 엘리트주의로 환원되어 민중의 공동체 의식을 형성하지 못했다고 비판했는데, 아시아에서 유교는 이보다 더욱 민중과 거리를 두었으며 기본적으로 관료주의 사상을 기반으로 한 엘리트주의를 표방해 왔다. 공자의 시대부터 유교의 가르침은 정치 통치의 원리를 제공하는 사상을 근간으로 하고 있다.

한편 불교도 아시아 고대사에서 정치적 통치 수단으로 이용되다가 중세 이후 순수 종교 원리로 순화되는 역사를 거치게 된다. 이 과정에서 세속과의 분리를 원칙으로 하여, 일반인들의 민생과 연관된 문화공동체를 형성하는 데 기여했다고 보기는 어렵다. 한국의 경우 고려시대같이 불교가 정교 합치로 권력을 행사한 특정 시기에는 민중에 대한 통치 수단으로 작용했기 때문에, 이때도 아래로부터 문화적 공동체 형성에 역할을 했다고 보기는 어렵다. 이와 같이 종교를 아시아 문명권의 기축으로 보는 시각은 엘리트의 역사를 일반화하는 문제가 있으며, 종교가 아래로부터의 공동체의 정체성을 형성하는 데 기여했다고 보기는 어렵다.

셋째, 역사적으로 아시아 공동체를 형성하려는 노력은 19세기에 본격적으로 시도되나 이때 시도된 공동체 운동은 제국주의 정치적 목적으로 환원되는 치명적 역사의 상흔을 안고 있다는 문제가 제기된다. 아시아 공동체 형성에 대한 체계적인 노력의 시작은 일본에 의해서 시도되었다(한상일 2005). 이전에는 없던 아시아라는 개념 자체가 서구에서 도입된 것으로, 메이지유신을 통해 일본에서 아시아라는 자의식이 형성되었고, 이에 근거해 아시아를 결속시켜 서구의 영향에서 벗어나고자 하는 의도에서 아시아 공동체 운동이 처음 시작된다. 이런 아시아주의 운동이 일본 군국주의 단계에서 타국을 침해하는 수단으로 이용되면서 아시아 공동체 운동은 내부적 경계와 좌절을 겪을 수밖에 없는 역사적 상흔으로 남게 되었다. 현재까지 학문적으로나 순수한 운동으로서 아시아 공동체주의도 이어지고 있지만, 아시아 내부에서 일본 제국주의의 역사적 경험을 공유한 국가들 사이에서는 여전히 큰 경계심을 불러일으킬 수밖에 없다.

넷째, 아시아 공동체를 형성하는 노력의 한계로 지적되는 점은 아시아적 정체성의 순수성이 문학이나 예술의 소재로 또 학문적 이념형으로는 존재할 수 있지만 현실적으로는 존재하기 어려운 개념이라는 점이다. 실크로드와 차마고도 같은 선대의 동서 교류를 굳이 고려하지 않더라고 19세기 제국주의 역사에서 아시아 여러 나라는 서구 문화의 지배를 받았으며, 제국주의 역사가 끝난 다음에도 아시아 제국은 서구적 발전 모델에 준거하여 빠른 발전의 역사를 이루어 왔다. 선·후의 차이는 있지만 모든 아시아 국가가 일단 개방된 후에는 빠르게 서구화되는 전철을 밟았다. 이런 사회 변화의 소용돌이 속에서 아시아 제국의 전통과 문화적 정체성은 이미 변방화되었으며, 다시 이를 회복하고자 할 때도 아시아 스스로 서구적 시각에서 아시아 정체성을 논하는, 혼종적 시각을 가지는 아이러니를 보이게 되었다.

위에 지적한 요인들, 즉 아시아 내부의 정치·경제적, 문화적 이질성과 역사 경험의 상처, 또 근대화 과정에서 야기된 혼종성으로 인해 아시아는 아시아적 정체성을 형성할 공통의 기억과 문화를 공유할 기회를 갖지 못했고, 그래서 아시아 정체성을 찾자는 운동은 단순한 구호나 신화에 그칠 수밖에 없는 상황이다. 한편 아시아의 정체성을 회복하고 서구로부터 독립된 지식의 기초를 확립하자는 의도로 고전을 복구하고 국악이나 민속 문화에서 정체성을 도모하는 노력도 다양하게 이루어지고 있다. 하지만 이런 노력이 그 자체로는 의미가 있을지라도, 이미 서구적 관점과 혼종적 시각을 가진 아시아 내부의 시선을 극복하지 않는 한 고전 문화의 복귀가 곧 아시아적 정체성의 회복으로 이어지지는 않는다는 것이 문제점으로 제기된다. 이런 고전 문화 연구들이 비판 학자들에 의해 흔히 오리엔탈리즘으로 평가절하되는 이유도 여기에 있다.

이에 본 연구에서는 아시아적 정체성의 느슨하지만 가장 현실적인 연결고리를 대중문화에서 찾고자 한다. 현재 대중들의 흔한 오락거리인 영화, 드라마, 연예 방송, 가요 등 대중문화는 서구에서 시작되어 근대주의, 서구 자본주의의 이식 단계에서 아시아 국가들에 그대로 유입된 서구 문화의 첨병이라고도 할 수 있다. 특히 미디어를 중심으로 한 대중문화는 서구 자본주의의 병폐를 그대로 담고 있다고 해도 과언이 아니다. 그러나 이런 대중문화의 구체적인 생산과 소비 과정은 단순히 서구 문화의 일방적 도입과 모방으로만 환원될 수 없는 복합적인 현실을 보여 주고 있다. 물론 이를 완전한 자율성 아래 순수한 아시아의 정체성을 확립하는 양상이라고만 볼 수는 없지만, 대중문화 생산과 소비에 작용하는 복합적 현실과 일반 사람들의 일상적 실천은 아시아 수용자들이 가진 집단적 정체성의 현주소를 말해 주고 있으며, 미래의 방향을 예측하게 한다.

따라서 본 연구가 주목하고자 하는 것은 아시아에서 인기를 구가하고 있는 한국 미디어의 수용 과정이다. 90년대 말 이후 일기 시작한 한류는 아시아 여러 국가가 미디어 수용을 통해 아시아 여러 문화 간의 커뮤니케이션을 진작하는 계기가 된 시초의 사건이다. 이는 아시아 구성원들이 서구 중심의 국제 커뮤니케이션 기본 틀을 깨고 아래로부터 문화 정체성을 형성하고자 하는 노력의 전초를 보여 준다고 볼 수 있다. 한류의 글로벌한 소비는 문화 권력의 억압과 저항이 공존하는 글로벌 커뮤니케이션에서 새로운 소통의 장을 열고 있으며, 이에 참여하는 일반 사람들이 일상에서 실천하고 있는 문화 권력의 동기를 노정하고 있다. 이런 시각에서 보면 한류는 한국 문화의 경쟁력이나 민족적 자긍심으로 환원될 수 없는 글로벌한 사회 현상이며, 대중문화의 장에서 아시아성을 찾고자 하는 집단 심리의 표현이라고 볼 수 있다. 한류가 보이는 아시아적 정서가 비록 불안정하고 실체가 모호한 상상적 공동체(Anderson 1983)를 기반으로 하고 있다고 하더라도 이에 연루하는 살아 숨 쉬는 사람들의 문화 소비의 과정은 결코 상상이 아니고 지극히 현실적인 것이다. 이 과정은 서구 중심의 기존 이론 체계로 설명할 수 없는 독특한 현상을 보인다. 이에 본 연구에서는 한국 대중문화의 글로벌한 소비 현상을 대상으로 아시아 정체성 찾기를 설명하는 이론을 구축하고자 한다.

이 책은 지난 5년간 한국 미디어가 글로벌한 공간에서 소비되는 현상을 현장 연구를 통해 조사하여 그 이론적 함의를 귀납적으로 도출하고자 한 성과이다. 한국의 텔레비전 프로그램과 케이팝이 아시아와 유럽의 여러 국가에서 열광적으로 수용되는 과정은 지역과 문화를 넘어 공통적으로 나타나는 수용자들의 열망과 그 문화적 의미를 나타낸다. 한류의 글로벌한 소비 과정은 새로운 대안을 찾고 새로운 미래를 꿈꾸는 수용자들의 일상적인 문화 투쟁, 즉 지배적 서구 문화의 대안으로서 아시아 정체성을 찾는 일상의 과정을 보여 주고 있다. 여기서 글로벌한 수용자들이 구가하는 아시아는 하나의 대륙으로서 물리적이고 지정학적 아시아가 아닌, 하나의 개념 또는 정체성으로서의 아시아를 뜻한다. 이는 20세기 서구가 그저 지리적인 대륙의 경계가 아닌 글로벌한 보편성을 띤 근대화라는 이름으로 만국의 정체성으로 자리 잡은 것과 마찬가지 이치이다. 21세기 들어서 서구라는 보편 개념이 도전을 받고, 미국을 중심으로 한 글로벌 슈퍼파워의 권력이 파편화되면서 갈등이 생기게 되고 새로운 정체성이 모색되고 있다. 이때 아시아적 정체성은 그렇게 모색되고 있는 하나의 개념이자 대안인 것이다.

이 책은 4부로 구성되어 있다. 아시아 정체성에 대한 이론적 논의를 전개하는 1부에 이어 2, 3, 4부의 각 서두에서는 현장 연구 분석에 기초가 되는 이론을 소개했다. 아시아 정체성에 대한 논의는 크게 세 가지로 대별할 수 있다. 2장에서는 이 세 가지, 즉 아시아 정체성에 대한 문화현상학적 논의, 아시아 공동체 형성을 위한 이론들, 아시아 정체성에 대한 포스트구조주의적 논의를 설명한다.

우선 문화현상학적 논의는 아시아 정체성을 문화적 유사성을 바탕으로 논의하는 이론들을 지칭한다. 흔히 아시아를 유교문화권, 불교문화권, 이슬람문화권 등 종교와 관련된 문명과 관습의 유사성으로 지칭하는 것이 이에 해당된다. 이 이론들은 아시아의 다양한 현상, 즉 경제, 문화, 정치 현상을 종교적 유사성으로 설명하는데, 그 기반이 심층적이지 않아 표면적으로 문제에 접근한다는 한계가 있다.

반면 아시아 공동체 형성에 대한 이론적 논의는 실제 역사성을 바탕으로 하고 있기 때문에 보다 현실적인 논의를 전개하고 있다고 할 수 있다. 역사적으로 아시아 공동체를 형성하려는 노력은 근대화 초기에 태동되었으며 제국주의 시대 동아시아를 넘어 동남아까지 그 영역이 확대되는 역사적 단계를 거친다. 19세기 제국주의 경쟁이 치열했던 시대에 일본을 필두로 중국의 사상가들이 아시아에 대한 자의식을 앙양하고 공동체 형성에 노력을 기울인 것이 아시아 정체성 논의에 대한 역사적 기원을 이룬다. 또 20세기 들어서면서 일본 제국주의의 폭압과 아시아 대륙 내의 크고 작은 전쟁을 겪으면서 아시아 공동체 논의는 제국주의의 폭압과 그에 대한 저항이라는 역사적 과정을 드러내 주고 있다. 한편 아시아 공동체를 형성하려는 노력은 현재까지 현실 정치에서나 학문적으로 끊임없이 시도되고 있는데, 그럼에도 19세기부터의 역사 과정에서 권력과 저항의 역사적 문제가 계승되어 있는 한계를 지적할 수 있다. 다음으로는 일본의 대동아 사상과 쑨원의 대아시아주의 등 범아시아주의 사상과 그 역사적 실체를 바탕으로 현재 이어지고 있는 아시아 공동체 형성 노력을 이론적으로 살펴보고 있다.

마지막으로는 라캉의 정체성 이론을 위시하여 들뢰즈와 푸코 등의 소위 포스트구조주의로 불리는 이론들을 아시아 정체성 문제에 연관시켜 전개한다. 정신분석학을 기반으로 한 이들 이론은 포스트식민주의 이론의 기본 틀이 되면서 정체성의 문제를 글로벌한 권력 관계의 궤적에서 재해석한다. 파농이나 사이드 같은 포스트식민주의 이론의 1세대부터 글로벌한 권력 관계는 욕망의 문제로 치환되었으며 국가나 지역의 경계를 넘어 유연하게 형성되는 정체성의 문제로 초점을 돌리게 했다. 이로써 아래로부터의 참여와 정체성 형성의 구체적 과정에 대한 고찰이 가능해졌다. 포스트구조주의 이론이 현학적이고 추상적이라는 비판을 받기도 하지만, 본 연구에서 채택하고 있는 아시아 정체성 연구는 이런 이론을 도입하면서도 구체성에 천착하고자 했다는 점을 밝히는 바이다.

2부는 전반적으로 아시아 정체성 형성에 가장 큰 문제로 등장하는 문화 권력으로서 이데올로기를 다루고자 한다. 이데올로기는 현실을 왜곡하고 조작하는 원흉으로 꼽을 수도 있으나, 또 현실 변혁을 위해서는 직시하고 때로는 전략적으로 채택해야 하는 대상이라는 이중성을 지닌 문화 권력이기도 하다. 3장부터 5장까지 각각 민족주의, 페미니즘, 인종주의를 중심에 둔 현장 연구를 통해 한국 미디어 수용과 관련해 작용하는 이데올로기의 문제를 구체적으로 살폈다. 세 가지 주의 혹은 '이즘'은 현대 이데올로기를 대표하는 것이라 할 수 있으며, 한국 미디어의 글로벌한 수용에서도 중요하게 작용하는 문화 권력의 측면이다.

3장에서는 한국 드라마의 민족주의 문제와 아시아 국가 내 시청자의 이데올로기 수용 과정을 다루고 있다. 한국 드라마는 한류의 원조 역할을 하면서 한국 미디어의 글로벌화를 이끌었지만, 그 내용이 가진 이데올로기적 문제는 자주 비판의 대상이 되어 왔다. 특히 지나친 자민족 중심주의, 민족주의 이데올로기는 한국 드라마가 가진 편향성을 보여 주며 한국 사회 내부의 문제를 노정할 뿐 아니라, 다른 국가들의 반감을 사서 외교 문제로 비화되거나 반한류·혐한류의 빌미를 제공하는 요인으로도 작용했다. 현재 중국이나 일본과 마찰을 빚고 있는 문제들도 이러한 미디어의 이데올로기 문제와 무관하지 않을 것이다. 이에 3장에서는 민족주의 이데올로기가 외국·외국인에 대해 편향적 가치 판단이나 고정관념을 품고 있는 한국 드라마의 문제를 살펴보고 있다. 특히 이데올로기 문제가 크게 부각되면서도 한류로 인기를 끈 역사드라마를 중심으로 분석했다.

그러나 이데올로기는 일방적으로 주입되는 것이 아니고 수용 과정에서 다양한 의미를 나타내곤 한다. 포스트구조주의 이론은 이와 같은 현실적 복합성을 설명하는 데 유효하다. 한국 드라마의 글로벌한 수용도 예외가 아니어서 민족주의 이데올로기는 항상 생산자에 의해 의도된 대로 읽히는 것이 아니라 다른 의미로 읽히거나 수용자들에 의해 새로운 의미로 재탄생되기도 한다. 중국과 일본 수용자를 대상으로 한 3장의 민속지학적 연구에서는 이들 한류 팬이 한국 드라마를 열광적으로 좋아하면서도 이데올로기 문제를 뚜렷이 인식하고 있다는 것을 발견할 수 있다. 중국 수용자들은 많은 중국인이 한국 문화에 애정을 보임에도 불구하고 중국에 대해서 편견과 고정관념을 보이는 한국 드라마 내용에 크게 반발하는 반응을 보였다. 일본 수용자들도 일본의 역사와 영웅들이 도적 떼나 협잡꾼으로 표현되는 한국 드라마에 실망을 보이기도 했다. 그럼에도 불구하고 이들이 한국 역사드라마가 보이는 민족주의 이데올로기를 일방적으로 비판만 하는 것이 아니라 다양한 의미로 해석하면서 그들만의 의미를 생산하는 것을 발견할 수 있었다.

중국의 경우 한류 팬들은 자본경제의 도입 후 새로운 중국을 건설하기 위한 발전의 모델을 한국의 역사에서 찾고 있다. 이들은 드라마가 표현하고 있는 민족주의 이데올로기에 관해서도 정치적이거나 외교적인 점에 의미를 두기보다는 중국이 상실한 문화 전통을 되찾고 문화혁명의 상흔을 치유하기 위한 사회적 통합의 모델로 삼고자 하는 기대로 새롭게 해석하고 있다. 일본의 경우는 보다 복합적인 반응을 보이는데, 한국 드라마를 통해 잃어버린 20년의 일본 사회의 정체성을 찾고자 하는 동기를 드러내고 있다. 일본의 한국 미디어 수용자들은 한국 민족주의에 대해 이웃 국가 간 경쟁의 이념으로만 접근하기보다는 공동체 회복과 인간의 정을 회복하는 새로운 동인으로서 심리적으로 공감하면서 받아들이고 있는 것이다. 포스트구조주의 이론에서 현실의 복합성을 설명하듯이, 한류의 아시아 수용자들은 미디어 이데올로기를 일방적으로 주입받거나 거부할 대상으로 여기는 것이 아니고, 그들의 일상적 삶 속에서 새로운 의미 해석과 현실 생산의 동인으로 작용할 가능성으로 여기는 모습을 보여 주고 있다.

2부에서 두 번째로 다룰 이데올로기는 인종주의로, 4장에서는 서유럽 케이팝 팬들이 보이는 반인종주의적 저항을 민속지학 연구를 통해 보여 주고 있다. 2000년대 차세대 한류로서 한류 2.0, 한류 3.0으로도 불리는 신한류의 기조에서 강조되는 것은 확산 전략이며, 즉 장르적으로는 드라마를 넘어 케이팝, 지역적으로는 아시아를 넘어 미국과 유럽 등 서구에 한류를 진출시키고자 하는 새로운 확산 노력이다. 이런 기조에서 이 시기 한류에 대한 국내 대중매체 보도에는, 서유럽에서 한류가 폭발적 인기를 끌고 파란 눈과 금발의 유럽 청소년들이 런던과 파리 시내의 플래시몹 행사장이나 공연장 등에서 한국 노래와 춤을 따라 하는 모습이 어김없이 등장하곤 한다.

특히 4장에서는 한국과 지역적·문화적으로 거리가 있는 영국 청소년 케이팝 팬들이 주류 문화와 미디어에 등장하지 않는 케이팝을 자발적으로 발굴하고 소비하는 동기를 조사해 보고자 했다. 우선 대중음악에 대한 기존 이론들은 서유럽의 케이팝 팬덤 현상을 설명하는 데 한계가 있어 새로운 이론을 모색했다. 대중음악 연구는 하나의 학제로 불릴 만큼 다양한 이론적 기반이 형성되어 있으나, 이들로 케이팝을 연구하기에는 음악적인 영역에서나 사회학적·문화 연구적 시각에서 모두 설명력에 한계가 있다. 글로벌한 구도에서 한국 사회의 위상이라든지 내용적 측면에서 한국 대중문화가 보이는 정체성의 양면성과 혼종성은 기존 이론으로 케이팝의 글로벌한 소비를 설명하기 어렵게 한다. 또한 기존 이론의 대안으로 등장한 포스트식민주의 이론도 서구 사회에 유행하고 있는 케이팝 팬덤을 설명하는 데는 적절하지 않은 측면이 있다. 4장에서는 이러한 한계를 지적하고 그 대안을 모색하는 차원에서 기존 이론의 차이를 점검하고, 케이팝 수용에 연루된 문화 정체성의 측면을 살펴보고 있다.

본 연구에 참여한 영국 청소년들은 각기 상이한 인구학적 배경을 가지고 있으면서도 영국 청소년 문화, 교육 제도의 계급화 등 사회문제에 대해 비판적인 시각을 유지하며 새로운 대안을 찾는다는 점에서 공통점을 보였다. 이들이 공통으로 갖는 문제의식의 대상은 영국 사회에서 전통과 안정이라는 이름으로 행해지는 문화 권력이며, 그 정점은 바로 영국 사회 내 암암리에 존재하는 인종주의라고 이들은 인식하고 있다. 이들은 매우 열성적인 팬덤을 형성하고 있는데, 그 열성은 그들이 기존 사회 권력에 갖는 반감과 저항의 무게와 비례하는 것으로 나타난다. 연구 중에 드러나는 청소년들의 일상사는 세계 제일의 선진국을 자처하는 영국 문화의 민낯을 드러내고 있으며, 이런 환경을 타개하기 위해 이들은 한국 대중문화에서 새로운 대안을 찾고 있었다. 이들이 물론 아이돌의 수려한 외모에 끌려 성적 판타지를 갖고 산업적으로 만들어진 마케팅의 타깃이 되고 있다는 점을 부정할 수는 없다. 그러나 보다 심층적으로 접근할 때 이들이 케이팝에 이끌리는 주요한 동인은 영국 문화의 폐쇄성을 깨고 새로운 이미지를 받아들이고자 하는 개방성 지향에서 찾을 수 있다. 이들의 노력에는 저항성이나 혼종성으로 일관성 있게 설명하기 어려운 복합적 측면이 존재하며, 이들은 스스로의 문화 정체성을 형성해 가는 과정을 보이고 있다. 이들 케이팝 팬들이 선망하는 아이돌은 새로운 문화적 대안이자 아시아적 정체성의 상징이며, 이는 지역적·문화적 의미의 아시아로서가 아닌 기존 사회 가치에 대한 하나의 대안으로서 그들에게 다가오는 것이다.

5장에서 다루는 미디어 이데올로기는 페미니즘에 관한 것이다. 아시아 여성의 이미지는 아시아에 대한 편견과 고정관념을 가장 적나라하게 드러내는 대상일 것이다. 순종적이며 희생적인 아시아 여성상, 섹슈얼리티의 환상을 불러일으키는 아시아 여성상은 오리엔탈리즘의 전형적 이미지이며, 현실에서 아시아 여성에 대한 폭압을 조장하는 권력으로 작용하기도 한다. 5장에서는 케이팝 걸그룹의 인기를 일본 수용자 연구를 통해 논의하고자 한다. 여기서는 케이팝 걸그룹이 보이는 상업성과 성 상품화 논란에도 불구하고 일본 팬들이 걸그룹을 새로운 여성성의 모델로 보고 케이팝 걸그룹을 수용하는 전략을 현장의 목소리를 통해 꼼꼼히 살펴보고 있다. 현장 연구 결과 일본의 케이팝 팬들은 일본 사회 내에 뿌리 깊은 여성 차별적·가부장주의적 이데올로기에 대한 저항과 대안 모색을 위해 케이팝 걸그룹을 선망하고 열성적으로 소비한다는 점을 발견할 수 있었다. 그러나 일반적인 이들 수용자는 여성운동가도, 사회운동가도 아니어서 전투적인 페미니즘 운동에는 별로 관심이 없고 페미니즘 사상에 오히려 반감을 가지는 경향을 보인다. 이들은 케이팝의 수용을 통해 보다 간접적이고 내면적인 방식으로 여성에 가해지는 사회 내 압력과 요구에 저항하고 있으며, 이와 같은 일상적이고 간접적인 방식이 일본의 일반 수용자가 선택한 사회 비판의 방식을 보여 주는 것이다. 겉으로 보기에는 가부장주의적 여성 편견을 체화한 듯한 케이팝 걸그룹에서 일본의 팬들은 새로운 여성성, 이상적 여성상을 발견하고 이를 추종하고 있다. 이런 모순되어 보이는 양면성은 케이팝 팬들이 발견하고 동일시하는 새로운 아시아적 정체성의 면모를 엿보게 한다.

3부는 '포스트사회주의의 변화와 한류의 소프트 파워'라는 제목 아래 사회주의 붕괴 후 새로운 사회 건설 과정에서 대두된 대안 모델로서 한류가 발휘하는 소프트 파워에 주목하고자 했다. 사회주의 몰락 후 포스트사회주의 국가들은 시장화와 경제발전 모델을 빠르게 도입하고 있지만, 서구 자본주의 체제에는 일정한 경계심을 보이고 있다. 정도의 차이는 있지만, 이들은 서구 자본주의와 동구 공산주의와는 또 다른 제3의 발전 모델을 추구하고 있다. 본 연구에서는 사회주의 몰락 이후 희망과 좌절을 동시에 겪고 있는 동유럽과 세계에서 유일한 일당 독재 아래 3대 권력세습 체제를 유지하고 있는 북한 내의 사회 변화를 한국 미디어 수용 양식을 통해 진단하고 있다.

6장에서는 한국과 지역적으로나 사회적으로나 대단히 멀다고 할 수 있는 동유럽에 불고 있는 한류 바람, 특히 한국 미디어의 인기를 분석하고 있다. 동유럽 연구를 위해 헝가리와 루마니아에서 케이팝 팬덤을 중심으로 수용자 연구를 했으며, 포스트사회주의 국가에서의 새로운 사회 건설과 관련한 의미 있는 성과를 발견할 수 있었다. 이 책에서 다루는 한국 미디어의 글로벌한 수용에는 항상 사회적 의미가 담겨 있다는 점이 발견되지만, 포스트사회주의 국가에서는 특히 거시적인 사회 건설의 동기가 강하게 작용하고 있다. 동유럽은 1989년 사회주의 패망 이후 자본주의 체제를 적극적으로 받아들이고 새로운 사회 건설을 시도하여 왔지만, 그동안 수많은 경제적·사회적 문제에 직면했으며, 치솟는 인플레와 실업, 범죄와 사회 갈등 문제를 현재까지 겪고 있다. 본 연구가 대상으로 한 헝가리와 루마니아도 EU 회원국이고 개방 이후 대대적인 개혁을 해 왔지만, 경제적·사회적 문제는 날로 심화되고 있다. 이들 국가에서 한국 문화에 심취하는 한류 팬들의 내면에는 새로운 사회 건설의 동기가 강하게 작용하는 것으로 나타난다. 이들은 한국을 하나의 이상적 사회 모델로 상정하고 있는데, 이는 서구화에 대한 저항이 작용한 결과이기도 하다. 본 연구에 참여한 헝가리와 루마니아의 팬들 모두 자기 나라를 떠나 한국에 정착하기를 원하며, 코리안 드림의 동기가 충만함을 발견할 수 있다. 이들의 드림은 단순히 개인적인 선호나 미디어의 환상 때문만은 아니고 서구에 저항하는 대안으로서 아시아적 모델을 따르려는 동기가 작용한다고 해석할 수 있다.

7장은 북한의 한류를 다루는 장으로 이 연구는 북한에서 한국 미디어를 시청하고 있다는 사실을 처음으로 밝힌 저자의 학술지 논문을 수정 보완한 글이다. 북한이 현재까지도 세계에서 가장 교조적인 공산주의 국가를 유지하고 있다는 점에서 엄밀한 의미에서 포스트사회주의에 해당되지는 않지만, 아래로부터 일고 있는 사회 변화는 이미 포스트사회주의를 향해 치닫고 있다는 것이 저자의 관점이다. 저자의 연구 이후 이미 북한 내 한류에 대해서 많은 연구와 보도가 있어, 북한 사회 내에서의 한국 미디어 시청은 이미 공공연한 비밀이 되었다. 우선 이론적으로 7장에서는 북한 사회의 변화에 대해 정치나 군사, 이데올로기의 측면으로만 접근하는 한계를 지적하고 새로운 이론 틀을 제시하고자 했다. 아래로부터의 사회 변화, 즉 일반인들이 일상 속에서 느끼고 실천하는 측면을 새로운 눈으로 보고 해석해야 한다는 시각이다. 본 연구에 참여한 북한에서 소년기를 보낸 북한 이탈 청소년들이 털어놓는 북한에서의 삶은 단순히 빈곤과 정치적 억압으로만 환원할 수 없는 생생한 삶의 모습을 나타내고 있으며, 이를 통해 북한의 청소년 문화를 엿볼 수 있게 한다. 이들이 밝히고 있는 청소년 문화는 곧 북한 사회 내면에서 발생하고 있는 전반적인 변화의 조짐과 권력의 빈틈을 노정하는 지점이기도 하다. 또한 탈북 청소년들이 진술하고 있는 탈북 후 삶, 한국 정착에서 발생하는 문제와 문화적 갈등은 훗날 통일 후 포스트사회주의를 대비한 사회 건설의 문제와 대안을 생각하게 하는 단초를 제공한다. 북한의 청소년들이 금지된 미디어 시청 중에서 유독 한국 미디어와 대중문화에 몰입하는 것은 포스트사회주의의 새로운 희망의 가능성을 아시아 모델에서 찾는 다른 사회와 동기가 유사함을 짚을 수 있다.

마지막으로 4부는 문명 충돌과 종교 갈등의 문제를 한류를 주제로 설명하고 있다. 현재 세계를 뜨겁게 달구고 있는 테러의 문제는 헌팅턴이 말한 문명 충돌의 직접적 발현이며 그 중심에 종교 갈등이 자리하고 있다. 현재 이슬람과 기독교 문명의 충돌은 십자군전쟁 이후 가장 치열한 양상을 보이고 있으며, 이는 단순히 종교적 문제가 아닌 문화의 문제이자 전방위적 삶의 양식 간에 발생한 충돌이기도 하다. 종교 갈등은 역사적으로 해묵은 문제이기는 하지만, 현재의 충돌이 과거와 다른 점은 갈등이 내부적이고 일상적으로 총체적 삶의 부분에서 일어나고 있다는 것이다. 이런 의미에서 현재 테러의 위협은 더 위험하고 통제가 어려운 것으로 우리 모두에게 다가오고 있다. 언제 어디에서 누구에 의해 일어날지 모르는 소위 소프트 테러는 사회 내부 구성원에 의해 일상적으로 자행될 수 있다는 점에서 더 위협적이다. 이 책에서는 테러의 문제를 직접적으로 다루기보다는 테러의 동인이 되고 있는 문화 갈등의 문제를 일상성의 변화를 통해 조망해 보고자 한다. 특히 이슬람 청소년들이 문화적으로 극단의 반대편에 선 한국 대중문화를 열광적으로 즐기는, 일견 아이러니하게 보이는 현상에 대해 심층적으로 분석하고 있다.

8장은 세계 최대 이슬람 인구를 가진 인도네시아에 부는 한류의 바람을 현장 조사를 통해 연구한 결과이다. 인도네시아 청소년들 사이에서 케이팝이 최고의 인기를 구가하고 있다는 사실은 문화 갈등의 이중성을 잘 반영하고 있다. 인도네시아 청소년들은 일상생활에서 놀라울 정도로 종교적 경건성을 보이며 이슬람법 준수를 생활의 모토로 삼고 있다. 그러면서 동시에 이들은 케이팝과 한국 미디어에 심취하고, 케이팝 아이돌 공연에 가기 위해 5개월 치 용돈을 기꺼이 지불하기도 한다. 이런 아이러니한 현상이 실제로는 상반되거나 위선적인 행동이 아니라 같은 동기에 의한 것이라는 점을 연구를 통해 발견할 수 있었다. 인도네시아 청소년들의 경건한 종교 생활이 단순히 경전의 자구를 지키기 위한 것이 아니며 일상에서 다양한 동기와 의미로 실천되고 있듯이, 한류의 수용도 단순한 오락이나 문화적 선호에 그치지 않고 더 다양하고 깊은 의미를 갖고 있다. 케이팝 수용 과정에 초점을 맞춘 본 연구를 통해 인도네시아 청소년들의 사회의식뿐만 아니라 사회 내 존재하는 모순과 위험, 절망을 타개하려는 몸부림과 미래에 대한 희망을 읽어 낼 수 있다.

인도네시아 청소년들이 케이팝 아이돌을 선망하고 모방하는 행위는 그들 사회 내에서 종교적으로 터부시되고 위험부담이 따르는 행동이다. 이에 청소년들은 오히려 자신만의 공간을 창출하여 그들의 선망을 표현하고 때로는 종교적 도구를 이용하여 케이팝과 한국 대중문화를 자신의 생활 속에 반영하는 것이다. 이렇게 복합적이고 이중적으로 보이는 인도네시아의 케이팝 팬덤은 청소년 스스로의 목소리를 통해 표현된 의미 생산 과정에 주목할 때 비로소 이해가 가능하고, 그럼으로써 이슬람 청소년 문화에 대한 바른 이해와 미래의 이정표를 세울 수 있다.

9장은 프랑스 청소년의 케이팝 팬덤에 대한 연구에 할애되었다. 프랑스의 한류 팬덤이 항상 종교와 관련된 것은 아니지만, 많은 한류 팬이 포스트식민지 이민 가정이라는 배경을 가지고 있다는 점에서, 또 프랑스 주류 사회에 대항하여 새로운 대안을 찾는 노력의 일환으로 케이팝을 소비한다는 점에서 이들은 문명 갈등의 측면을 반영하고 있다. 프랑스의 한류 수용 현상은 오늘날 프랑스 사회 내 갈등 요소로 작용하는 청소년 문화와 유럽에서 하루가 멀다고 터지는 소프트 테러의 실상을 좀 더 심층적으로 이해할 수 있게 하는 단초를 제공한다. 프랑스 파리의 케이팝 팬클럽 회원들을 대상으로 한 연구와 파리에서 가진 플래시몹 행사 등의 참여 관찰 결과 프랑스 파리의 한류 팬들은 대부분 도시 변두리, '방리유(Banlieue)'에 거주하는 이민 가정 출신들이고, 혹독한 현실 문제와 사회 갈등에 대한 강한 저항적 메시지로서 한류를 대안으로 선택하고 있는 것으로 나타난다. 같은 유럽권 내에서도 영국의 한류 팬들은 아시아 출신이 많고, 동유럽의 경우 주류 백인 가정 출신이 많은 데 반해, 프랑스 한류 팬들은 과거 프랑스 식민지령 이슬람 이민 가정 출신이 대부분을 차지하고 있다는 차이를 보인다. 이들은 강한 디아스포라 문화를 배경으로 프랑스 주류 청소년 문화에 매우 비판적이고 디아스포라 문화에도 염증을 보이면서 새로운 대안으로 한류를 선택하고 있다. 이들의 한류 수용은 주류 사회와 출신 문화에 강한 저항성을 보이면서 선별적 정체성을 형성하는 과정에서 적극적으로 선택된 문화적 취향이라고 할 수 있다. 이상으로서 추구하는 아시아·한국의 문화가 아니면 소프트 테러의 길로 쉽게 내몰리게 되는 현실 속에서 대안을 찾고자 하는 그들의 눈물겨운 노력을 연구 과정을 통해 확인할 수 있다. 이런 의미에서 프랑스의 한류 팬덤은 일상 속에서의 투쟁이며 문명 충돌의 조용한 대안을 제시하고 있다.

아시아는 하나의 관념으로 등장했으며, 역사의 단계마다 다양한 문화 권력과의 공조 관계 속에서 팽창과 축소의 탈바꿈을 계속해 왔다. 현재에도 아시아는 하나의 구호로, 저항의 상징으로 혹은 패권의 루트로 얼굴을 달리하며 그때그때 변화무쌍한 모습으로 존재하고 권력에 의해 이용되기도 한다. 19세기 제국주의 시대 처음 등장한 아시아라는 자의식은 폭압과 전쟁의 역사적 상흔을 남겼으며, 20세기 신식민주의 시대 저항의 구심점으로 회복을 꿈꾸며 새로운 돌파구를 찾는 견인차가 되었다. 하지만 아시아라는 관념의 무게만큼 이데올로기적이고 억압적인 문화 권력의 개입 또한 필연적으로 수반되었다. 권력의 저항은 또 하나의 권력을 수반하고, 아시아 공동체 운동은 어김없이 내면적인 정체성의 공백을 드러냈다.

21세기 다양성의 시대를 맞으면서 아시아는 저항을 넘어 하나의 대안으로 등장하게 되었으며, 비록 관념이나 판타지로서의 성격은 여전히 지속되고 있으나 일상성의 체험과 실천을 통해 아시아적 정체성은 새롭고 다양한 가능성을 보여 주고 있다. 이 책에서는 아시아적 정체성에 연루된 이론적·개념적 문제와 더불어 담론적 실천을 통해 현실화되는 아시아 정체성의 새로운 가능성을 탐구하고자 하여, 글로벌하게 소비되고 인기를 구가하고 있는 한국 미디어와 대중문화의 수용 양식을 통해 이에 접근했다. 여기에는 전형적인 이데올로기적 문제와 문화 갈등의 문제가 여전히 상존하고 있지만, 일상 속에서 이것이 극복되고 새롭게 해독되는 과정을 추적하려 했다. 한국 미디어에 보이는 민족주의, 가부장주의 같은 이데올로기적 문제가 글로벌 수용자들에 의해 흔히 지적되기도 하지만, 한편 수용자들은 페미니즘이나 초국가주의 같은 기존의 틀이 제시하는 방법이 아니라 그들만의 새로운 방식으로 이데올로기를 극복하는 단초로 미디어의 메시지를 역이용하고 있다. 포스트사회주의 건설이나 문명 갈등의 거시적 문제 앞에서도 아시아적 정체성은 새로운 대안으로서 일반인들의 일상적 실천을 통해 끊임없이 시도되고 있는 것이다.

제2장 아시아 정체성과 미디어 수용의 이론적 논의들

인류가 직면한 총체적 위기 상황에서 새로운 희망으로 떠오르고 있는 아시아에 대한 기대를 담은, 또 서구 중심의 문명에 대한 하나의 대안으로 추구되는 아시아 정체성에 대한 논의는 기실 복합적인 문제와 논쟁의 실마리를 함께 내포하고 있다. 이 장에서는 아시아 정체성에 대한 논의를 크게 세 가지로 분류하고 있다. 문화현상적 논의, 공동체 형성의 논의, 포스트구조주의/포스트식민주의를 기반으로 한 비판주의적 논의이다.

1. 아시아 정체성의 문화현상적 논의

아시아 정체성에 대한 문화현상적 논의는 아시아의 문화적 유사성을 근거로 아시아 정체성을 논의하는 시각이다. 동아시아를 흔히 유교문화권으로 보는 시각이 이에 해당되며, 나아가 아시아에서 한국 미디어의 인기는 유교문화권의 공통점 때문이라는 논의가 이러한 예에 해당된다. 경제 분야에서도 아시아의 신흥 발전국들을 '아시아 용'으로 부르며, 유교문화권의 노사 문화, 직업 문화가 그와 같은 발전을 이루게 했다는 논의를 전개하곤 한다. 한류와 관련된 것으로는 아시아에서 한류의 성공을 아시아 국가들의 문화적 유사성에서 기인한 것으로 보고 아시아 수용자에 대한 연구 및 아시아 문화에 대한 연구를 시도한 일군의 연구들을 예로 들 수 있다(김수정·양은경 2006; 양은경 2006; 유세경·이경숙 2001; Shim 2006). 이들은 한류에 단순히 산업적으로 접근하지 않고 아시아 문화 현상에 대해 주목했다는 의미에서 의의를 찾을 수 있다. 그러나 대부분의 연구 성과가 정체적 문화 개념에 의거하고 있고 특정 사례 연구에 그치고 있어 한류 현상의 실체에 다가서는 데는 이론적 한계가 있다는 지적도 제기된다. 이들 연구는 '유교적 가치'처럼 다소 추상적이거나 '문화 근접성'처럼 동어반복적인 문화 개념에 근거하여 한류의 인기 비결을 설명하고 있다는 점에서 부족함을 가진다고 할 수 있다.

이와 같이 아시아의 미디어 현상을 유교 문화로 설명하는 것은 마치 서구를 기독교 문화로, 중동 지역을 이슬람 문화로 설명하는 것과 같이 지나치게 추상적이고 광범위하여 현실 문화의 역동성을 설명하기 어렵다고 지적할 수 있다. 이 같은 개념은 각 문화권에 내재된 역사성과 사회성을 간과하고 현상의 표층에만 주목하여 의도하지 않게 정체적 설명에 그치거나 더 나아가 현상 유지의 이데올로기에 함몰될 수도 있다. 더구나 동아시아의 문화 현상을 유교 문화로 설명하는 것은 과도한 편의적 설명 혹은 사이드가 말한 오리엔탈리즘의 가면을 쓴 문화 해석으로도 볼 수 있다(Said 1978; 1993).

동아시아가 경제발전을 이루기 전에는 흔히 유교가 근대화를 막는 구태의연한 저발전의 요인으로 지적되기도 했다. 지금도 이런 시각이 아시아 여러 나라 내부에 잔존하고 있는 것이 사실이며, 유교를 전근대·후진성과 등치하는 시각이 내부에 현존하고 있는 점 또한 부정할 수 없다. 한편 동아시아가 급속한 발전을 이루던 시기에는 '아시아의 용', '아시아의 호랑이' 같은 명명이 이루어지고 그 발전의 힘이 유교에서 나왔다는 시각이 나왔다. 서구의 경영학과 문화인류학이 앞다투어 유교의 원리를 기업 경영과 마케팅, 문화 확산에 응용하려고 시도하기도 했다. 이렇듯 유교는 시기에 따라 편의적으로 다르게 해석되고 도입되는 이율배반적 모습을 보이고 있다. 또한 유교에 대한 이러한 시선은 아시아의 경제·문화적 성공을 외부인이 보는 아시아의 특징으로 유교주의를 상정하고 성공의 비밀을 설명하는 시도이기도 하다. 정작 아시아 여러 국가 내부에서는 유교 사상을 전근대성과 비합리성을 띤 것으로 경시하는 경향이 여전히 이어지고 있다. 이렇듯 현대 아시아 사회 내에서 유교 문화의 공동성을 찾는 설명은 이렇게 쉽게 전제될 수 있는 것이 아니라 다차원적으로 탐구되어야 할 문제로 보인다. 이런 의미에서 한류의 성공 비결을 유교문화권이나 문화적 근접성 같은 아시아적 특성에서 찾는 문화현상학적 시각은 지나치게 표면적인 접근으로 아시아 정체성의 실체를 깊이 있게 다루지 못한다는 한계를 보인다.

2. 아시아 공동체 운동의 역사

아시아 정체성에 대한 탐구는 아시아 공동체를 형성하려 해 온 실제적 노력에서 찾을 수 있다. 아시아주의로 대변되는 연대와 공동체 형성의 노력은 역사적으로 실재했고 그 산물을 남겼다는 점에서 보다 현실적인 개념으로 볼 수 있다. 현재 아시아 국가 간에 시도되는 경제협력기구 설립이나 한류를 위시한 아시아 문화 콘텐츠의 부상도 이런 아시아 공동체 운동이나 아시아주의와 무관하지 않다. 이는 아시아 공동체를 구성하기 위한 노력이며, 심층적으로는 아시아 정체성 찾기의 노력으로 볼 수 있다. 아시아 공동체 형성의 동기와 기반은 실제 역사 속에 존재했던 범아시아주의 사상에 의거하고 있다. 그 역사적 현실을 돌아보고 문제를 제대로 인식하고 해결할 필요성이 제기된다.

역사적으로 보면, 사실 아시아라는 개념 자체가 제국주의 역사 단계에 시작되었으며 서구의 시각에서 처음 개념화되었다는 점을 인식할 필요가 있다. 아시아라는 개념은 15세기 콜럼버스 시대 영토 발견의 역사에서 5대 주 개념이 도입되면서 처음 탄생한 것이며, 그 이전에는 아시아라는 개념 자체가 없었다. 아시아 내부에도 아시아라는 자의식 자체가 당연히 존재하지 않았다. 따라서 이 시기에는 아시아의 정체성 자체가 존재할 수 없었으며 아시아 전체로서가 아니라 개별 국가 단위나 교류하는 지역 단위로 집단 정체성이 존재했을 뿐이다. 동아시아의 경우는 중국제국 아래 중화주의를 바탕으로 한 정치 교류가 역사적으로 뿌리 깊게 존재했지만, 이때에도 공동체 개념이나 정체성으로서의 아시아에 기반을 둔 교류 관계는 아니었다.

역사적으로 아시아주의가 처음으로 태동하고 아시아 정체성을 추구하게 된 계기는 19세기 일본의 발의였으며, 메이지유신 후 일본은 서구와의 관계 속에서 자립과 발전을 도모하기 위한 목적으로 아시아주의를 추구하게 되었다. 일본의 아시아주의는 서구 제국주의에 대항하는 아시아 연대의 필요성에서 처음 출발했지만, 이후 세 단계로 변모하게 된다. 첫 번째 단계는 학자들을 중심으로 19세기 서구의 침략에 대항해 범아시아주의를 주창하던 태동 시기이다. 이에 비해 두 번째 단계는 1930년대 태평양전쟁을 벌이면서 정책적으로 추구된, 한국에서는 악명 높은 내선일체 사상으로 변모한 제국주의 수단으로서의 강제된 범아시아주의 단계이다(한상일 2005). 세 번째 단계는 현재까지 지속되고 있는 일본의 아시아 공동체 형성 노력으로 특히 90년대 이후 다시 초국적 민족주의의 기치하에 아시아 공동체 운동이 전개된 바 있다(Iwabuchi 2002). 이 시기에는 학계를 중심으로 보다 이론적이고 담론적인 차원에서 아시아 공동체 형성 노력이 전개된다. 현대의 범아시아주의는 대체로 학문적 차원에서 전개되고 있지만, 아시아 내부에서는 일본 제국주의의 역사적 경험을 공유한 국가 간에 여전히 경계심을 불러일으키고 있는 실정이다.

아시아주의를 추구하는 첫 번째 단계에 일본은 인종과 지역 언어를 기반으로 하여 아시아 정체성을 탐구했는데, 여기서 백인종에 대립하는 개념인 황인종의 개념이 등장하게 되었고, 아시아적 공동체라는 자의식으로 서구 열강에 맞서기 위해 같은 황인종인 중국과 연대를 모색하게 된다. 이후 청일전쟁과 만주사변을 거치면서 범아시아는 군국주의 성격을 띠게 되어 중국과의 적대 관계가 심화된다. 한편 일본제국이 동남아시아까지 진출하고 침략하면서 범아시아주의는 지역적 확장성을 띠게 된다. 일본의 범아시아주의는 초기 단계에서부터 한국(조선)에 대한 정한론과 이에 맞서는 대등한 연대를 주장하는 민주론이 국내에서도 팽팽히 맞서면서 시작되었다. 이처럼 초기부터 일본의 아시아주의에는 내부적으로 경쟁하고 반목하는 사상이 공존했으며 복합성과 이율배반성이 동시에 존재해 왔다고 할 수 있다(김동기·양일모 2007).

일본의 아시아주의 사상은 군국주의 역사를 거치면서 아시아 국가들에 역사적 상흔으로만 기억되고 있다. 이와 대조적으로 철학적이고 역사적인 영향력이 현재까지 지속되고 있는 사상으로 쑨원(孫文)의 대아시아주의를 들 수 있다. 1924년 일본 고베 연설에서 시작된 쑨원의 대아시아주의 사상은 현재까지도 아시아 공동체 및 정체성 형성의 모델로 추종되고 있다. 쑨원의 대아시아주의는 민족주의 사상에 기초한 것으로 서구 제국주의에 대한 저항적 아시아 연대를 기초로 하고 있으며, 아시아 여러 나라의 광범위한 연대를 촉구하고 있다. 하지만 단순히 침략국에 저항하는 레지스탕스 운동에만 그치는 것이 아니고 정치적 대안과 공동체의 이상을 추구하고 있다. 쑨원은 아시아를 왕도(王道)로 설정하고 제국주의 서방을 패도(霸道)로 대조하면서 도덕 정치, 도덕적 연대를 추구한다. 쑨원의 사상은 단순히 지리적·인종적 차원의 편 가르기가 아니라 아시아에서 의미 있는 정체성을 발견하고 이상적 연대를 추구하고 있다는 점에서 시사점이 크다. 한편 쑨원의 대아시아주의가 중국의 전통적 세계관인 중화주의를 바탕으로 하고 있으며, 중국이 세계의 중심이라는 시각에서 주변국과 조공 관계로 위계질서를 설정하는 중화사상이 호혜평등의 근대적 국제 관계와는 대조되는 일방주의 측면을 가지고 있다는 문제점도 제기된다(양순창 2005; Jasen 1975). 이런 한계점에도 불구하고 격동의 근대 중국 역사의 위기에서 서구에 대항해 범아시아적 연대를 시도하며 민족자강주의를 내세운 쑨원의 대아시아주의 사상은 아시아의 대안적 연대를 추구하는 노력에 사상적 기초가 있다는 점에서 의의를 찾을 수 있다.

이렇듯 근대 제국주의 역사의 격동기에 등장한 범아시아주의의 여러 시도는 아시아 공동체 형성에 단순히 당위성으로 접근한 것이 아니며, 현실의 여러 문제와 복합성을 노정하면서 아시아라는 실체에 접근하게 하는 시각을 제공한다. 현재 날로 글로벌화되어 가는 세계에서 국가 단위를 넘어 지역 단위의 협력과 파니즘(Pan-ism)을 추구하는 다양한 노력이 나타나고 있는 가운데 아시아도 공동체 운동에 동참하기 위해 다양한 노력을 기울이는 것은 지극히 당연한 수순이다. 하지만 범아시아적 협의체를 구성하기 위해서는 먼저 아시아 정체성이 확보되어야 하며, 아시아라는 집단 정체성의 본질과 한계를 현실적으로 평가하는 것이 우선되어야 한다.

3. 아시아 공동체의 이상과 현실

초국적 민족주의(transnationalism)와 지역을 단위로 한 문화 정체성의 문제를 탐구하기 위해, 현재 국제 지역 공동체 중 가장 성공적 사례로 꼽히는 유럽연합(EU, European Union)을 모델로 삼아 비교해 볼 수 있을 것이다. EU는 가장 조직적이고 체계화된 지역 블록으로서 초국적 민족주의의 이상적 모델로 인식되며, 각 지역에서 벤치마킹하는 주인공이기도 하다. EU는 미국 주도의 세계 지배를 성공적으로 막아 내면서 국제무대에서 막강한 저항 세력을 형성하고 협력 체계를 구축했다. EU는 과거 반세기 동안 세계를 좌지우지했던 슈퍼파워인 미국 중심주의를 벗어나게 하는 대항 세력으로서의 역할을 톡톡히 해 왔다.

그 문화적·경제적 배경의 유사성으로 인해 초국가주의의 이상적 모델로 간주되곤 하지만, EU에 내부적 갈등이 없는 것은 아니다. 또한 EU 구성원이 확대되면서 그 안의 반목과 이해 대립은 더욱 심화되고 있다. 지역 블록의 모델로 우뚝 선 EU마저 내부적으로 부딪히는 가장 큰 문제는 바로 집단 정체성의 문제이다. 스미스는 EU가 공통의 이해관계와 제도 장치로 구축되었지만 내부의 집단적 정체성은 결여한 상황이라고 평가하고 있다(Smith 1996). 스미스에 따르면 집단 정체성은 두 가지로 이루어져 있는데, 하나는 제도와 정책으로 형성되는 인위적 기구이고, 다른 하나는 공통의 기억과 경험에 의한 자연적 실체이다(Smith 1996: 175). EU의 경우는 전자에 기반한 공동체로 위로부터 기능적으로 조직된 인위적 기구라는 것이다. 스미스는 EU를 "피가 흐르지 않는 창백한 얼굴"이라는 은유적인 표현을 통해 EU의 내면에 공유된 정서가 결핍되어 있음을 지적한다. 내부적으로 문화적 정체성을 형성하기 위해서는 집단적 망각을 유발할 수 있는 동기화가 필요하다고 스미스는 주장하고 있다(Smith 1996: 184). 스미스가 보기에 EU

의 내면적 정체성은 기껏해야 기독교 문화권이라는 표면적 현상에 의거하고 있고, 이는 기득 계층이 대중을 동원하기 위한 수단으로 사용한 것이며 그 외에는 근거를 찾기가 어렵다는 입장이다. 더욱이 역사적으로 유럽 국가들이 많은 전쟁과 내분에 휩싸여 집단 정체성보다는 분열과 갈등의 기억을 더 많이 가지게 된 상황에서 집단 정체성 확립은 요원할 수밖에 없다는 점을 지적한다. 이러한 역사적 현실을 망각하게 하고 집단적 정체성을 유도하기 위해서는 문화적 정체성 확립을 위한 공통된 동기가 필요한데, 유럽 내부에는 그것이 현재까지 결여되어 있어 언제 깨질지 모르는 위험이 도사리고 있다는 것이 스미스의 주장이다. 현재 유럽을 충격으로 몰고 간 브렉시트는 EU 집단 정체성의 균열을 잘 보여 주고 있으며, 유럽의 여러 국가에 보수 정권이 속속 들어서면서 EU에서 또 다른 이탈이 발생할 것이라는 예측이 점쳐지고 있다. 글로벌 사회에서 지역 공동체의 모델로 보이는 EU의 공고한 기반도 집단 정체성이 결여된 가운데 금이 가고 있는 현실을 잘 보여 주는 것이다.

EU에 비해 세계의 다른 지역 블록들은 훨씬 느슨한 구조로 되어 있다. 아시아, 라틴아메리카, 아프리카 등 각 지역이 블록을 형성하여 협력을 시도하고 있지만 유럽에 비해 역사 경험과 문화적 공통점은 훨씬 더 적다. 또한 이들 지역은 식민주의와 신식민주의의 역사적 경험을 겪으면서 제도와 일상 전체가 외부 개입으로 변이되어 블록만의 공동체를 유지하는 데 장애 요인으로 작용한다. 이들 지역 블록은 공통의 기억을 공유한 자연적 실체가 부족한 것은 물론 유럽이 가진 제도적 공동체도 형성하지 못하고 있다. 이들 지역에서도 EU를 모델로 하여 끊임없이 제도적 공동체 구축을 시도해 왔지만 현실에서 성공을 이끌어 내지 못하고 있는 것으로 보인다.

글로벌 사회의 지역 블록 중 아시아는 가장 약한 집단 정체성을 보인다고 해도 과언이 아닐 것이다. 하나의 지리적 대륙 단위라는 사실 이외에 하나의 사회 공동체를 이룰 계기가 있을지 의문이 생길 정도로 경제적·문화적·정치적으로 이질적인 단위로 구성되어 있다. 정치·경제·문화 전 영역에서 각국의 이질성을 넘어 하나의 아시아를 형성할 공통의 정체성을 찾기는 어렵다.

이와 같이 아시아는 문화·정치·경제·사회 모든 면에서 공동체 형성에 불리한 조건을 가지고 있다. 범아시아주의를 추구하는 많은 연구가 아시아 지역 협력체를 구성하는 데 불리하게 작용하는 요인들을 지적하고 있는데, 예컨대 ASEAN은 EU에 비해 결속력이 낮아 안보 같은 현실적 필요성에만 국한되어 주기적으로 협력을 시도하는 한시적인 조직이라는 한계가 지적된다(김시홍 2011; Benson 2005; Henry 2007; Plummer & Click 2006). 이런 아시아 블록에서 공고한 집단적 정체성을 찾기는 어렵다. 특히 ASEAN, APEC 등 아시아 협력체에서는 미국이 큰 영향력을 여전히 발휘하고 있어, 지리적이고 역사적인 동질성으로 구성된 EU의 회원국 관계와는 차이를 보인다. 또 최근 아시아의 패권을 쥐려고 경쟁하는 일본과 중국의 역학 관계는 상호주의적 지역협력체 형성을 막는 요인으로 작용하기도 한다.

현재 브렉시트나 프랑스 선거 과정에서 노정되었듯이 지역 협력체의 모델이라고 불리는 EU 또한 역내 분쟁이 발생하고 수요국들이 빠져나가게 되면서 와해일로의 운명을 보이고 있다. 아시아에 비해 철옹성 같았던 EU도 점차 쇠퇴해 가는 모습을 보이고 있는 것이다. 유럽의 경제 위기가 퍼지고, 난민 문제 등 문화 갈등의 문제를 해결하지 못하면서 회원국들 사이에서 EU는 더 이상 특혜와 자부심으로 여겨지지 않고 있는데, 위기의 핵심은 역시 정체성의 혼란으로 야기된 것이라 할 수 있다. 단일 통화권으로 경제가 통합되고 국가 기관에 버금가는 EU의 법적·제도적 위상을 가졌으면서도, 그 안에 이권 다툼과 문화 갈등이 만연하고 하나의 이념과 정체성을 확립하는 데는 성공하지 못한 것이 현재 EU가 당면하고 있는 문제이다.

이와 같이 EU가 와해의 위기를 맞는 작금의 현실에서 아시아 공동체를 형성하기 위한 노력은 더욱 요원해 보인다. 아시아의 정치적·경제적·문화적 이질성과 역사 경험의 상흔으로 인해 아시아 정체성 형성은 실로 험난하다. 아시아적 정체성을 형성할 공통의 기억과 문화를 공유하지 못한 상황에서 아시아 공동체를 형성하자는 구호는 신화에 그칠 수밖에 없다. 그렇다고 현실적으로 아시아를 부정하거나 아시아 공동체의 노력이 한낱 허구에 지나지 않는다고 보는 것도 지나친 비관론일 수 있다. 실제 현 세계에서 아시아는 중요한 행위자로 역할을 하고 있으며, 날로 그 지위가 향상되고 세계의 구성원으로서 더욱 막중한 역할을 더해 가고 있는 것도 부정할 수 없는 엄연한 현실이다.

이에 아시아적 연대와 공동체를 형성하려는 많은 시도와 노력 속에서 이를 뒷받침할 새로운 학문과 개념의 틀로 아시아에 접근하려고 하는 노력도 부상하고 있다. 예를 들어 대만의 문화 연구자인 천콴싱은 『방법으로서의 아시아(*Asia as Method*)』(Chen 2010)라는 저서에서 새로운 학문 연구의 방법과 시각으로 아시아에 접근하여 서구 중심의 학문 체계를 극복하고자 하는 노력을 집대성했다. 그는 아시아 정체성을 자명한 것으로 받아들이지 않고 비판주의 시각에서 논의하면서 비서구주의 학문 체계의 다양한 시각들, 특히 포스트식민주의 논의와 대중문화·문학 분석 등을 접목하여 서구 중심의 지식 체계를 극복하는 아시아적 지식 체계, 아시아적 정체성을 모색하고자 시도하고 있다. 천이 말하는 아시아 정체성의 기반은 공동의 역사적 경험으로 요약할 수 있는데, 이는 곧 탈식민주의, 탈냉전, 탈제국주의의 3차원으로 설명된다. 역사적으로 아시아 여러 나라는 공통으로 제국주의의 희생양이었으며 현재까지 심층적으로 잔존하고 있는 제국주의의 굴레를 벗어나지 못하고 있다. 천은 이와 같이 잔존하는 식민주의를 극복하고자 하는 공통의 노력이 아시아를 하나의 아시아로 만들어 줄 수 있다는 가능성을 역설하고 있다. 아시아 내부에 존재하는 서구 제국주의의 시각, 또 이에 저항하려는 복고주의와 토착주의(nativism)가 거꾸로 탈제국주의로 나아가는 것을 방해하는 이율배반적 상황에서 아시아를 하나의 새로운 방법론으로 이해하는 지식 생산의 방식은 시사하는 바가 크다.

천 교수가 아시아에서 나타나는 탈제국주의의 노력을 아시아의 정체성 찾기의 일환으로서 희망적으로 읽고 있는 데 반해, 이와부치는 탈제국주의 및 서구와 경쟁하는 아시아적 문화 생산 과정이 또 하나의 이데올로기의 늪에 빠져 헤어 나오지 못할 가능성이 있다는 비관적 시각을 제시한다. 그는 현재 부상하고 있는 아시아 대중문화가 탈서구주의의 이데올로기적 운동으로서 '아시아'를 욕망하는 현상으로 보는 분석을 제시하기도 한다(Iwabuchi 2001). 이와 같은 욕망을 새로운 희망으로서보다는 문제를 심화하는 문화 권력의 부정적 측면으로 보는 것이 그의 관점이다. 이와부치는 아시아 간 상호 문화 교류를 다룬 최근 분석에서도 한류를 위시하여 아시아 문화가 아시아 여러 국가에서 인기를 끌고 있다는 사실에 긍정적인 측면이 있음을 말하면서도, 실제 그 내부에 권력과 이데올로기가 강하게 작용하고 있는 점을 비판적으로 보고 있다(Iwabuchi 2010). 아시아 대중문화가 글로벌화하면서 서구와 경쟁하여 성과를 나타내고 있지만 또 다른 차원에서 서구화를 부추기는 이율배반적인 현실이 있다는 점을 날카롭게 지적하고 있다.

이와 같은 이와부치의 비판의식은 일본에 계승되고 있는 범아시아주의 사상을 반영한 것으로 보인다. 앞서 설명했듯이 일본 근대화를 시작한 메이지유신에서 비롯된 대아시아주의 사상의 세 번째 단계로, 현대에 이어지는 범아시아주의를 반영하고 있다고 볼 수 있다. 이와부치를 위시한 일본의 범아시아주의 이론가들은 30년대 군국주의 사상으로 왜곡된 대아시아주의를 복원하고 범아시아적 공동체를 형성할 가능성을 탐색한다. 일본에서는 근대화 초기부터 서구에 대항하는 아시아의 자의식을 확립하고 아시아 공동체를 구성하기 위한 다양한 사상의 갈래가 촉발되었는데, 1930년대 대동아 사상은 그 대아시아주의가 군국주의로 변형되고 편향적으로 발전한 결과이다. 이와부치 등 현대의 범아시아주의자들이 추구하는 사상은 근대 초기 일본에 다양하게 존재했던 대아시아주의 사상 중 민주론에 근거한 범아시아주의 지식 체계에 영향을 받고 있다. 이 중 이와부치는 아시아에서 국가 간 경계를 넘어 범아시아적으로 나타나는 문화 현상과 아시아 정체성의 확립 의지에 주목하여 이를 평가하고 이론화하고자 다양한 논의를 전개하고 있다. 이와 같이 범아시아주의를 추구하는 이와부치가 주로 관심을 갖는 것은 문화 협력에 부정적으로 작용하는 문화 권력, 즉 이데올로기 문제이다. 그는 미디어 생산에 작용하는 권력의 측면, 즉 미디어 내용에 반영된 이데올로기를 범아시아주의의 장애 요인으로 보고 문제를 제기하고 있다. 이와부치는 일본 등 아시아에서 일고 있는 반한(反韓) 정서도 한국 미디어가 가진 이데올로기에 대한 반감이라고 지적하면서 중국에서 부상하는 민족주의 정서도 범아시아주의의 정체성을 확립하는 데 걸림돌이 된다고 비판하고 있다.

4. 아시아 정체성과 포스트구조주의

이와 같이 다양하게 전개되는 아시아 정체성을 찾기 위한 노력은 여러 가지 문제와 한계 또한 보이고 있다. 중요한 것은 당위론이 아니라 현실 속에 존재하는 아시아적 정체성의 실마리를 찾는 노력이다. 본 연구에서는 90년대 말 이후 일기 시작한 한류에서 아시아 정체성의 확립과 아시아 공동체 형성의 동기를 찾고자 한다. 이는 예외적이고 시초적이나마 아래로부터의 문화 공동체 형성에 전초를 제공하는 동기라고 볼 수 있다. 한류 현상이 드러내는 아시아적 정서를 통한 공감대 형성 과정은 설사 불안정하고 실체가 모호한 상상적 공동체를 기반으로 하고 있다 하더라도 단순히 이데올로기에 의한 조작이 아니라 아래로부터 현실을 구성하는 담론적 실천으로 볼 수 있다.

이런 의미에서 이 장에서는 푸코를 위시한 포스트구조주의 이론을 활용하여 아시아 문화 정체성의 문제를 한국 미디어 수용을 토대로 분석하고자 한다. 우선 정체성의 문제를 다루기 위해 이를 가장 설명력 있게 제시한 라캉의 정신분석학을 도입하고자 한다. 라캉의 이론은 국제관계를 문화와 심리로 설명하는 포스트식민주의 이론의 가장 중요한 틀이 되기도 한다. 라캉(Lacan 1981)은 인간의 실체에 접근하고자 하면서 기존 철학의 기본적 인간관인 데카르트적 인식을 뒤집으며 기존에 정태적으로 정의되었던 정체성 개념에 일대 혁명을 일으키며 등장했다. 근대 서구 철학의 기본을 흔들며 인지할 수 없는 인간 정체성의 이면을 밝힌 라캉의 이론은 정체성 논의의 이정표가 되었다. 그러나 정신분석학이 기본적으로 가진 보편주의와 환원주의는 끊임없는 비판의 대상이 되어 왔다.

라캉 이론을 보다 확내하여 사회적 정치경세적 토내를 아우르며 정체성의 문제를 설명한 것으로 들뢰즈와 과타리의 이론을 들 수 있다. 들뢰즈와 과타리(Deleuze & Guattari 1988)는 라캉이 설명하지 못한 집단적 정체성을 설명하는데, 설명의 근거는 라캉과 마찬가지로 욕망을 근간으로 하고 있다. 정체성의 문제를 무의식의 층위까지 끌고 내려가 주체의 본질을 규명하려는 라캉과 마찬가지로 들뢰즈와 과타리에게도 무의식적 욕망은 정체성의 실체이며 또 다른 이름이기도 하다. 이들은 프로이트와 마르크스를 융합하여 단순한 감정이 아닌 욕망의 기계, 자본주의 시스템이 아닌 자본의 언어와 심리를 설명한다. 『안티 오이디푸스(*Anti-Oedipus*)』(1983)에서 이들은, 핵가족의 리비도적 삼각관계로서의 오이디푸스에서 자본주의 교환관계로서의 안티 오이디푸스로 관점을 확대하고 있다.

들뢰즈와 과타리는 욕망은 실체가 아닌 환상이라고 보고 있다. 이는 라캉의 주체 인식에서 오인의 개념과 맥을 같이한다. 욕망이 오인과 환상에서 출발했다고 해도 이는 단순한 허위의식과는 구별되며, 욕망은 현실을 생성하는 동인이 된다. 그들은 "만일 욕망이 생산한다면 그 산물은 현실이다. 욕망에서 결핍된 것은 주체"라는 입장을 보인다(Deleuze & Guattari 1988: 26). 즉 인간 주체는 욕망에 의해 유동적으로 생성되는 존재이고, 주체에 앞서 욕망은 현실 구성의 원천이 되는 것이다. 욕망은 주체와 타자를 구분하고, 욕망의 동기로 인간 주체와 시스템이 생성된다. 이런 의미에서 『안티 오이디푸스』의 본문은 "기관 없는 신체"로서의 욕망 기계라는 개념으로 시작된다(Deleuze & Guattari 1988: 15). 고정된 인간 주체는 존재하지 않으며 단지 욕망으로, 자와 타로 구분되면서 인간의 정체성이 형성된다는 관점이다. 이는 사회 체계에도 그대로 적용되어 "리비도, 항문, 남근의 가족 삼각형"이라는 한 축과 "화폐, 금, 자본주의 삼각형"이라는 또 한 축으로 등식화했다(Deleuze & Guattari 1988: 28-29). 이런 의미에서 들뢰즈와 과타리의 시각에서는 생산관계와 국가권력을 포함한 사회 시스템도 기관 없는 욕망 기계의 현실화된 형태일 뿐이다. 이들에 따르면 욕망은 항상 집단적이다. 이 지점에서 그들은 프로이트와 라캉의 정신분석학을 뛰어넘어 대안적 정신분석학, 즉 안티 오이디푸스를 체계화하고 있다. 이는 또한 마르크스 정치경제학의 구조적 설명을 넘어 인간 심리를 포괄한다. 이들은 라캉과 마르크스를 넘어 자본은 욕망 없이는 현실화될 수 없는 절대 허상에 지나지 않는다는 것을 주장한다

(Goodchild 1996: 196-200).

포스트식민주의 이론은 포스트구조주의 이론 중에서 글로벌 미디어와 정체성, 서구주의와 경쟁하는 저항 담론을 논하는 일군의 이론으로 예외 없이 라캉의 정신분석학으로 시작한다. 포스트식민주의 이론의 효시가 되는 프란츠 파농의 『검은 피부, 하얀 가면(*Peau Noire, Masques Blancs*)』은 라캉의 정신분석학적 시각에서 피식민주의를 경험한 사람들의 이율배반적 심리와 성격을 논하고 있다. 파농 이론에서 정신분석학적 출발점을 이해하는 것은 매우 중요하며, 많은 학자가 포스트식민주의에서 정신분석학을 간과하고 구조적이고 이데올로기적 측면에서 국제적 문제를 해석하는 오류를 보이고 있는데, 이를 바로잡을 해결점도 라캉 이론에 대한 이해에서 찾을 수 있다. 포스트식민주의 이론 중에는 라캉의 보편주의를 극복하고 정신분석학과 구조의 문제를 함께 보려는 노력이 많이 시도되고 있다. 이때 들뢰즈와 푸코 이론은 중요한 대안이 되며, 스피박(Gayatri Spivak)이나 난디(Ashis Nandy)의 포스트식민주의 이론이 이에 해당한다.

들뢰즈와 과타리의 시각으로 접근하면, 아시아적 정체성의 문제도 실체적 본질성에서가 아니라 욕망에 의해 생성된 결과라고 볼 수 있다. 욕망은 사회 시스템에 앞서 주체와 타자를 구분하여 경계를 형성해 가면서 욕망의 삼각형을 현실의 관계로 생성해 가는 것이다. 앞서 설명했듯이 아시아는 기관으로서는 느슨하고 이완되어 있으며 고정된 주체를 찾아보기도 어려운 이질적 지체들로 구성되어 있다. 들뢰즈와 과타리가 말한 대로 아시아는 '기관 없는 신체'이며, 실존하는 것은 욕망하는 기계이고 정체성은 욕망에 의해 형성되는 것이다. 아시아가 하나의 대륙이고 지리적으로 인접했다는 물리적 환경 이외에는 정치경제적·문화적으로 이질성이 높아 하나의 공동체 혹은 기관으로 보기 어렵다는 현실을 말하는 것이다. 특히 아시아는 고대국가 시대에서부터 내려온 갈등과 투쟁의 역사로 얼룩져 있고, 근대 제국주의의 모순이 이 안에서 폭발하여 씻기 어려운 공통의 기억이 현재까지도 상흔으로 남아 있다.

21세기에 등장한, 아시아에 대한 강한 자의식과 (한류를 통해 나타나는) 아시아적 연대감, 문화적 공감은 기관으로서의 실체적 정체성에 근거한 것이라기보다는 자와 타를 구분하여 경계를 형성하고 자신을 충족하고자 하는 욕망의 수레바퀴에 기인한 것이라 볼 수 있다. 욕망은 현실을 구성하는데, 욕망 구성의 과정을 보기 위해서는 실존하는 개체들의 구체적인 일상생활을 들여다보아야만 가능하다. 미디어 수용과 연루된 정체성 형성은 대체로 구분 짓기의 욕망을 보인다. 팬덤이나 하위문화는 이와 같은 욕망에 의한 정체성을 집약적으로 보여 준다. 한류를 통해 나타난 아시아적 연대감도 탈서구, 탈제국주의적 구분 짓기를 통한 욕망을 기반으로 하는 것이다.

5. 아시아 정체성, 저항성과 혼종성의 경계

앞에서 설명하고 있는 역사적·사회적 현실을 상기할 때, 아시아 정체성의 확보는 단순한 구호나 표면적 현상만으로 접근해서는 달성할 수 없는 매우 요원한 목표로 보인다. 또한 아시아적 정체성을 기반으로 공동체를 형성하려는 노력 또한 지난한 과정이고, 단계마다 이율배반적 현실과 양면적 현상에 부딪힌다. 앞에서 설명했듯이 아시아는 지리적 대륙으로서의 단위 이외에는 문화적·정치적·경제적 공통점을 찾기 어려운 실체인데, 여기서 내부적 결속을 다지고 하나의 단위로 공동체를 구성하고 정체성을 유지하기 위한 구심점으로 첫째는 저항성을 들 수 있다. 기존의 비판주의 이론, 즉 마르크시즘을 기반으로 한 제국주의 이론이나 종속이론류의 신식민주의 이론을 비롯하여 문화제국주의 이론은 제국주의 역사 경험을 공유한 아시아에서 공동체의 구심점을 찾는다. 또한 천콴싱같이 아시아의 자율적인 학문과 사고 체계를 세우고자 하는 아시아 학자들도, 글로벌한 권력의 위계에 저항하는 아시아의 주체성으로부터 아시아적 연대와 공동체 형성의 단초를 모색하고 있다.

아시아가 겪은 역사 경험과 현재까지 지속되고 있는 서구 중심의 세계 질서를 염두에 둘 때 저항성은 아시아 연대의 가장 공고한 구심점으로 비친다. 앞서 언급했듯이 아시아라는 개념 자체가 근대의 역사에서 시작되었으며, 아시아적 자의식의 태동도 아시아 근대화의 초기 단계에 등장한 것이다. 이와 같은 아시아의 자의식은 서구에 대항하는 개념으로서의 정체성을 배태하게 되었다. 역사적으로 일본에서는 다양한 갈래의 대아시아주의 운동으로 발전했고, 중국에서는 쑨원을 위시한 민족주의자들에 의해 서구의 패도에 대항하는 아시아의 이상이 아시아 공동체 운동으로 발휘되기도 했다. 이와 같은 저항성에 입각한 아시아의 정체성은 제국주의 단계를 거쳐 20세기 근대화와 21세기 세계화의 발전 단계에서 끊임없이 아시아 공동체 형성 노력에 기반이 되었으며, 현재까지 가장 두드러진 아시아 정체성의 기반으로 여겨져 왔다.

그러나 아시아 정체성의 기반을 저항성에서 찾을 경우 몇 가지 문제가 제기된다. 첫째, 저항성은 아시아적 정체성 형성에 강한 동기가 되지만, 이는 거의 예외 없이 서구화로 귀결된다는 것이 부인할 수 없는 현실이다. 서구에 저항하여 아시아인이 만들고 아시아에서 유통하는 많은 문화의 산물이 서구 문화의 모방이거나, 서구적 시선에서 아시아로 규정되는 전통·토착 문화로 귀착되는 경우를 흔히 보게 된다. 그 의미를 어떻게 규정하고 해석할 것인가는 이론적 시각이나 정책적 입장에 따라 다를 수 있으나, 저항성의 동기가 아시아만의 그 무엇으로 결실을 보지 못하고 있다는 것은 부인할 수 없다.

둘째, 아시아 정체성을 저항성에서 찾는 경우, 내부의 역동성을 설명하기 어려워진다. 즉 아시아 공동체를 형성하기 위한 제도적·문화적 시도와 운동들이 때로는 실패하고 때로는 성공을 이루는 내부의 차이를 설명하기에 부족하다. 예를 들어 문화 부문에서 보면, 아시아 지역을 섭렵하는 문화 콘텐츠가 한때는 홍콩의 영화였고 또 한때는 일본의 드라마였는데 지금은 왜 한류인가를 구체적으로 설명하는 데 저항성 담론은 한계를 보일 수밖에 없다. 이들 아시아 콘텐츠가 아시아인들에게 공감을 받고 광범위하게 통용되는 데 서구에 대항하는 아시아의 문화적 저항성이 분명히 작용한다고 해도, 특정 콘텐츠의 성공과 개별성에 작용하는 문화적 다이내믹을 설명하는 데는 한계를 보인다는 점을 지적하지 않을 수 없다.

셋째, 저항성으로 아시아 정체성을 설명하려는 시각은 실제 정체성의 주체가 되는 일반 사람들의 복합적이고 내면적인 부분, 특히 그들 일상성의 다양한 측면을 설명하지 못한다는 문제를 안고 있다. 아시아 정치경제 협력체같이 겉으로 드러나는 제도나 특정 목적으로 뭉친 시민운동 같은 것은 저항성을 통해 어느 정도 설명이 가능하나, 아시아 정체성의 주체가 되는 다수 사람의 일상적인 영역은 항상 저항성이라는 일관된 목표나 동기로 움직이는 것이 아니므로 설명이 어려워진다. 문화 영역에서 저항적 콘텐츠는 다양한 형태로 시도될 수 있지만, 실제 그것을 수용하고 이를 통해 정체성을 느끼는 수용자는 항상 의도된 의미로 해독하는 것이 아니고, 실제 다의적이고 예측 불가능한 방식으로 그들이 수용하는 문화 콘텐츠를 해독하고 의미를 생성해 간다.

이와 같이 저항성 개념으로 아시아 정체성을 설명하는 데 한계가 제기되어 그 대안을 모색하는 많은 노력이 있는데, 이때 가장 많이 도입되는 개념이 바로 혼종성의 개념이다. 아시아에서 저항성의 동기로 시도되었으나 서구의 모방으로 귀결되는 아시아 대중문화의 인기 비결을 설명하기 위해서, 그리고 문화 해독의 일상적 장의 영역에 발생하는 복합성을 설명하기 위해서도 혼종성의 개념이 자주 도입된다. 혼종성은 포스트식민주의 이론에서 가장 많이 사용되는 키워드이면서 가장 많은 오해를 불러일으키는 개념이라고 할 수 있을 것이다. 한류 연구에도 혼종성의 개념이 자주 도입되는데, 한국 드라마나 케이팝이 보이는 서구 모방적 콘텐츠가 아시아 전반적으로 통용되고 인기를 구가하는 이유를 혼종성으로 설명하는 연구들이다(김수정·양은경 2006; Ryoo 2006; Shim 2006).

그러나 혼종성 개념은 매우 정치적인 개념이라는 것을 우선 이해할 필요가 있다. 바바가 유행시킨 혼종성의 개념은 바흐친의 언어학에서 빌려온 개념으로 우리 언어로 치면 '혼종성'이라는 지적인 용어 대신 '잡종'이나 '혼혈' 같은 비속어에 가깝다고 보는 것이 맞을 것이다. 1세대 포스트식민주의 이론가인 파농의 저서에 나오는, 프랑스 식민지령의 시골 마을에 사는 흑인이 파리 악센트를 흉내 내며 차를 마시면서 거들먹거리는 꼴사나운 모습을 묘사할 때 안성맞춤인 식민지/피식민지 문화의 폭압적이고 위계적인 융합문화를 반영하는 개념이 혼종성이다. 검은 피부에 흰 마스크를 쓴 천박한 접붙이기를 표현하는 용어이며 바바도 포스트식민주의 현실을 비판적으로 인식하면서 이를 개념화했다. 포스트식민주의 이론에서 혼종성은 주체성의 상실과 기억의 망각을 전제로 하는 정신분석학적 병증으로 존재하는 포스트식민주의적 문화를 설명하는 개념이며, 현재까지 포스트식민주의를 유지시키는 동인으로 작용하는 권력의 주축이다.

이와 같은 혼종성 개념이 많은 한류 연구와 글로벌 문화 연구에서 일종의 전략 개념으로 치환되어 사용되는 것은 심각한 문제라고 하지 않을 수 없다. 물론 바바(Bhabha 1994) 자신이 혼종성에서 새로운 대안의 가능성을 찾고 있는 것은 사실이다. 그러나 그가 혼종성의 권력적 측면을 무화하고 단순히 다문화 간 문화 교류로 평면화하여 그리 주장하는 것은 아니다. 오히려 가장 권력적이고 억압적인 현실에서 새로운 돌파구가 발생할 수 있다는 가능성에 대한 탐구이며, 이 점은 혼종성 개념의 남용을 경계한 영(Young 1995)도 동의하고 있는 부분이다.

이와 같이 아시아 정체성을 설명하는 데 주축이 되는 두 개의 핵심어인 저항성과 혼종성은 그 개념적 한계로 그 경계에서 발생하는 다양한 현상을 설명하는 데 한계를 보인다. 저항성 개념이 의거하고 있는 비판주의 전통의 이론 또 혼종성 개념을 배태한 포스트식민주의 이론으로 설명할 수 없는 경계성의 문제들이 끊임없이 발생한다. 이와 같은 아시아 정체성과 관련하여 새로운 경계성에서 발생하는 문제로 크게 두 가지를 들 수 있는데, 아시아 내부에서 일고 있는 갈등과 경쟁이 그 하나이고, 혼종성의 전략이 다시 권력으로 귀속되는 담론적 현실이 또 다른 하나이다. 첫째, 아시아 정체성의 확립을 좌절시키는 아시아 내부의 갈등은 언제나 존재해 왔지만, 현재 아시아 내의 교류가 진작되면서 이는 한층 더 강화되고 있다. 싱가포르 문화 연구가인 추병화는 아시아 내의 경쟁적 문화를 구도화하고 있는데, 아시아 정체성을 선도했던 동아시아 내의 경쟁을 한 축으로, 새로 부상하고 있는 동남아시아의 문화 공동체를 또 한 축으로 보고 있다(Chua 2012: 130-133). 추가 보는 문화 영역에서 아시아의 패권 경쟁은 90년대 일본 대중문화의 유행, 2000년대 틈새시장을 파고들면서 성공한 한류의 부상, 또 현재 2010년대 이후 아시아를 전통문화로 제패하고자 하는 중국의 정치적 노력 등으로 요약된다. 한편 이제까지 평가절하되어 온 동남아시아의 문화 공동체에서 가장 큰 부분을 석권하고 있는 타이 대중문화, 말레이 공동어 지역의 이슬람 문화권, 발리우드로 대변되는 인도 문화권이 아시아 경쟁 문화의 구도를 그리며 새로운 경쟁 세력으로 떠오르고 있다. 추는 아시아 문화 공동체의 경쟁을 정치와 연관된 소프트 파워 경쟁으로 보면서 다소 이론적으로 일관성이 떨어지는 피상적인 분석을 하고 있지만,[1] 현장 연구에 근거한 실증적인 분석은 큰 함의를 가지고 있다. 아시아 문화 패권 경쟁과 아시아 정체성의 문제는 저항성이나 혼종성을 기반으로 한 기존 이론 틀로 설명하기 어려운 경계의 어젠다라고 할 수 있다.

둘째, 혼종성의 모순은 저항성과 혼종성의 경계에서 발생하는 새로운 현상으로 주목할 만하다. 아시아 정체성에 대한 많은 이론을 양산하고 있는 이와부치는 실제 현장 연구를 실례로 들어 포스트식민주의에 드러나는 이데올로기의 권력적 측면을 제시하면서 중요한 이론적 시사점을 던져 주고 있다. 그는 아시아 여러 나라에 유행하는 문화 현상으로부터 그 나름의 아시아 정체성 이론을 설계하고자 시도하는데, 그 일환으로 한류가 일본 사회에 끼치는 영향을 실증 연구하고 있다. 그의 연구 결과는 포스트식민주의 혼종성의 모순이 다시 권력적으로 담론화되는 현실을 보여 주고 있다. 범아시아주의에 관심을 가지는 이와부치는 최근 아시아 여러 나라에 부는 한류 현상을 80년대부터 상존해 온 아시아의 범문화적 연대의 일환으로 파악하고 있다. 특히 2000년대 한류를 90년대 홍콩 대중문화의 유행과 병치하고 있는데, 일본의 경우 한류와 홍콩 미디어는 둘 다 노스탤지어에 어필하며

1 예를 들어 싱가포르를 동남아시아 타이 대중문화권에 속하는 것으로 구도화하면서, 싱가포르에서 널리 유행하고 있는 한류에 대해서는 싱가포르 수용자들이 가지는 아시아에 대한 추상적인 관념에 의거한 것으로 서술하는 점은 일관성 있는 설명으로 보기 어렵다.

호응을 얻었다고 보고 있다. 이와부치는 여기서 노스탤지어의 동기를 포스트식민주의에서 주로 말하는 기억과 망각에 연루된 심리적 노스탤지어로 설명하는 대신 사회적이고 정치적인 동기로 해석하고 있다. 이와부치가 주목하는 현상은 한류의 성공이 일본 사회 내 한국인(재일 한국/조선인)에 대한 인식을 고양하면서 이등 시민으로 살아왔던 거류민들로 하여금 문화의 주역으로 부상하는 효과를 냈다는 점이다. 그러나 이런 한류의 성공에 의한 포스트식민 주체(즉 재일 한국/조선인)의 신분 상승은 또 다른 형태의 민족주의적 구분 짓기일 뿐이라는 이데올로기적 현실을 재일교포와 일본인의 로맨스를 다룬 〈도쿄만〉이라는 드라마를 실례로 들어 분석하고 있다(Iwabuchi & Chua 2008). 이와부치의 예에서 보듯이, 저항성과 혼종성은 권력의 구속에서 빠져나올 수 있는 계기를 제공하지 않으며, 그 경계에서 끊임없이 새로운 권력과 억압의 심화 요인을 발생시키며 범아시아적 정체성을 확립할 기회를 앗아가고 있다고 볼 수 있다.

본 연구는 아시아 정체성의 거대 이론이나 보편적 모델을 세우려는 시도를 탈피하여 가장 비근한 일상적 현실에서 정체성을 형성하는 구체적 과정을 추적하고자 한다. 이것은 거대 이론의 틀에 함몰되지 않고 저항성과 혼종성 같은 끊임없는 권력 순환의 늪에서 빠져나올 수 있는 유일한 방법이라는 또 하나의 인식론적 관점에서 출발한 시도이다. 실증주의와 과학주의로 대변되는 주류 이론, 또 이에 대립되는 비판 이론의 시각에서 많은 문화 연구들이 다양한 논점과 역사적 사료를 기반으로 아시아 정체성을 논하고 있지만, 실제 역사와 사회구조의 궤적을 꿰뚫고 살아 숨 쉬며 살아가는 사람들의 실천을 기반으로 한 현실의 모습은 잘 보여 주지 못한다. 이는 거대 이론을 비판하는 포스트식민주의 이론으로 아시아 정체성을 논하는 많은 이론가도 예외가 아닌데, 앞서 설명한 콴싱천이나 이와부치 이론 또한 구체적 실천의 장을 보여 주지 못하고 있다는 한계를 지적하지 않을 수 없다.

한류의 부상은 일상의 장에서 아시아 정체성 형성에 새로운 실마리를 제공한다. 초국적 민족주의를 근거로 한 집단 공동체 의식이 상상적이고 권력을 토대로 형성되었다는 점을 부정할 수 없더라도, 아시아 지역에서 한류를 통해 미디어가 교류하면서 형성되는 아시아적 정체성의 담론은 중요한 의미를 지닌다. 본 연구에서는 한류 팬들이 보이는 아시아적 연대감과 제국주의에 대한 저항성과 혼종성, 모더니즘과 전통의 줄다리기 같은 복합적 작용의 다양한 매트릭스에서 정체성의 주체들이 일상적인 공간에서 느끼고 즐기는 구체적 현실을 탐구하기 위해 다양한 국가에서 수용자 조사를 시행했다. 이는 아시아 미디어 수용자들이 공유하는 경험과 기억을 통해 귀납적 방식으로 아시아 정체성의 가장 구체적이고 현실적인 실체를 찾으려는 시도가 될 것이다.

제2부

아시아 정체성과 미디어의 이데올로기

2부에서는 아시아 정체성을 탐구하기 위해 일반 사람들의 일상생활에 스며든 가장 현실적인 정체성을 기반으로 미디어 수용 과정을 다루고자 한다. 이에 가장 우선해야 할 작업은 미디어에 내재하는 문화 권력을 명백히하는 것이다. 정체성은 현실에서 그 자체의 순수한 형태로 존재할 수 없고, 다양한 상호 관계 속에서 형성되어 가기 때문이다. 더욱이 미디어와 연루된 정체성 형성 과정에는 미디어 자체의 산업적·문화적 권력의 차원과 이에 작용하는 사회 전반의 권력적 차원이 작용하는바 이를 먼저 명확히 이해해야 할 것이다.

미디어에 연관된 문화 권력의 가장 중요한 부분으로는 이데올로기를 들 수 있다. 이데올로기는 흔히 이념으로 번역되지만, 건국 이념이나 건학 이념을 이데올로기로 표현할 수 없듯이 이념 중에서도 특정한 형태로 이해해야 한다. 이데올로기 개념을 체계화하고 후학들에게 이론적 논쟁을 이끌어 낸 사람으로는 역시 마르크스를 들 수 있다. 사상의 좌우를 불문하고 이데올로기 논의에서 마르크스를 배제할 수는 없을 것이다. 마르크스(Marx)의 초기 대표작 『독일 이데올로기(*The German Ideology*)』(1976)의 제목이 말해 주듯이 이데올로기는 마르크스 이론의 초석이며 그가 사회 변혁을 주창한 동기가 되는 개념이다. 이 책에서 마르크스는 이데올로기를 "허위의식"으로 정의하며 "물질적 생산수단을 통제하는 계급은 동시에 정신적 생산의 수단도 통제한다. 따라서 일반적으로 말해서 정신적 생산수단을 결여한 계급의 관념은 지배 관념에 종속적이다."(*Ibid*. 65)라고 말한다. 마르크스의 초기 저작에서 묘사되는 이데올로기는 지배 계급이 정신적으로 뚜렷이 이용하며, 피지배 계급은 이에 수동적으로 따르는 환상에 가까운 관념이다. 그는 "인간의 두뇌 속에서 만들어지는 환상들. 생활 과정 속에서 경험적으로 가능하고 물질적 조건에 연결되는 인간 생활 과정의 필연적 승화물이 된다. 이리하여 도덕, 종교, 형이상학 등 이데올로기에 대한 여러 의식 형태들은 자립적 모습을 가질 수 없다."(*Ibid*. 36-37)라고 역설하고 있다.

이와 같은 마르크스의 이데올로기 이론은 후기 저작에서는 축소되거나 이중적인 개념으로 변형된다. 대표 저작인 『자본론』에서는 여전히 이데올로기가 혁명의 동인으로 작용하고 있다는 입장을 유지하고 있지만, 이데올로기라는 개념 대신 생산관계라는 거시 담론을 제시하고 있다. 후기 저작에서는 생산관계와 사회 변혁이 더 이상 일대일의 직접 영향력에 있다고 보지 않는다. 소위 과학적 마르크시즘으로 불리는 후기 저작에서 마르크스는 관념과 이데올로기, 인간 소외의 문제를 다루는 전반기의 주요 개념을 더 이상 중요하게 다루지 않으며 정치경제적 구조의 변화와 원리에 매진하게 된다.

미디어 분야에서 마르크스주의는 비판 이론, 미디어 정치경제학으로 계승되어 미디어 연구의 주요 부문을 이룬다. 이들 이론은 미디어 연구에 새로운 시각을 정립하고 많은 연구 성과를 내고 있지만, 후기 마르크시즘의 이론에 집중하여 정치경제적 구조에 경도되고 있다는 점은 비판의 대상이 되어 왔다. 이에 미디어 정치경제학의 대부라고 할 수 있는 간햄(Garnham)이 「매스컴 정치경제학에 대한 공헌(Contribution to a political economy of mass-communication)」이라는 논문에서 이데올로기가 배제된 미디어 연구에 문제가 있다는 점을 지적하여 큰 반향을 일으켰지만, 여전히 미디어 정치경제학은 미디어 소유나 산업, 제도에 관심을 집중해 왔다.

미디어 연구에서 이데올로기 논의를 본격적으로 부활시킨 중요한 계기는 영국의 문화 연구에서 찾아볼 수 있다. 버밍엄 스쿨을 기반으로 한 영국 문화 연구는 미디어와 사회 구조의 관계를 탐색하기 위해 이데올로기에 주목했으며, 스스로를 신알튀세르주의, 신그람시주의라고 명명하면서 서구 마르크시즘의 주요 인물들을 미디어 연구에 끌어들이게 된다. 이 중 프랑스의 구조주의 마르크스주의자인 알튀세르의 이론은 마르크스의 후기 저작에 주목하면서 이데올로기론을 새롭게 해석한 것으로 유명하다. 알튀세르는 인식론적 단절이라는 말로 마르크스의 전기와 후기 저작을 상이한 사상으로 평가하면서, 소위 "속류 마르크시즘", "도구적 마르크시즘"은 전기 저작을 추종한 이론들로 평가절하하고, 보다 발전된 사상으로 마르크스의 후기 저작들을 구조적 마르크시즘으로 명명하면서 주목하고 있다. 알튀세르는 마르크스가 진정으로 뜻했던 바를 본인이 밝힌다는 의미에서 『마르크스를 위하여(*For Marx*)』라고 이름 붙인 저서에서 "이데올로기는 표상의 체계이다. 하지만 이런 표상들은 의식과 아무 관련이 없다. 대다수 사람에게 구조로서 부과되는 것이지 그들의 의식을 거쳐 부과되는 것은 아니다." (Althusser 1969: 231)라고 말하고 있다. 알튀세르는 마르크스가 후기 저작에서 상부 구조라 부른 일련의 사회 체계를 "이데올로기 기구"로 명명하면서, 이데올로기가 생산관계의 구속력을 넘어 "상대적 자율성"을 가지고 구조를 안정화하고, 일련의 변화를 주도하는 주축이 된다고 보고 있다.

알튀세르가 마르크시즘에서 이데올로기 개념을 재해석하고 이론을 발전시킨 공헌은 인정되지만, 그의 이데올로기는 여전히 구조주의 한계 내에 있으며 사회 변혁의 대안을 제시하지 못한다는 비판을 받아

왔다. 이에 비해 마르크시즘 내에서 가장 역동적인 이데올로기 이론을 제시한 사람은 그람시(Antonio Gramsci)로, 혁명가였던 그는 사회의 근본적 변혁의 전략에 주목하게 된다. 그람시는 정체적 개념으로 인식되어 온 이데올로기 대신 헤게모니라는 개념을 즐겨 사용했으며, 이는 주체의 인식과 동기를 바탕으로 변혁을 촉진할 수 있다는 주장을 담고 있다. 물론 그람시의 헤게모니 개념도 이미 『정치경제학 비판(*Kritik der Politischen Ökonomie*)』에서 이데올로기와 주체 관계의 이중성을 상정하고 있는 마르크스 사상을 계승한 것이고, 그람시는 마르크스 사상의 틀 내에서 이 부분을 더 부각하고 체계화하는 작업을 한 셈이다.

영국 문화 연구는 알튀세르와 그람시의 이데올로기 개념을 확대 발전시키면서 신알튀세르, 신그람시 이론의 기치하에 미디어의 이데올로기 기능에 주목하게 된다. 영국 문화 연구라는 하나의 학파를 형성한 호가트, 윌리엄스, 톰슨 등 초기 연구자들은 20세기 말 서유럽의 현실을 진단하고 대안을 찾는 데 매진하면서 가장 중요한 축으로 미디어를 상정했다. 특히 영국 사회를 지탱하는 지축 세력이라고 할 수 있는 노동계급의 위기, 즉 대처 이후 신자유주의의 물결로 날로 하락하는 노동계급의 위상과 와해되는 정체성의 위기를 설명하고 대안을 찾고자 노력하게 되면서 영국 문화 연구는 이데올로기에 천착하게 된다.

영국 문화 연구는 비판적 미디어 연구에서 이데올로기론을 부활시키고 새로운 이론 체계를 확립한 공헌이 크다. 알튀세르 이론의 구조주의적 한계나 그람시 이론이 보이는 이론적 정치함의 결여를 극복하고, 마르크시즘의 틀에 얽매이지 않고 과감하게 다양한 이론을 융합했다는 데 영국 문화 연구의 공이 있다. 더 나아가 이론 개발에 머무르지 않고 현장 연구에 주력하여 현실에서 문제를 발굴하고 대안을 찾는 구체적인 연구 성과를 보였다는 점에서 이후 연구에 귀감이 된다. 영국 문화 연구가 영국이나 유럽에서만 이루어지는 데 국한되지 않고 미디어 문화 연구의 기초가 된 이유도 이와 같은 현실적 성과에 기인한다.

이와 같이 미디어 연구에서 이데올로기는 고전적 마르크스주의에 머무르지 않고 여러 차례 전기를 맞으면서 새로운 이론으로 거듭났으며, 현실에 작용하는 문화 권력을 가장 적나라하게 밝힐 수 있다는 점에서 여전히 유효한 개념으로 이용되고 있다. 현실에서 이데올로기는 다양하게 작용하는데, 가장 많이 연구되는 부분은 자본주의, 가부장주의, 인종주의 이데올로기로 어느 사회나 보편적으로 존재하는 문화 권력의 핵심이다. 인간과 인간 사이 대인 관계에 작용하는 문화 권력인 가부장주의, 또 사회 체제의 권력 구조를 형성하는 자본주의 이데올로기, 국제적 차원에서 작용하는 문화 권력인 인종주의, 이 세 가지는 사회에 편재된 문화 권력을 표상하는 세 가지 모델이라고 해도 과언이 아닐 것이다. 이 세 가지 문화 권력에는 각기 대항 이데올로기도 대두되는데, 가부장주의에 대항하는 페미니즘, 자본주의에 대항하는 사회주의, 인종주의에 대항하는 다문화주의를 들 수 있다. 그러나 대항 이데올로기 또한 이데올로기 비판론을 비껴 가지 못하며, 이데올로기 논쟁은 뫼비우스의 띠처럼 연속되고 확대 재생산되고 있다.

2부에서는 아시아 정체성과 미디어 이데올로기를 논의하면서 한국 미디어가 글로벌화되며 촉발하고 있는 이데올로기 논쟁을 조망해 보고자 한다. 3장에서는 한국 드라마가 글로벌하게 소비되는 과정에서 논쟁을 촉발하고 있는 민족주의 이데올로기의 문제를 다루고 있다. 민족주의는 현재 전 세계적으로 가장 강력한 주의(ism)를 대표한다고 해도 과언이 아닐 정도로 현재 국제정치적으로 심화되고 있다. 현재 글로벌한 사회가 겪고 있는 다양한 갈등, 즉 문화 갈등, 무역 갈등, 종교 갈등, 군사 갈등을 포함한 갈등 내면에는 민족주의가 강력한 요소로 자리 잡고 있다. "민족을 만드는 것은 민족주의이지 그 반대가 아니다."(Gellner 1983)라는 겔너의 유명한 말대로 민족주의는 결코 혈통을 중심으로 자연발생적으로 만들어지는 이념이 아니다. 민족주의를 종족 혈통 모델로 보는 이론도 없지는 않으나, 대부분의 이론은 근대주의의 파생물로 민족주의에 접근하고 있다. 홉스봄은 근대 이후 민족국가(nation-state) 단계에만 민족주의가 존재하지 그 이전의 자연적 혈통 사회나 국가 형태에 민족주의는 존재하지 않는다고 본다(Hobsbaum 1994). 더 나아가 앤더슨 같은 학자들은 민족주의의 정체성 형성 과정에 주목하면서 "민족은 본래 제한되고 주권을 가진 것으로 상상된 정치공동체"(Anderson 1983)라는 유명한 정의를 제시하기도 했다. 즉 같은 민족이라는 의식은 혈연이나 자연 같은 필연적 관계로 맺어진 것이 아니고, 같은 운명체로 상상하고 공동체 의식을 형성하면서 고양된다는 것이다. 앤더슨은 상상적 공동체 형성의 기반으로 경제 변동, 기술 발전, 커뮤니케이션 수단의 발달, 특히 인쇄자본주의의 발달을 들고 있으며, 그 결과 민족주의가 형성된다고 보고 있다.

근대주의의 파생으로서의 민족주의는 현 사회에 가장 결집력 있는 집단 정체성을 형성하는 이데올로기의 구심점이 되고 있으며, 현대 사회에서는 미디어가 이를 선도하고 있다. 민족주의는 근대 사회 형성을 위한 동인에서 출발했지만 더 나아가 제국주의 역사 단계를 거치면서 또 한 번의 굴절을 겪는다. 21세기 글로벌 사회의 신흥 세력으로 등장하고 있는 아시아의 민족주의는 유럽의 근대화 단계에서 나타난 민족주의와는 또 다른 차원의 글로벌한 지형과 권력 경쟁을 그 내부에 반영하고 있다. 즉 앤더슨이 말한 국가 사회 내부의 변화를 반영하고 결속을 다짐하는 상상적 공동체로서의 민족주의가 아니라 제국주의 역사 단계를 극복하고 나온 새로운 권력의 중심으로 떠오르는 상징성에 대한 상상의 산물이라는 것이 아시아 민족주의의 중요한 측면이다. 이로써 글로벌한 위상을 드높이기 위한 상상적 공동체로서 아시아 국가들은 아시아적 정체성을 욕망하고 추구하게 된다. 이런 이유에서 아시아의 민족주의는 기존의 이론으로는 설명하기 어려운 복합적인 성격을 지니게 된다.

본 연구에서는 아시아 내부에 일고 있는 민족주의의 강력한 바람을 진단하고 현실적 역동성을 이해하기 위해 현장 연구를 했다. 3장에서는 한류 팬을 중심으로 한국 역사드라마가 동아시아에서 수용되는 과정에 관한 현장 조사로 이데올로기가 어떻게 받아들여지고 변형되는가를 살펴보았다. 현재 동아시아 국가 간에는 정치적·역사적 이슈에 의한 분쟁이 자주 발생하고, 이로 인한 민족주의 이념 대립이 자주 발생하는데, 미디어에 나타난 민족주의 이데올로기가 동아시아 수용자에게 어떻게 해독되는지를 살펴보는 것은 문화 권력을 진단하는 데 중요한 부분이 된다. 한국 역사드라마는 사회 내부의 동인으로 인해 민족주의 이데올로기를 반영하고 있는데, 이로 인해 동아시아 여러 국가에서 민족주의 논쟁과 불만을 일으키는 결과를 초래하게 된다. 그러나 미디어 수용 과정에서 이데올로기가 항상 일방적으로 주입되는 것이 아니라 새로운 의미를 생성하고 새롭게 해독되는 현상을 발견할 수 있다.

4장에서는 한류가 아시아를 넘어 글로벌하게 수용되는 과정에서 나타나는 이데올로기 현상을 보기 위해 유럽에서의 수용 과정을 연구했다. 유럽권에서 한류는 아시아와 같은 보편적 인기를 보이지는 않지만, 팬덤을 중심으로 열성적으로 소비되고 있다. 서유럽 중에서 영국은 한류의 팬덤층이 두텁게 형성된 곳으로 문화 권력이 지닌 중요한 함의를 보여 주고 있다. 현장 조사에서 영국의 한류 수용자들이 가장 많이 거론한 말은 영국 사회가 가진 인종주의 문제이며, 이들은 한류를 하나의 대안으로 희망하면서 이에 열광했다. 인종주의는 원래 피부색으로 사람을 차별하는 것을 가리켰으나 오늘날은 더 이상 이런 직접적이고 노골적인 형태를 주로 하여 나타나지 않는다. 포스트식민주의 시대 인종주의는 보다 간접적이고 미묘한 형태로 현저한 문화 권력을 발휘하고 있다. 과거의 인종주의가 제도적 인종주의로 불렸다면 오늘날 인종주의는 문화적 인종주의, 상징적 인종주의로 불리는 이유도 거기에 있다. 지젝은 서구 사회에 존재하는 인종 편견뿐 아니라, 다문화주의도 실제 인종주의의 자기방어적 메커니즘이라고 주장하여 현대 사회에 광범위하게 퍼진 인종주의를 문제 삼고 있다(Žižek 1993). 오늘날 존재하는 간접적이고 복합적인 인종주의를 인식하게 된 데는 사이드가 제기한 오리엔탈리즘 개념의 공헌이 크다. 사이드는 포스트식민주의 시대 잔존하는 문화 권력으로서의 인종주의를 오리엔탈리즘으로 설명하고 있다.

영국의 케이팝 팬들이 경험하는 인종주의의 문제는 더 이상 학문적 체계 내 개념으로서의 오리엔탈리즘이 아닌 일상에 뿌리 깊은 편견과 차별을 뜻한다. 이들은 자신의 인종적·민족적 배경을 불문하고 사회 내에서 경험하는 선입견과 고정관념을 인종주의적인 것으로 인식하고 있다. 영국 케이팝 팬들은 일상에서 부딪히는 인종주의 편견에 맞서 새로운 대안을 찾고 있으며, 케이팝 혹은 그들이 상상하는 한국 문화를 하나의 대안으로 받아들이고 있다. 이들의 대안은 물론 미디어를 매개로 한 상징적인 것이다. 이들이 상상하는 한국 문화, 아시아 문화는 서구의 문화 권력, 인종주의와 선입견으로 가득 찬 전통과 문화에 대한 대안이며, 지역과 인종을 초월하여 이들이 보편적 희망으로서 추구하는 아시아의 정체성이기도 하다.

5장에서는 현대 이데올로기의 중요한 부분인 가부장주의와 이에 대항하는 페미니즘을 케이팝과 관련하여 연구했다. 특히 아시아 정체성과 관련하여 미디어가 보여 주는 가부장주의 이데올로기의 측면과 이에 대한 대항 이념의 형성 과정을 일본의 수용자들을 연구함으로써 살펴보았다. 흔히 오리엔탈리즘의 전형으로 떠올리는 일본의 게이샤나 〈나비부인〉의 이미지, 순종적이고 희생적인 여성상은 서구 중심주의적 시선과 가부장주의적 이데올로기를 이중적으로 담은 강력한 문화 권력으로 작용한다. 현실에서 이런 이데올로기는 일방적으로 존재하는 것이 아니고 복합적인 형태로 역동성을 띠게 된다. 5장에서는 케이팝 걸그룹을 중심으로 문화 권력의 역동성을 진단하는데, 케이팝 걸그룹은 문화 권력의 복합적이고 혼종적인 성격을 잘 드러내고 있다.

걸그룹에 대해서는 성의 상품화 혹은 가부장주의의 문화 상품이라는 시각과 대중문화의 새로운 파워이자 하위문화의 모델로 추앙하는 상반된 시각이 존재한다. 이런 시각은 대중문화를 연구하는 페미니즘 연구가들 사이에도 상반된 입장으로 팽팽히 맞서고 있는데, 이는 페미니즘 내의 다양한 이론 및 입장 차이에 기인한다. 19세기 말부터 여성의 인권을 처음 제창한 여성 운동의 역사에서 20세기 초반까지 페미니즘은 한목소리로 여성의 권리를 주장했고, 참정권을 획득하기에 이른다. 이후 전개된 페미니즘의 소위 제2물결은 이론적 시각에 따라 초점을 달리하며 자유주의 페미니즘, 사회주의 페미니즘, 급진적 페미니즘 세 갈래로 분화 발전하게 된다. 자유주의 페미니즘이 여성과 남성의 동등한 권리를 제도적으로 보장받기 위해 힘쓰는 가장 고전적 형태의 여성 운동을 계승하고 있다면, 사회주의 페미니즘은 여성 차별의 문제를 생산관계에서 찾고 있으며 자본 축적과 국가 형성 같은 정치경제적 토대와 성적 불평등이 기원을 같이하는 것으로 본다. 급진주의 페미니즘은 가족관계와 낭만적 사랑, 출산 같은 여성적 역할 일체를 성차별의 원인으로 보고 있으며, 이의 급진적 해체를 주장한다.

이와 같이 세 가지 입장으로 경쟁하는 페미니즘 이론들이 새로운 세대에 와서는 동시에 공격을 받게 되는데, 이는 페미니즘 이론이 가지는 근본적 한계, 즉 서구 중심, 백인 중심, 중산층 중심의 엘리트주의적 입장에 대한 비판을 받게 되면서였다. 20세기 말 점점 다원화하는 사회에서 페미니즘에도 제3세계, 비백인, 비엘리트 등 다양한 계층을 설명하기 위한 이론이 필요해진 결과이다. 더 나아가 기존의 이론을 해체하여 새로운 인식론을 추구하는 포스트페미니즘에 이르러 페미니즘 이론은 더욱 다양하게 전개되고 있다.

5장에서는 다양한 이론을 융합한 확장된 개념으로 케이팝 걸그룹과 페미니즘의 문제를 다루고 있다. 케이팝 걸그룹은 기존의 페미니즘 이론에서 보면 가부장주의의 부속물로 비판받아 마땅하지만, 실제 현장 연구에서 드러난 사실은 일본의 한류 팬들이 케이팝 걸그룹을 롤모델이자 현실의 문제를 이겨낼 해방의 동기로 삼고 있다는 것이다. 이들 케이팝 팬들이 걸그룹과 동화하면서 여성적 정체성을 형성하는 과정은 제1, 2세대 페미니즘으로는 설명할 수 없는 새로운 현상일 뿐 아니라, 아시아 특유의 여성 정체성을 설명하는 현상으로 이해되어야 한다. 아시아 여성이 직면한 문제를 타개하기 위해 서구 중심의 페미니즘에 의거할 수도 있고, 새로운 형태의 구심점을 찾아 아시아 여성으로서의 정체성을 형성하는 대안을 찾을 수도 있는 상황에서 일본의 걸그룹 팬들은 후자의 입장을 취하고 있는 것으로 보인다. 기존 페미니즘 입장에서 보면 걸그룹은 비판받을 수밖에 없는 가부장주의의 희생물 측면을 지니고 있으나, 케이팝 팬들은 여기서 새로운 의미와 대안을 발견하며 케이팝의 걸그룹을 새로운 롤모델로 받아들이고 있는 것이다.

제3장 한국 역사드라마의 민족주의 이데올로기와 아시아 수용자

1. 서론

1980년대 말 이후 기존의 이론과 사고 전반을 뒤엎는 대안적 연구로 소위 '포스트' 사상이 부상한 이후 세기말과 현재의 21세기를 거치면서 이들 이론이 남긴 가장 큰 성과는 바로 정체성의 문제일 것이다. 20세기에는 현대 사회의 근거가 되었던 경제적 생산관계와 정치적 국가 단위가 와해되기 시작하면서 기존의 가치체계와 사회질서가 변화하는 역사 단계를 거치게 되었다. 일련의 '포스트' 이론은 민족국가의 기본 단위가 글로벌한 사회관계로 재편될수록 개인의 심리와 개별적 취향이 더욱 중요해지는 다양성의 사회, 불확실성의 시대에 살고 있다는 점을 지적한다. 과거 사회관계나 정치 단위로 확고한 지침대가 되었던 개개인의 정체성 기준은 점점 옅어지는 상황에 처하게 된다. 현대 사회가 배태하고 있는 정체성의 혼란은 다양한 사회 현상에, 이론적 해석 속에, 또 미디어가 보이는 다양한 콘텐츠 속에 그대로 반영되고 있다. 포스트모던 광고, 영화, TV쇼 등에 반영된 패스티시(pastiche)적이고 전말 도치적인 내러티브와 캐릭터의 특이성이 보이는 현대 미디어 속의 정체성 혼란은 미학적 형식주의 차원에서 가장 대표적인 예로 들 수 있다. 한편 사회적으로는 냉전의 이데올로기가 와해되고 사회체계가 붕괴됨과 동시에 자기증식적이고 자정적인 메커니즘으로 영속할 것만 같았던 자본주의도 그 발전의 최고 단계인 금융자본주의가 작금은 현재 세계 전체의 정체성 위기를 맞고 있다. 이데올로기의 종언으로 대변되는 불확실성의 시대, '후기○○'로 각기 지칭되는 현재 세계는 경제적·정치적·사회적·미학적으로 전반적인 정체성의 혼란을 보이고 있다.

그러나 현대 사회의 문제는 포스트모더니즘 학자들이 예측했던 무방비의 불확실성과 부유하는 정체성의 혼란으로만 전개되는 것은 아니라고 보인다. 모더니즘 일체가 일시에 붕괴되고 사사화(私事化)하는 것은 아니며, 기존의 이론이 전제한 예측 경로를 빗나가 다양한 양상으로 전개되나 완전한 카오스라고 보기는 어렵다. 모더니즘의 두 기반이었던 자본주의 사회관계와 민족국가의 두 기축이 약화되고 이데올로기의 힘이 상실되었다고 하지만, 현재 글로벌화된 사회 속 생산과 경쟁, 통합과 갈등의 양 측면에서 자본과 국가는 불안정하게나마 여전히 집단 정체성의 가장 중요한 기축을 형성하고 있다는 현실은 부정할 수 없다.

사회구성은 가족에서 부족으로, 이후 유럽의 역사에서는 근대를 거치면서 민족국가로, 아시아의 역사에서는 부족이 국가로 확대되면서 집단 정체성을 형성하게 되는데, 집단 정체성의 최고 형태는 국가를 단위로 한 민족주의였다. 20세기 후반 이후 글로벌화가 진행되면서 더불어 민족국가 단위가 약해졌으며 국가 단위의 집단 정체성은 약화되고 부유하게 되는데, 이때 국제적 지역 공동체가 그 대안으로 떠올랐다. 국제 지역 중에 가장 느슨한 공동체를 형성하고 있는 아시아에서 유럽이나 남미 같은 제도적 혹은 저항적 공동체의 끈은 찾기가 어렵다. 이런 아시아에서 약한 정체성을 희미하게나마 아래로부터 표상하는 것이 바로 '한류'라고 할 수 있으며, 이를 위시한 아시아 내 미디어 교류와 수용은 아시아의 연대를 찾아볼 수 있게 하는 유일한 끈이라고 해도 과언이 아닐 것이다.

한류는 90년대 말 한국 텔레비전 프로그램이 아시아 지역에 수출되기 시작하면서 예상치 않게 아시아 수용자들에게 큰 인기를 얻게 되면서 붙은 이름이다. 사실 한류는 한국에서 기획된 것도 아니고, 한류라는 용어도 수용 국가로부터 역수출된 개념으로 시작되었다. 일단 아시아 제국에서 한류 현상이 등장하자 한국 사회에서 그것이 담론적으로 확산되었고, 인제 와서는 한류의 실체가 무엇인지 혼란스러울 정도로 모든 국제관계의 현상을 한국 중심적으로 이름 붙여 한류라고 하는 실정이다. 한국 미디어뿐 아니라 스포츠, 음식, 의상, 한글, 인적 교류 등 한국의 상품이나 인물이 국제관계에서 맺는 모든 접점을 한류로 지칭하기도 한다. 한류 담론의 확산을 기화로 정책이 그 뒤를 이으며 한류 지원 정책을 쏟아 냈고, 학자들도 미네르바의 부엉이처럼 한발 늦게 한류의 원인을 각양각색으로 부르짖으며 다양한 연구에 참여하고 있다.

본 연구는 현재 양산되고 있는 한류 연구에 방점을 찍거나 한류의 발전을 도모하는 정책적 시점에서 시도된 것은 아니다. 본 연구의 목적은 아시아적 정체성의 문제를 미디어 수용 양상을 통해 구체적으로 설명하는 것이다. 아시아 공동체가 가진 현실적 문제를 전제로 할 때, 아시아 미디어 수용자의 한국 대중문화 수용 양태는 집단적 정체성을 설명하는 중요한 전환점을 제공한다는 것이 본 연구의 시발점이다. 이를 설명하기 위해 집단적 정체성을 구체적 역사 단계에서 가장 광범위하게 설명한 민족주의 이론들이 동원될 것이다. 근대주의 정치경제의 맥락에서 형성된 역사적 경험으로 인해 민족주의는 보수적 이데올로기의 또 다른 이름으로 인식되기도 하지만, 현재까지 존재하는 집단 정체성 중 가장 강력한 응집력을 제공하며 아시아적 정체성이라는 집단 정체성을 규명하는 데 유용한 이론적 준거점이 될 것이다.

아시아의 문화 정체성 문제를 다루기 위해 본 연구에서는 한국의 역사드라마에 대한 아시아 수용자 연구를 실시했다. 드라마는 한류 프로그램 중 가장 인기를 끌어온 장르이고, 한류를 이끈 주역 격의 장르이기도 하다. 이 중 역사드라마는 인기가 높다는 점 외에도 국내적으로 다양한 역학 관계에서 형성된 장르이고, 그 결과 민족주의 이데올로기가 두드러지는 내용으로 구성되어 있다는 점에서 주목해 볼 만하다. 이런 이데올로기적 요소들이 아시아 수용자들에게 어떻게 읽히는가는 정체성의 관점에서 흥미로운 문제이다. 본 연구는 일본과 중국의 수용자를 대상으로 수용자 분석을 수행하여 아시아 정체성의 문제를 논하고자 했다. 이들이 아시아 수용자 전체를 대변하지는 않겠지만, 동아시아라는 지리적 인접성과 함께 문화적 동질성을 가진 주체라는 점에서 아시아적 정체성을 논하는 데 가장 비근한 실례를 제공할 것이다.

2. 한국 역사드라마와 민족주의 이데올로기

한국에서 프라임타임대에 높은 시청률을 기록하는 텔레비전 역사드라마의 역사는 그리 길지 않다. 이전에 가장 인기 없는 장르의 대명사였던 역사드라마는 1998년 〈용의 눈물〉을 시작으로 전환점을 맞았다. 그 후 텔레비전 사상 최고 시청률을 기록한 〈허준〉, 세계 최다 인구가 시청한 한국 드라마 〈대장금〉은 역사드라마의 인기를 말해 주고 있다.[1] 역사드라마가 세기의 전환점에서 새로운 각광을 받게 된 것에 대해 다양한 연구가 나왔는데, 장르적 진화와 사회적 요소에 대한 설명이 주류를 이룬다. 한국 사회가 90년대 말 경제 위기를 겪으면서 역사드라마에 관심이 높아지게 되었는데, 이것이 지속적인 관심으로 이어진 것은 역사드라마 장르 진화에 힘입은 것으로 보인다.

역사드라마가 새로운 장르적 진화를 보인 것은 소위 '퓨전 사극'에서 찾아볼 수 있다. 이는 '폐인', '덕후' 같은 신조어를 탄생시킨 새로운 수용자 현상을 불러왔는데 그 시작은 〈다모〉(2003)였다. 당시 '다모폐인'으로 대변되던 마니아 현상이 대중음악이나 만화, 게임뿐 아니라 텔레비전 드라마에도 등장하게 된 것이다. 〈다모〉에서부터 역사극은 내러티브 구조, 소재, 영상의 측면에서 현대극의 요소를 흡수하면서 퓨전 사극으로 발전했고 장르적 변화를 보인다. 퓨전 사극은 첫째, 소재 면에서 〈다모〉·〈대장금〉에서 보듯이 왕족이나 영웅호걸이 아닌 평범한 사람의 이야기를 소재로 하고 있다. 〈주몽〉·〈해신〉 같은 왕이나 거상을 소재로 한 드라마에서도 권력과 재력, 정치적 암투나 엘리트주의에 집중하는 대신 주요 인물들이 어려움을 겪고 인생역전에 성공하는 이야기에 초점을 둔다는 특징을 보인다.

둘째, 퓨전 사극의 내러티브 구조를 보면 평범한 사람들의 일상성에 주목한다. 저잣거리나 수라간, 주막 등에서의 평범한 삶을 보여 주고 이들의 사랑과 우정, 인간애가 이야기를 끌어가는 중심이 된다. 퓨전 사극의 내러티브는 현대극과 유사하게 단순하고 극명한 줄거리로 구성되고 역사적 사실의 복잡한 정보들이 과감하게 생략되는 양상을 보인다. 우리나라 전통 사극이 실록을 극중에 삽입하면서 다큐드라마

1 1998년 〈용의 눈물〉이 최고 시청률 49.6%를 기록한 데 이어 2000년 〈허준〉은 65.6%로 사상 최고의 시청률을 기록했고, 2001년 〈태조왕건〉이 60.2%, 2004년 〈대장금〉은 57.8%, 2006년 〈주몽〉은 50.2%를 기록했다. 2008년 상반기에는 〈이산〉 35.4%, 〈일지매〉 22.4%로 시청률 수치 자체는 낮아졌지만, 역시 텔레비전 프로그램 중 최상위의 시청률을 보였다. http://kr.neilsen.com

형식을 보이는 데 반해, 퓨전 사극은 사실성을 생략하고 극적 요소를 강조하는 내러티브 구조로 탈바꿈했다.

셋째, 영상 측면에서도 퓨전 역사드라마는 액션과 특수효과를 강조하여 드라마의 판타지를 창출하는 방향으로 변화했다. 〈다모〉가 보여 준 대나무 숲의 결투는 영화 〈와호장룡〉의 판타지를 모방했고, 〈일지매〉의 매화 신(scene)은 텔레비전 특수효과의 첨단을 선보였다. 〈주몽〉, 〈해신〉, 〈이산〉, 〈태왕사신기〉, 〈바람의 나라〉 모두 현란한 액션 신이 매회 등장할 정도로 영상과 CG 비주얼에 강조점을 두었다.

이와 같이 한국 역사드라마가 장르적으로 진화하면서 국내뿐 아니라 국제적으로도 인기와 명성을 누리게 되었다. 하지만 한 가지 변하지 않은 것은 역사드라마의 이데올로기적 측면이다. 전통 사극과 퓨전 사극이 내러티브나 영상적인 측면에서 유사점을 찾을 수 없을 만큼 많은 변화를 보이는 반면, 이데올로기 문제에서는 동일한 성격을 나타내고 있다. 드라마상에 가장 눈에 띄는 것은 외국인에 대한 고정관념이며, 역사극에 자주 등장하는 일본인과 중국인은 특정 이미지로 재현되고 있다. 일본인은 흔히 야만성과 공격성을 띤 악당으로, 중국인은 구두쇠나 협잡꾼으로 묘사된다. 추켜올린 눈과 머리, 반라의 복장으로 민간인을 괴롭히는 일본인의 이미지는 서구에서 동양을 보는 시선과 유사하다. 염소수염을 하고 까탈을 떠는 중국인의 이미지도 퓨전 사극에 곧잘 등장한다. 〈다모〉의 일본인 악인, 〈대장금〉에서 장금이를 괴롭히고 곤궁에 처하게 하는 중국 관리를 비롯해 〈태왕사신기〉와 〈주몽〉에도 중국인 숙적은 고정관념상의 이미지로 등장하고 있다.

외국인에 대한 이미지 재현을 넘어 민족주의 이데올로기는 기획단계에서부터 보다 심층적으로 작용한다. 2006년 이후 고구려사를 배경으로 한 역사드라마가 쏟아져 나온 것은 한국 사회 내 민족주의적 이데올로기의 반영이라는 지적이 높다. 한때는 방송 3사가 일주일 내

내 번갈아 가며 고구려를 배경으로 한 역사드라마를 방영했는데, 2006년, 2007년에 방영된 〈주몽〉, 〈태왕사신기〉, 〈대조영〉 〈연개소문〉이 그것이다. 고대사가 퓨전 사극의 배경으로 삼기 좋은 소재라는 장점도 작용했지만 중국의 동북공정으로 고조된 민족주의 의식이 그 어느 때보다 고양된 시기라는 데서도 원인을 찾을 수 있다.

중국의 동북공정이 중국의 민족주의에서 발현되었다면, 한국의 반응도 민족주의 이데올로기에서 발현되었다고 보는 것이 형평성 있는 시각일 것이다. 정작 역사학계에서는 중국의 동북공정 역사관이나 한국의 고구려 국가주권주의 역사관 모두 당대의 역사적 사실과는 거리가 있는 것으로 보고 있다. 임지현(2004)은 이를 시대착오적이라고까지 맹비난하는데, 중국의 동북공정론이나 우리의 고대 역사관 모두 근대 민족국가 사관으로 고대사를 재단하는 오류를 범하고 있다는 지적이다. 특히 고대사 논쟁은 일본의 만주[2]사관이 반영된 것으로 발해사를 둘러싼 중국, 러시아, 한국의 3파전은 근대 국가의 프런티어 개념으로 고대사를 해석해 근대 국가 이전 고대의 변방사를 도외시한 것이라는 지적이 역사학계의 논쟁으로 떠올랐다(김영하 2005; 김한규 2005; 이성시 2004).

이와 같이 근대적 민족주의 이데올로기에 토대를 둔 역사드라마의 내러티브는 퓨전 장르에 의해 현대적 해석과 이야기 구성이 개입하면서 이데올로기성이 더욱 강화되는 양상을 보인다. 역사의 현대적 해석은 드라마의 재미를 주기 위한 목적으로 도입되었지만, 이데올로기적 효과는 역사적 현실과 거리를 두면서 강력한 사회적 효과를 가져오게 된다. 역사드라마의 이데올로기적 효과가 국내 사회에서는 사회적

2 만주는 제국주의 일본에 의해 만들어진 이름으로, 북방 변방을 만주로 지칭하는 것은 한국과 일본뿐이다.

통합을 공고히 하고 공통의 목표를 향하는 동기화로 기능할 수는 있지만, 이것이 허구적 현실에 근거하여 기존의 권력에 이데올로기적으로 이바지한다는 데 문제가 있다.

본 연구에서는 민족주의적으로 구성된 역사드라마에 국가 경계 외부의 수용자가 어떻게 반응하고 이것이 아시아라는 집단 정체성 형성에 어떤 영향을 주는지 살펴보는 것을 주안점으로 하고 있다. 우선 국내 정치경제적 토대와 이데올로기의 반향으로 구성된 한국 역사드라마가 아시아 여러 국가에서 현대극과 똑같은, 경우에 따라 이를 능가하는 인기를 구가하고 있다는 것은 흥미로운 현상이라 아니할 수 없다. 주지하다시피 〈대장금〉은 세계시장에서 가장 인기를 끈 드라마이고, 〈허준〉·〈해신〉도 아시아 여러 국가에 수출되어 인기를 얻었다. 〈주몽〉과 〈태왕사신기〉는 동북공정 논란으로 중국 정부에 의해 수입 금지되었지만, 만약 수출되었다면 중국 수용자들이 어떻게 반응했을지는 상상해 볼 수 있다. 역사드라마가 민족주의 이데올로기를 넘어 아시아 수용자들 사이에 인기를 끌었다는 사실로 미루어, 이들 드라마 수용자도 그들 정부와는 다른 반응을 보였을 것으로 추측된다. 이에 본 연구에서는 이데올로기의 전파와 변형을 구체적으로 보기 위해 중국과 일본을 중심으로 한국 역사드라마에 대한 수용자 연구를 실시했다.

3. 한국 역사드라마와 동아시아 수용자

〈겨울연가〉의 폭발적인 인기를 계기로 한류에 대한 관심이 내외적으로 높아졌고 한류 현상을 설명하기 위한 수용자 연구도 다양한 성과를 보였다(박진규 2006; 이수연 2008; 허진 2002; Iwabuchi 2000). 대부분 문화적 인접성을 결론 요소로 말하고 있지만 공유된 문화의 실체를 탐구하거나 설명한 연구는 적다. 한국 대중문화에 대한 아시아 수용자들의 반응은 근대 역사의 경험이나 기억과 무관하지 않으며, 정치경제적 토대와 문화적 취향과 이데올로기의 복합적 궤적을 추적해야 비로소 이해할 수 있을 것으로 보인다.

본 연구에서는 아시아적 정체성을 이데올로기적 관련성 속에서 탐구하기 위해 일본과 중국의 한국 드라마 팬을 중심으로 한국 역사드라마에 대한 심층 인터뷰를 했다. 우선 인터뷰 대상으로는 일본과 중국 내 인터넷 팬클럽 사이트 게시판에 공고를 해 자발적 지원자를 받았다.[3] 게시판 공고는 영어와 자국어로 했으며, 지원은 자국어와 영어로 받았다. 일본의 경우 배용준 팬사이트와 드라마 팬사이트에 공고를 내어 모집했다. 배용준 팬사이트의 지원자 중 한 명이 자신의 직장을 중심으로 그룹을 조직하여 인터뷰에 임했으며, 〈다모〉 팬사이트의 경우 회장이 그룹을 조직하여 인터뷰에 임했다. 인터뷰 대상자는 자발적 지원으로만 모집되었다. 중국의 경우는 〈대장금〉 팬사이트에 공고한 결과 개별적으로 지원해 온 사람들 중 베이징 거주자를 대상으로 인터뷰 대상자를 모았다. 또 베이징 주재 한국문화원에서 한국어를 배우는 드라마 팬이 자신의 지인을 중심으로 한국 드라마 팬을 모아 하나의 그룹을 결성하여 인터뷰를 했다.

인터뷰는 그룹 인터뷰 1회와 개인 인터뷰 1-2회를 병행했다. 인터뷰는 일본의 도쿄와 중국의 베이징 시내에서 실시했다. 인터뷰는 필자가 직접 진행했고, 통역자를 대동했다. 인터뷰 시작 전에 간단한 설문지로 인구학적 배경과 텔레비전 시청 형태에 대해 서면 조사를

3 일본의 경우 〈대장금〉 공식 사이트 없이 개별 연기자에 대한 사이트가 존재했으며, 규모는 작지만 〈다모〉 팬사이트가 가장 활발한 것으로 나타났는데, 자원도 가장 먼저 해 왔다.

〈표 3-1〉 인터뷰 대상자

이름*	나이/성별	국적(출생지)	결혼 여부	경제 수준	학력	직업	비고
W	39/여	일본(사이타마)	미혼	중	대졸	비서	
S	46/남	일본(니가타)	기혼	중	대졸	회사 임원	
T	48/여	일본(미야기)	기혼	중	전문대졸	비서	
J	47/여	일본(도쿄)	이혼	상	석사	사업	
K	45/여	일본(가나가와)	기혼	-	대졸	잡지 편집인	
Y	43/남	일본(도쿄)	기혼	상	석사	기자	
I	42/여	일본(도쿄)	기혼	중	대졸	비서	
M	46/여	일본(규슈)	기혼	중	대졸	회사원	
F	41/여	일본(시가)	기혼	중	전문대졸	주부	
G	38/여	일본(요코하마)	기혼	중	전문대졸	회계사	
O	43/여	일본(도쿄)	미혼	중	대졸	자영업	
B	32/여	중국(베이징)	기혼	상	대졸	디자이너	
H	21/여	중국(베이징)	미혼	하	대재	학생	
L	47/남	중국(산시)	기혼	상	전문대졸	회사 임원	
E	41/여	중국(헤이룽장)	기혼	중	고졸	회사원	
A	26/여	중국(베이징)	미혼	중	대졸	예술가	
C	52/남	중국(허베이)	기혼	상	대졸	회사원	
D	23/여	중국(허베이)	미혼	중	대재	학생	
N	24/남	중국(베이징)	미혼	하	대재	학생	
K	30/여	중국(허난)	기혼	상	대졸	회계사	
가	50/여	중국(베이징)	기혼	중	전문대졸	회사원	
나	50/여	중국(베이징)	기혼	중	고졸	무직	
다	50/여	중국(베이징)	기혼	-	중등전문	무직	
라	50/여	중국(베이징)	기혼	-	고졸	무직	
마	46/여	중국(베이징)	기혼	중	전문대	공무원	
바	50/여	중국(베이징)	기혼	중	중등전문	무직	
사	50/여	중국(베이징)	기혼	중	전문대	의료직	
아	49/여	중국(베이징)	-	-	-	직원	
자	27/여	중국(헤이룽장)	미혼	중	대졸	프리랜서	
차	30/여	중국(시안)	기혼	중	대졸	디자이너	

*이름은 기호로 표기(이하 표에서 동일함)

실시했고, 본격 인터뷰는 비구조화된 인터뷰 방식으로 실시했다.

심층 인터뷰를 위해 진행자의 개입을 최소화했고, 인터뷰 대상자들의 목소리를 있는 그대로 담아내기 위해 녹음과 필기를 병행했다. 그룹 인터뷰 중에는 그룹 면담의 역동성을 최대한 살리기 위해 동시통역 방식으로 진행하여 이야기의 흐름을 막지 않으려고 했다. 개인 인터뷰의 경우는 순차적 통역 방식으로 진행했다. 인터뷰 시간은 그룹의 경우 평균 2시간, 개인 인터뷰의 경우 평균 1시간을 할애했다.

일본은 한국 방송 프로그램의 최대 수입국으로 인터뷰에 참여한 대부분 사람들이 역사드라마를 포함해 한국 드라마를 본 적이 있었다. 인터뷰 중에 이들 수용자는 한국 드라마에 심취하는 이유로 한국 드라마에 나타나는 도덕적 우월성을 으뜸으로 꼽았다.

> S: 한국 드라마는 우리가 전쟁 전에 경험했던 것을 보여 주는 것 같아요. 유교 사상이랄까….
>
> K: 맞아요. 이제 우리가 잃어 가는 것들요. 예를 들면 가족의 강한 결속 같은 것… 이제는 일본에서 사라지는 것 같은 거요. 한국 드라마가 이것을 보여 주고 있고, 제가 한국 사람들을 만나 보면 연장자를 공경하는 것 같아요.
>
> M: 예. 연장자 앞에서는 술을 마실 때도 고개를 뒤로 돌리고 컵을 감싸고 마시는 자세 같은 것. 한국은 전통적 예의범절을 잘 지키는 것 같아요.
>
> S: 한국 여자들은 연장자 앞에서 담배를 피우지도 않고. 일본과는 사뭇 다른 것 같아요.
>
> I: 우리 일본에서도 20년 전에는 텔레비전에서 가족관계나 예의범절 같은 것을 보여 줬어요. 그러나 이제는 더 이상 그런 게 없죠.

드라마 팬클럽 성원들도 인터뷰에서 비슷한 대화를 했다.

O: 한국 드라마를 보면 아주 사려 깊은 사람들인 것 같아요. 그런 걸 보면서 일본에서 없어져 가는 내 자신의 정체성을 찾게 되는 것 같아요.

F: 한국 드라마 보면 부모나 노인을 공경하잖아요. 현재 일본에서 잃어버린 것을 그걸 보고 되찾을 수 있을 것 같아요. 한국 드라마를 본 이후로 제 부모에 대한 태도도 변화되었어요.

G: 드라마 보면 젊은이가 가다가 길이나 계단에서 무거운 짐 진 노인을 도와주잖아요. 일본에서는 그런 모습 찾아볼 수 없어요.

일본의 시청자들은 한국 드라마를 보면서 자기 문화에서 잃어버린 자기 정체성을 찾으려 한다는 반응을 보였다. 일본 수용자들은 2차 대전 후 이룩한 경제 성장과 사회 결속력이 최고도로 발전했던 20년 전 일본 발전의 황금기를 추억한다. 가족의 결속과 사회 통합을 보여주는 한국 드라마에서 과거의 향수를 느끼며, 잃어버린 정체성을 회복할 수 있을 것으로 기대하고 있다. 개인 인터뷰에서 O는 미국 이주 생활을 하면서 일본인으로서 자신의 정체성에 대한 고민을 많이 했는데, 그것을 한국 드라마에서 찾았다는 반응을 보이기도 했다. 일본인들이 보는 한국 문화의 도덕적 우월성과 매너는 한국의 실제 현실과 동떨어진 오인일 수 있지만, 여기서 주요점은 아시아적 정체성을 그런 정서에서 찾는다는 것에 있다.

중국 수용자의 경우도 한국 역사극을 통해 전통 가치의 유지를 높이 평가하고 있다.

E: 나는 드라마 〈궁〉을 재미있게 봤는데요. 중국의 영향과 중국적인 요소가 많은 것을 발견했어요. 한국 사람들은 중국에서 좋은 요소를 가

져다 자기 것으로 만든 것 같아요.

H: 드라마를 보면서 한국은 중국의 전통을 우리보다 더 잘 고수하고 있구나, 라고 느꼈어요. 예를 들어 유교 문화 같은 것도 한국에서 더 잘 계승되었잖아요. 우리는 우리 고유의 문화를 내버리기 일쑨데.

D: 한국 사람들은 예의를 중시하는 것 같아요.

L: 중국인들도 예의를 중시하지만 한국 사람들은 전통적 예의범절을 더 준수하는 것 같아요.

중국 수용자들은 한국의 전통에서 중국의 문화적 영향을 발견하고 이를 즐기고 있는 것으로 보인다. 〈대장금〉과 〈허준〉이 중국과 유사한 양식의 요리와 한약을 소재로 하여 특히 중국에서 인기를 끈 것처럼, 역사드라마가 보이는 양국의 유사성에 흥미를 느끼고 있었다. 인터뷰 대상자들이 언급했듯이 유교나 일상 관습에서 중국의 전통을 한국이 계승하고 있다는 점에 흥미를 느낀다는 반응을 보였다.

일본과 중국의 수용자들이 한국 역사드라마에 대한 토론에서 가장 먼저 언급하는 것은 도덕적 우월성이며, 아시아적 전통문화에서 그 근거를 찾고 있다. E와 H가 직접 언급했다시피 유교 문화를 계승한 한국 드라마의 예의와 배려에서 도덕적 우월성을 읽고 있다. 그러면 이들이 말한 유교 문화, 아시아적 전통성이라는 것은 무엇을 의미하는가? 그들이 진정으로 유교적 전통문화를 사회의 이상으로 삼고 있고 이것이 한국 드라마의 흡입력으로 작용하는 것일까? 앞서 설명했듯이 한류를 주제로 한 문화 연구에서는 한류의 성공을 아시아적 가치, 유교 문화의 공감대에서 찾고 있는데, 본 연구의 심층 인터뷰 과정에서 이것이 그리 단순하게 치환될 수 있는 문제가 아니라는 것을 발견할 수 있었다. 문화 연구에서 수용자의 발화 자체를 표면적으로 받아들여 진위의 영역으로 환원하여 평가하고 입증하는 것은 환원론에 빠질 수밖에 없다는 비판론을 상기할 필요가 있다.

2장에서 설명했듯이 유교는 기본적으로 엘리트주의 사상을 기반으로 하고 있고 역사적으로 아래로부터의 통합의 근거가 되지 못했다는 것이 사실이다. 거기에 더하여 서구 근대화가 도입된 이후에는 동아시아 사회 내부에서 전통과 근대의 균열이 가속되어 왔다. 서구적 근대화를 이룬 한국, 일본이나 사회주의 체제화의 과정을 거친 중국의 경우 모두 유교의 전통은 실생활에서 큰 힘을 발휘하지 않고 있다. 공교육 과정이나 일상생활에서 실제 유교 경전이 체계적으로 학습되고 적용되는 경우는 찾기 어렵고, '인의예지' 등 몇 글자로 요약되는 상식 수준에 그치고 있지 전문가가 아니라면 현대 동아시아 사회 내에서 일반 사람들이 유교에 대한 지식을 학습하고 일상의 모토로 삼는 경우는 많지 않다. 오히려 동아시아 사회 내에서 유교 전통은 종종 후진성이나 권위주의로 치부되기도 한다. 유교의 전통이 유의미하게 작용한 경우로는 구미 같은 다른 지역과의 차별성, 즉 문화 간 커뮤니케이션의 분류 기제로 작용하는 담론화의 수준에 이용된 것이 대부분이다. 한편 서구적 시각에서도 아시아, 특히 동아시아는 유교 문화로 분류되는 경계의 기준으로 인식되는데, 이것이 아시아 내부에서 역전된 담론으로 확산되는 경향이 있다.

이런 의미에서 '아시아 = 유교 문화'라는 등식은 실체라기보다는 하나의 표상으로서의 기호(Signifiant)이며, 이것이 역전이에 의해 아시아 정체성으로 인식되는 담론적 현실이 생성되고 있다는 사실을 인터뷰 과정에서 발견할 수 있다. 그렇다고 아시아 수용자들이 보이는 유교적 정체성이 단순히 허구라거나 혹은 인터뷰 대상자의 발화가 거짓이라는 진위적 평가를 하는 것은 성급한 판단이다. 포스트구조주의 이론과 정신분석학을 바탕으로 집단 정체성의 문제를 설명하고 있는 들뢰즈와 과타리에 따르면 모든 욕망은 시니피앙으로서의 대타자를 전제로 한다(Deleuze & Guattari 1983: 48). 욕망은 집단 환상을 전제하고 이는 욕망하는 생산과 사회적 생산 체제 사이의 간극을 표상하는 것이다(Deleuze & Guattari 1983: 54). 이들이 설명하는 안티오이디푸스적 욕망은 라캉의 욕망 개념을 근거로 적용하고 있으며, 라캉이 말한 주체의 욕망은 결여를 전제로 한다는 이론과 맥을 같이하고 있다. 라캉의 이론에서 욕망의 근원인 대타자는 정신분석적 욕망의 대상인 어머니를 의미하며, 또 다른 장에서 이는 상징계의 기본인 언어와 사회 체계를 의미한다고 정의되기도 했다(Lacan 1981: 203-215). 대타자의 결여는 욕망의 근거가 되며 주체의 정체성은 시니피앙의 고리에서 결여를 담지한 욕망의 주체로 존재하게 되는 것이다.

아시아인들이 인식하는 집단적 정체성도 물리적이거나 개념적으로 확립된 실체가 아니라 욕망의 주체로서 현실을 구성하는 과정에서 파생된 것이라 볼 수 있다. 아시아의 수용자들이 텔레비전을 보고 미디어를 사용하는 일상에서 느끼는 아시아적 가치, 또 그들이 한류를 보면서 평가하는 유교 문화의 전통성에 대한 발화도 실체라기보다는 욕망의 기제로 이해될 수 있다. 역사적으로 유교는 정치경제적 토대에서 변형되고 쇠퇴하는 과정을 보였다. 특히 근대화 과정에서 유교는 구태의 상징이자 수구 보수를 의미하는 근대화의 걸림돌로 도외시되어 온 것이 아시아 제국의 역사적 과정이기도 하다.

한류에 대한 중국 수용자들과의 인터뷰 과정에서는 마오쩌둥 시절 문화혁명에 의한 중국 전통문화의 억압과 쇠퇴가 오랜 시간 논의되었다. 실제 문화혁명을 겪은 중년의 중국 수용자들은 드라마에 대한 흥미를 말하다가 별다른 맥락 없이 문화혁명의 비극에 대한 긴 코멘트를 이어가기도 했다. 이들이 전통문화에 대해 보이는 이 같은 감정적 반응은 들뢰즈가 말한 사회 체계에 대한 역사적 인식과 욕망 간의 간극을 잘 보여 준다.

사: 문화대혁명 전에는 전통적이었어요. 문화대혁명 때 공자를 몹시 나쁜 사람으로 몰아갔죠. 책도 못 읽게 하고.

가: 문화대혁명 이후 문호가 개방되고 유학, 해외여행도 가고 하면서 서로 이해하는 부분이 많아졌어요.

나: 나도 한국 드라마를 보기 시작하면서 한국을 이해한 것 같아요.

이들 중년의 인터뷰 참여자들 모두가 문화대혁명에 대한 언급이 나오자 강한 저항감을 보였다. 개인 인터뷰에서 '사'는 문화대혁명에 대한 평가를 다시 언급하면서 "문화대혁명으로 중국의 모든 것이 10년간 멈추었다. 중국의 고대 유물 (중략) 등 문화유산이 파괴되었다. 홍위병이 모두 파괴해서 좋은 책들도 다 없어지고, 손실이 너무 컸다. 그때 마오쩌둥은 소박을 강조하고 아주 봉건적인 사람이어서 외국의 모든 문화를 배척했다. 자기가 우물 안에 있으면서 세계 문제를 해결하려고 했다. 우리에게 외국을 알게 하지 않았다. 이제 많은 부분이 회복되었다."라고 토로했다.

집단 인터뷰와 개인 인터뷰를 통해 중년의 한류 팬들은 문화대혁명의 역사를 비판하면서 새로운 발전의 길을 찾는 오늘날 중국의 모습을 강조했다. 당시 문화대혁명이 하나의 상징계로 기존의 가치 질서와 생활양식의 전면을 변화시켰다면 억압의 역사를 거치고 나서 이제 중국인들은 잃어버린 가치를 회복하고 새로운 발전을 욕망하게 되었다. 이때 아시아적 정체성의 회복은 하나의 시니피앙으로 상실과 억압에 대한 역작용에 따라 욕망으로 표출된 것이다.

그러나 중국 수용자가 보이는 아시아적 정체성의 욕망이 전통으로의 회귀를 의미하지는 않는다. 이는 중국의 한류 팬들이 보이는 한국 대중문화에 대한 취향에 그대로 드러난다. 한류 팬들은 한국 대중문화가 아시아 정체성 형성의 단초를 제시한다고 인식하지만, 한국의 대중문화는 다른 아시아 국가에 비해서도 결코 전통적이지 않으며 오히려 서구적 가치와 형식을 더 많이 반영하고 있다. 아시아 수용자들이 한국 드라마를 좋아하는 근거도 전통성 자체보다는 모던 혹은 포스트모던한 내용과 형식에 전통적 가치가 녹아 있다는 인식에서 촉발된다는 점을 인터뷰 과정에서 발견할 수 있다.

인터뷰에서 중국 시청자들이 가장 관심을 보이는 부분은 한국 드라마가 보이는 세련된 영상과 스토리에 대한 것이다.

D: 한국 드라마 중 현대극에 나오는 미남, 미녀, 현대적 배경이 좋아요.

A: 의상, 화장도 아주 세련되었고요. 한국 역사드라마도 의상이 아주 좋아요. 스타일도 좋고 색상도 화려하고 중국 드라마의 의상은 너무 보수적이고요.

B: 한국 드라마가 가장 좋은 점은 일반인들의 일상을 생생하게 보여 준다는 점이죠. 물론 중국에서 사려면 비싼 것들이지만요. (웃음)

중국 수용자들은 한국 드라마에 나타난 현대적이고 세련된 생활양식을 동경하며, 역사드라마에서도 그런 점을 높이 평가하고 있다. 자신의 일상 환경에 따라 의상, 음식 등에 대한 다양한 관심과 취향을 한국 역사드라마가 보이는 영상에서 발견하고 재미를 느끼는 것이다.

이들 수용자는 한국 드라마를 접하면서 한국의 빠른 발전에 깊은 인상을 받고 새로운 이미지를 구축하게 되었다는 반응을 보인다.

H: 한국은 교통도 잘 발달해 있고, 전자산업은 세계 최고 수준이잖아요.

L: 관광도 아주 발달한 것 같아요.

E: 미용도요.

L: 한국 여자들은 다 성형을 한다면서요?

C: 컴퓨터 게임도 유명하지요. 우리는 좋은 관계를 유지하려고 하는데 한국 사람들은 민족주의가 너무 강한 것 같아요. 물건도 자기 제품만 쓰고.

E: 우리가 한국의 발전을 배워야 해요. 우리는 인구 14억의 대국으로 복잡하게 얽혀 있죠. 이 정도 발전한 것도 대단하다고 생각해요. 한국은 활발하고 발전한 나라이고 아무 거부감이 없습니다. 일본과는 다르죠.

H: 맞아요. 한국과 중국은 좋은 관계를 유지해야 합니다.

E: 네. 우리는 친구에게는 다정한 미소로, 적에게는 총으로 응수합니다.

중국 수용자들은 한국 미디어를 수용하면서 한국을 이상적인 발전의 모델로 여기고 있다. 제국주의라는 근대 역사의 상흔을 경험하여 일본을 배척하면서, 한국은 발전의 모델이 되는 우방으로, 일본은 적으로 간주하고 있다는 반응을 보였다.

한편 일본의 수용자들은 중국에 비해 아시아적 전통 가치를 보다 강조하지만, 이것도 전통성 그 자체는 아니고 시니피앙으로서의 아시아라는 것을 인터뷰 내용을 통해 알 수 있다. 일본 수용자들은 한국 드라마가 보이는 규모의 경제와 포스트모던한 형식을 높이 평가하고 일본 드라마보다 선호한다는 반응을 보이고 있다.

I: 나는 일본 역사물은 보지 않아요. 재미가 없어요.

J: 우리 일본 역사물은 다 사무라이 얘기뿐이잖아요.

K: 항상 같은 스토리, 같은 인물… 도요토미 히데요시 등등. 그런 인물에 대해서는 학교에서 이미 충분히 배웠는데. 한국 역사드라마 보면 가족 얘기, 음식, 사랑 얘기 등 다양하잖아요. 역사극 같지가 않은 그게 좋아요.

Y: 우리 일본에서는 그런 장엄한 역사드라마는 만들 수 없나 봐요.

T: 한국은 투자를 많이 하는 것 같아요. 〈주몽〉, 〈태왕사신기〉 모두 스튜디오를 각각 짓고, 해외 로케이션도 많고.

S: 일본은 영화 제작에는 돈을 많이 들이지만 테레비에는 투자를 안 해요. 한국 드라마 촬영지도 가 봤는데 아주 대단하던데요.

G: 한국 드라마는 일대기를 그리는 게 좋아요. 드라마로 인물의 성장 과정을 볼 수 있죠. 일본 드라마는 부분적인 이야기만 보여 줘요. 한국 드라마를 보면 풍경도 좋고, 〈다모〉를 보면 새소리라든가 깊은 계곡의 소리도 들을 수 있고요. 일본 드라마에서는 그런 걸 느낄 수 없어요. 말만 많고.

이와 같이 일본 드라마 팬들은 한국 역사드라마의 장엄하고 세련된 형식과 영상을 높이 평가하고 있다. 퓨전 드라마가 보이는 소재, 서사 구조, 영상의 변화를 일본 수용자들은 일본 역사극보다 선진한 것으로 받아들였다. 이들은 자국 역사드라마가 강조하는 전통성, 역사적 사실성, 교훈성에는 흥미를 느끼지 못하고 있다. 즉 이들 수용자가 열광적으로 한류를 수용하면서 추구하는 아시아적 정체성의 측면은 역사적 사실성, 전통적 가치 자체에 근거한 것이 아니다. 일본의 역사드라마에서 더 전통적인 부분을 발견하고 있지만, 이에는 흥미를 느끼지 못하고 지루하다는 반응을 보이는 것이다. 일본의 한류 팬들이 한국 드라마에 빠지면서 함양하는 아시아적 정체성의 욕망은, 들뢰즈와 과타리의 개념을 적용해 보면, 대타자라는 시니피앙으로 일으켜진 집단적 욕망이라고 해석할 수 있다. 일본 수용자들이 한국 역사드라마를 선호하는 것은 내용적·형식적 우월성으로 설명되는데 그 기초인 아시아적 전통성과 심미적 영상은 어디까지나 선택적이고 불안정한 욕망의 시니피앙이다.

한편 아시아 수용자들은 한국 드라마를 높이 평가하면서도 그 이데올로기성에 대해서는 명확한 저항을 보이고 있다. 인터뷰 과정에서 일본과 중국 수용자들이 가장 많이 지적한 이데올로기적 문제로는 가부장주의와 자국 중심주의를 들 수 있다. 우선 중국 여성 수용자들이 집단 인터뷰를 통해 가장 직접적으로 신랄하게 지적한 문제는 한국 드라마에 나타난 여성의 이미지이다.

나: 한국의 여성들이 너무 힘들어 보여요. 전통적인 게 너무 많고 예의 지켜야 할 게 너무 많아요. 나라면 못해요. 개방이 되어야 해요.

자: 한국의 여성들은 일을 하지 않아 제약이 많은 것 같아요.

나: 인격의 문제죠. 일을 하든 안 하든 존중을 해야 해요.

바: 국내 정세랑 연관이 있는 것 같아요. (한국에는) 봉건사상이 아직 있어요.

라: 중국 여성은 한국보다 경제적인 면에서 독립적이에요.

사: 한국 주부의 지위가 너무 낮아요. 똑같이 공부를 했는데 혹은 박사까지 했는데 시집살이만 하다니 너무 아까워요. 불공평해요. 당신이라면 그렇게 하겠어요? 여성도 절대적으로 나가서 일을 해야 해요. 아니면 보모와 다를 게 뭔지. 한국 여성들이 일을 하지 않는 것은 미래를 예비하지 않는 거예요.

가: 역사드라마 보면 예전에는 한국과 중국의 여성들의 위치가 같은 것 같아요.

차: 〈명성황후〉 보면 당시 여성의 지위가 높은 것 같은데…. 중국 역사드라마에 나오는 여성들의 지위는 낮아요.

가: 문화대혁명 때문이지요. 신중국 설립으로 바뀌었어요.

자: 〈엽기적인 그녀〉의 여자 주인공은 그저 한국 문화에 대한 반항으로 나온 것 같아요.

대부분 중년 주부로 구성된 이들 중국 수용자는 예외 없이 한국 드라마에 나타난 여성의 지위와 전통적이고 가부장제적인 가족관계에 대해 비판하고 있다. 중국인들이 문화대혁명의 역사에 대해서는 비판적이면서도 이를 계기로 여성 문제가 개선된 것은 높게 평가하며, 과거로 돌아가는 것은 거부하고 있다.

중국 수용자들이 보이는 전통성에 대한 비판은 민족주의 이데올로기에도 집중된다. 이들은 한국 역사드라마에 나타난 자국인에 대한 고정관념에 대해서는 강한 저항을 보인다.

E: 한국 사람들은 중국인에 대한 편견이 강한가 봐요. 왜 다른 문화를 무시하는지 도저히 이해할 수가 없어요.

L: 한국 드라마를 보면 중국인은 항상 상인이나 자영업자로 나오죠. 한국 드라마에서 중요 인물로 나오는 중국인을 본 적이 없어요.

특히 중년 계층을 중심으로 한국 드라마에 나타난 중국인의 편견에 대해 비판의 소리를 높였다. 여성 수용자 집단에서도 중국인 이미지에 대한 편견은 여지없이 지적되었다.

치: 드라마에 나타난 중국 사절단이 너무 무섭게 표현돼요. 너무 건방지고 말하는 것도 오만하게. 하지만 중국도 유교문화권의 나라예요. 그렇게 거만하지 않아요.

자: 한국 드라마에서는 너무 중국의 어두운 면을 드러내는 것 같아요. 당시 사람이나 성격이 나올 때는 너무 나쁜 면만 계속 나오는 것 같아요.

차: 〈명성황후〉에서 일본 사람을 묘사할 때 중국도 한국을 침략하는 것 같이 묘사하고 있어요.

자: 한국과 중국은 다른 나라를 침략한 적이 없어요.

위의 예에서 보듯이 중국 수용자들은 한국 드라마를 좋아하면서도 드라마가 보이는 중국인에 관한 고정관념과 부정적 인상에 대해서는 노골적인 반감을 표했다.

또한 일본 수용자도 자국민에 대한 편견을 인터뷰 과정에서 종종 지적한다. 중국 수용자들의 강한 저항에 비해 일본 수용자들은 한국 역사드라마에 나타난 일본인에 대한 고정관념을 인식하면서도 보다 유화적인 반응을 보이기도 한다.

K: 한국 드라마를 보면 일본인은 항상 악한이거나 야쿠자로 나오잖아요. 실제 일본 사람들이 다 나쁜 사람은 아닌데요. (웃음) 그러나 그걸 나쁘다고만 생각하지는 않고요. 한국 사람들의 일본의 이미지가 그런가보다 이해하려고 해요.

T: 저도 이해해요. 그냥 미안할 뿐이고 그런 견해를 받아들이려고 해요.

S: 일본이 일제강점기에 나쁜 짓을 많이 한 건 사실이죠. 다른 면도 있을 수 있지만 한국 드라마는 일본인을 지나치게 묘사하는 면도 있는 것 같아요.

J: 우리 배운 사람들은 일본인들이 무슨 짓을 했는지 알고 있어요.

I: 네. 하지만 아이들에게 올바른 교육을 한다는 게 중요해요.

F: 〈다모〉에서 NHK 방송분에서는 일본이 나쁘게 나온 것은 지웠어요. 나중에 DVD로 보고 그런 장면이 있다는 것을 알게 되었어요.

O: 우리는 한국 사람들을 좋아하지만 한국 사람은 우리를 적대시하는 것 같아요. 일본은 항상 닌자로 나오고.

I: 사실 우리는 한국 역사에 대해서 그다지 배우지 못했어요. 한국 텔레비전 프로그램을 보고 아 그랬었구나, 하고 그 관계를 알게 되었죠.

F: 우리 역사에서 도요토미 히데요시는 영웅이라 배웠는데, 한국 사람들은 나쁜 사람으로 알고. 가토 기요마사라고 한국에 간 사무라이가 있

어요. 근데 〈다모〉를 보면 기요마사가 악인으로 나오고. 그런데 제가 텔레비전을 보고 있으면 주인공에 동화되어서 나쁜 일본 사람을 미워하게 돼요. (웃음)

일본인 인터뷰 참여자들은 한국 드라마에 나타난 일본인의 고정관념에 대해 본인들의 역사 인식과 격차를 느끼면서도 이해하고 인정한다는 반응을 보이고 있다. 드라마 자체를 즐기기 위해 주인공의 입장에서 같이 일본인을 나쁘게 본다는 반응도 있었다. 실제 일본 역사 교육의 문제점을 토로하는 의견을 개인 인터뷰에서 밝히기도 했다.[4]

이와 같이 아시아의 한류 팬들이 한국 미디어에 나타난 이데올로기 측면에 대해서는 문제의식을 느끼면서도, 이에 몰입하게 되는 것은 보다 근원적인 욕망이 작용하기 때문이다. 이들은 한국 미디어를 보면서 서구 문화에서 발견할 수 없는 것, 또 자국의 발전 과정에서 상실한 가치 등을 발견하고 이를 새로운 대안으로 인식하고 있다. 이를 수용자들은 이상적인 아시아적 가치로 명명하며, 동일시하고 있다. 이들이 한국 드라마를 선택하는 동기가 아시아적 정체성에 대한 추구라고 해도 그 정체성은 본질적 실체가 아니고 기실 욕망에 기인한 것이다. 이

4 일본 수용자들은 한국 역사드라마를 계기로 역사에 대해 관심을 가지고 지식을 쌓아 가고 있었다. 인터뷰 도중에 일본 수용자들이 한국어와 한국 역사, 문화에 대해 배우고 있다는 것을 알게 되었다. 개인 인터뷰 시 한국에 관한 책을 사와서 보여 주고 묻기도 했다. 열렬한 한국 드라마 팬이고 특정 스타의 팬클럽 회원인 이들이 대부분 고학력 중산층으로 드라마 시청도 매우 진지하게 하고 있다는 것을 발견했다. 다른 나라의 텔레비전 드라마 시청자 패턴과 상이하게 일본의 드라마 팬들은 텔레비전을 본다는 것에 수치심이 없고, 드라마를 한국 문화와 역사를 공부하는 계기로 삼고 있었다. 한국 드라마에 나타난 외국인에 대한 편견을 인식하면서도 드라마 자체의 내러티브와 맥락을 충실하게 따르기 위해 숙의적 시청을 하고 있다는 것을 알 수 있었다.

들은 서구 문화와 후진 문화, 또 전통문화와 근대적 문화 간의 구분 짓기 속에서 제3의 대안으로 이상적인 아시아를 상정하고 이를 욕망하며 동일시하는 것이기 때문이다.

그러나 비록 아시아 정체성 추구의 동기가 욕망에 의한 것이라고 해도 이것을 자의적이고 허구적이라고 단정 지을 수는 없다. 들뢰즈적 시각으로 보면 현실 의식은 욕망의 발현으로 볼 수 있고, 이것이 현실을 구성하는 토대가 되기 때문이다. 아시아 미디어 수용자들이 각국 사회 내부의 동인과 개인의 일상성 속에서 한국 드라마를 수용하면서 느끼는 아시아적 정체성이 들뢰즈적 의미의 집단 환상이라고 해도, 이것이 아시아적 연대감을 형성하는 데 현실적으로 기여한다는 점을 부정할 수 없다. 특히 일본과 중국의 수용자들은 한국 드라마 시청을 계기로 한국에 대한 인식을 전환하는 계기를 맞았다.

일본의 경우 수용자들은 텔레비전 드라마 시청을 통해 한국에 대해 획기적인 이미지 전환을 이뤘다고 말하고 있다.

M: 제가 규슈 지방 출신인데요. 거기는 한국 사람들이 많이 살았어요. 어렸을 때는 부모님도 한국 사람을 싫어했고 저도 그랬어요. 한국 사람은 나쁜 짓 한다고 알고 있었고, 주로 파친코와 고깃집 하는 사람이라는 이미지만 갖고 있었죠. 제가 학교 다닐 때는 한국 사람에게 가까이하고 싶어 하지 않았고, 냄새난다, 형편없다 하고 우리끼리 놀려대곤 했죠.

Y: 저도 어릴 때는 한국 사람에 대한 편견이 있었어요. 고등학교 때 '김상'이라고 있었는데, 모두 싫어했고 왕따시키면서 놀렸어요. 무슨 그럴 만한 일이 있었던 것 아니고, 그냥 이미지죠. 한국 드라마 보고 난 후로 제 태도가 돌변했죠.

M: 저도 지금은 한국 사람을 좋아해요. 지금도 한국 유학생들 작문을

도와주고 있고요. 한국 사람들은 배려가 있고 부모를 공경하고 인간주의적인 게 정말 좋은 것 같아요.

S: 규슈같이 한국인 거류민들이 많은 지역에서는 편견이 심했던 것 같아요. 저는 도쿄 태생이라 여기서는 그런 편견까지는 없었어요.

I: 지금은 일본 사람들 태도가 완전히 변했죠. 점점 많은 사람이 한국을 좋아하는 것 같아요.

G: 저는 예전에는 한국에 대해 관심이 없었어요. 그냥 매운 음식의 나라 정도로 생각했죠. 하지만 텔레비전에서 본 후 이제는 한국에 대해서 많이 알게 되었어요.

일본 수용자들은 한국 텔레비전 프로그램을 계기로 한국인에 대한 태도에 큰 변화를 보이고 있다. 특히 한국인 거류민을 대상으로 식민지 한국에 대한 고정관념을 갖고 있다가 텔레비전을 보게 되면서 문화를 이해하고 한국인에 대해서도 새로운 이미지를 갖게 된 것이다. 한국이 근대적 발전과 전통 가치를 양립시키는 것을 높이 평가하며 일본이 잃어버린 가치를 회복하기를 바라면서 한국 사회를 모델화하고 있다.

중국의 경우도 드라마를 통해 한국에 대한 새로운 이미지를 형성하게 되었다.

가: 한국 드라마를 보기 전에는 한국에 대해 무지했어요. 문화혁명 이후 한국 유학과 여행이 시작되면서 한국을 알게 되었고, 드라마를 보고 이제는 한국을 이해하게 되었어요.

나: 나도 한국 드라마를 보기 시작하면서 이해한 것 같아요. 낭만적이고 활발한 느낌이고요. 가정주부의 현실에는 문제가 있지만 한국은 교육 수준이 높고 예의와 질서 수준이 높아요. 드라마를 통해 보면 치

열하게 살아가는 것 같아요. 중국보다 경제발전이 빠르고 화장, 외모에도 신경을 많이 쓰고.

자: 그 영향으로 요새는 중국 사람도 화장 안 하고 나가면 창피해요. (웃음)

사: 한국은 예의가 있고, 말하는 것도 그렇고 규율이 엄격한 것 같아요. 힘든 일을 잘 견디는 근성도 보여 주고요. 드라마로 한국을 잘 알리는 것 같아요.

다: 한국은 밝은 면이 많은 나라예요.

나: 한국을 좋아해서 생긴 신조어도 있어요. '하한(哈韓)'.

중국은 사회주의 체제에서 한국과의 관계 단절로 인해 일반 사람들은 한국에 대해 잘 알지 못하다가, 드라마를 통해 한국의 사회 문화를 차츰 이해하게 되었다. 한국에 대한 기본 지식의 부족으로 드라마에 나타난 모습을 실상으로 오인하여 액션 장르 드라마를 보면 한국의 치안을 의심하고, 화려한 트렌디 드라마를 보면서 한국을 성형과 사치의 나라로 오인하는 경향도 보인다. 중국 사람들은 개방 이후 중국적 발전의 모델을 급히 찾고 있는바, 한국 드라마에 보이는 전통과 근대화가 조화를 이루는 한국의 사회상이 미래의 희망으로서 욕망의 대상으로 비춰지는 듯하다. 아시아적 정체성의 욕망, 대타자의 시니피앙으로 중국 수용자에게 다가오는 것이다.

4. 소결

들뢰즈와 과타리가 "오이디푸스의 제국주의"라고 지칭했듯이 집단 정체성의 문제는 항상 권력의 문제를 수반하고 있다(Deleuze & Guattari 1983: 83-90). 특히 국제적 차원의 권력은 근대 제국주의 역사 단계와 현재 포스트식민주의 시대의 권력적 지배와 저항의 역사가 지속되어 있어 보다 복잡한 양상을 보이게 된다. 본 연구에서 다루고 있는 아시아 정체성의 문제는 이와 같은 국제 차원의 복잡한 권력과 이해관계가 연루되어 있어 투명한 설명을 어렵게 한다. 이 장에서는 아시아 수용자들이 한국 역사드라마를 즐겨 보는 동기에 근대와 전근대의 역사 과정에서 형성된 국제적 권력 관계와 이데올로기의 작용, 또 이에 대한 저항과 적응이라는 매우 복합적인 심리 과정이 연루되어 있다는 것을 보았다.

아시아 수용자들은 한국 역사드라마에 반영된 민족주의 이데올로기에 저항과 비판 의식을 가지면서도 동시에 아시아적 정서에 공감대를 형성하고 있다. 이는 아시아적 정체성을 형성하고자 하는 그들의 욕망에 한국 미디어의 이데올로기성이 본래의 문화 권력과 다른 방식으로 일반 수용자들의 일상 속에서 흡수·융합된 결과이다. 중국 수용자들은 한국 드라마에 나타난 발전된 생활의 모습과 인간관계에 심취하면서 이를 번영과 안녕의 모델로 이상화하고 있다. 한편 일본의 수용자들은 한국 드라마를 보면서 과거 일본의 번영을 기억하고 황금기를 향수하고 있다. 이들의 반응은 실제 현실과는 차이가 있을 수 있다. 일본인이 추억하는 황금기는 실제 사회적 부조리의 시대일 수 있고, 중국인들이 희구하는 발전의 미래는 사회 모순을 심화하는 허구적 이미지일 수도 있다. 더욱이 수용자들이 그리는 한국 사회와 한국인에 대한 인식은 한국의 실제 현실이 아닌 미디어가 그려낸 이미지일 뿐일 수 있다. 하지만 그것이 비록 픽션에 의한 것일지라도 드라마가 그리는 현실 혹은 디게시스(digesis)[5]에서 아시아 수용자들은 아시아적 정

5 디게시스는 플라톤이 『국가론』에서 사용한 개념으로서 이야기(스토리)가 기반으로 하는 서사가 그리는 세계를 지칭한다. 흔히 허구의 세계라고 지칭되

체성을 발견하고 이를 통해 공감대를 형성하고 있다. 이들 수용자들이 욕망하고 동일시하는 아시아적 정체성은 어떤 이데올로기보다 더 강렬한 것이며, 아시아의 한류 팬들은 이 욕망에 의해 이데올로기를 봉합하면서 새로운 의미를 형성하고, 그들 나름대로 담론적으로 현실을 구성해 가는 것이다.

결국 정체성의 토대는 욕망에 있다. 본 연구 과정에서 아시아 수용자들은 사회 시스템과 이데올로기의 차원을 넘어, 동아시아 수용자들이 공유하는 회상과 망각의 욕망을 드러내고 있다는 사실을 발견하게 된다. 이들이 한국 드라마를 보고 판단하는 한국의 현실과 아시아 문화적 공유감은 실제 허구적 내러티브에 지나지 않을 수도 있다. 그들이 기억하고 희망하는 과거의 향수와 미래에 대한 희망도 현실이 아닌 환상일 수 있다. 그러나 권력과 논리에 앞서 선행하는 수용자들의 집단적 욕망은 근대적 발전과 전통적 가치의 양립, 옥시덴탈리즘적 권력과 이에 대한 주체적 저항을 기획하면서 희망의 틈을 끊임없이 엿보고 있는 것이다. 근대 제국주의의 아픈 역사를 겪었고 포스트식민주의의 문화 권력 속에 여전히 존재하면서 발전과 좌절을 분열적으로 경험한 아시아 국가로서 지역 공동체를 희구하고 아시아적 연대를 향한 욕망을 추구하는 것은 어쩌면 너무나도 당연한 일일 것이다. 그것이 현

기도 하지만 허구, 즉 가상 혹은 거짓으로 만들어진 세계가 아니라 진실을 표상할 수 있는 형식을 뜻한다는 점에서 플라톤은 이를 겉으로 드러난 현상(흔히 현실이라고 불릴 수도 있는)의 재현인 미메시스와 대비한다. 즉 디게시스는 표면적 현상을 겉으로 모방하는 차원을 넘어 이데아에 이르는 보다 진실된 형식이라는 점에서 비현실이나 가상의 허구와는 구별된다. 본 연구에서 다루는 한국 드라마 속 극의 세계 또한 있는 그대로의 사회 현상을 그대로 재현하고 있지는 않더라도 그것이 단순히 비현실이나 가짜가 아니라 수용자의 의미 창출과 개입에 의해 담론적 현실을 구성하는 과정이 될 수 있다는 점에서 디게시스적이라 할 수 있다.

실 논리에 부딪히고 이데올로기로 왜곡된다고 하더라도, 현실을 타개할 희망으로 도모하는 연대는 눈앞에 보이는 장애보다 더 강렬할 수밖에 없다. 한국 역사드라마는 자본주의와 민족주의의 선명한 이데올로기를 포함하고 있지만, 아시아 수용자들에게는 이데올로기를 넘어 즐거움과 희망의 메시지로 해독되고 있으며, 이는 아시아적 정체성을 향한 집단적 욕망에 기인한 것이다.

제4장 서유럽에서의 케이팝 수용과 반인종주의

1. 서론

21세기 들어 케이팝은 한국 사회의 가장 유행하는 담론 대상 중 하나가 되었다. 특히 가수 싸이의 곡 〈강남스타일〉이 세계적 주목을 받은 이후에는 대중음악의 영역을 넘어 범사회적인 현상으로 확대되었고 이제는 방탄소년단 곧 BTS가 우리 사회 가장 으뜸이 되는 담론의 주역이 되었다. 케이팝은 한류가 새로운 돌파구를 마련하고자 하는 한류의 노력과 시도가 담론적으로 성공한 소위 신한류의 주역이라 할 수 있다.

한국의 대중문화가 외국에 유입되면서 소위 한류는 한국 사회에서 관심을 증폭시켰으나, 채 10년이 지나지 않아 그 위기가 논의되는 시점을 맞이했다. 드라마로부터 시작한 한류의 열풍은 아시아에서 인기를 구가했지만, 정형화된 이야기 구조와 정체된 스타 창출로 식상해진 수용자들이 점차 한류에 등을 돌리기 시작했다. 또한 한류의 인기만큼 반발도 이어져 반한류, 혐한류의 기류가 아시아 여러 국가에서 이어지게 되었으며, 또 한류의 대안으로 중류, 일류, 태류 등 각기 지역화된 문화 상품들이 각국에서 나오기 시작했다. 이때 한류의 새로운 기획으로 등장한 것이 신한류이며 한류 2.0, 한류 3.0의 이름으로도 불리면서 새로운 세대 및 개념의 한류로 담론적으로 확산되었다.

신한류는 한류의 연장선에서 나왔지만 1세대 한류와는 일정한 차이를 보이면서 한국 대중문화의 새로운 장을 열고자 기획되었다. 첫째, 우선 장르적으로 케이팝이 신한류의 주요 장르로 등장한다. 과거 한류의 중심 장르가 드라마였다면 케이팝은 1세대 한류의 정체를 극복하고 새로운 장르를 개척하고자 시도된 신한류의 중심 장르이다. 케이팝으로 지칭되는 아이돌 중심의 한국 대중음악은 한때 국내에서는 여러 가지 비판에 휘말렸고 아이돌 이외의 다양한 장르의 대중음악을 되살리기 위한 시도들이 붐처럼 일어나기도 했다. 음악적인 측면뿐 아니라 정치적으로도 미성년자 성 착취, 풍기 문란 등 국회 청문회에 회부될 정도로 이슈가 되었으며, 산업적으로도 카라나 동방신기의 예에서 드러났듯이 '노예계약' 문제가 거센 비판을 받기도 했다. 이러한 일련의 비판의식이 어느샌가 잠잠해지고 한국의 아이돌이 한국인의 자부심으로 자리 잡게 된 것은 신한류 담론의 승리 때문이라고 볼 수 있다. 신한류의 중심 장르로 부상한 케이팝은 비단 대중음악에만 한정되지 않고 케이팝을 선도하는 아이돌 스타들이 참여하는 음악, 엔터테인먼트, 복합장르를 망라하며 장르를 확대해 나갔다. 이는 1세대 한류의 정체된 스타 비즈니스와 대조를 보인다.

둘째, 신한류는 콘텐츠 기획 면에서도 차이를 보인다. 2000년대 초 1세대 한류는 드라마를 중심으로 한국적 콘텐츠에 집중하는 특징을 보인다. 일세대 한류의 부상 원인도 아시아적 가치의 공유, 아시아적 발전 양식이 보여 주는 전통성과 근대성의 조화가 한류의 성공을 가져왔다는 분석이 양산된 한류 연구들의 대다수를 차지했다. 드라마로 시작된 한류가 우리 사회에 담론적으로 확산되면서 음식, 의복, 문자 등 모든 한국적인 문화 양식이 외국에서 수용되는 것으로 한류의 개념이 확산되었는데, 이때도 역시 한류 콘텐츠의 기본이자 중심 개념은 한국적인 것이었다. 이에 비해 신한류는 글로벌한 내용의 콘텐츠가 기획의 중심에 서게 된다. 한국적 콘텐츠의 인기 하락과 반한류 정서의 대두는 새로운 위기의식을 불러일으켰으며 신한류로 대변되는 2010년대 이후 대중문화는 한국적인 것보다 세계적인 것을 콘텐츠 기획의 축으로 삼고 있다. 한때 국내에서 댄스 팝 일변도의 대중음악에 대한 비판과 저항이 일기도 했지만 보편적/서구적 콘텐츠 제작은 케이팝으로 대표되는 신한류 콘텐츠 기획의 기조로 우뚝 서게 되었다.

셋째, 신한류는 세계 보편문화로서의 부상을 기대하고 나타났다. 2000년대 초부터 불기 시작한 1세대 한류의 바람이 아시아를 중심으로 팬덤을 형성하면서 시작되었다면, 10년이 지나 신한류라는 새로운 조류를 형성한 케이팝은 그 범위를 아시아를 넘어 세계를 대상으로 한 보편문화로 확대하고자 하는 기대를 초지일관 보이고 있다. 케이팝에 대한 한국 언론의 보도 태도나 사회적으로 회자되는 담론에서 유럽과 북미 시장이 유독 강조되는 이유는 아시아 시장이 이들보다 중요하지 않아서가 아니고, 아시아 권역을 넘어 세계 보편시장으로 확대된 한류에 대한 기대를 반영하고 있기 때문이다. 산업적 관점에서 보면 케이팝 시장은 여전히 아시아가 가장 큰 부분을 차지하고 있고 오히려 업계 관계자는 유럽이나 북미 시장 진출에 대해서 조심스러운 태도를 견지하고 있다. 하지만, 아시아를 넘어 세계를 권역으로 하는 언론 보도나 담론적 현상들이 넘쳐나는 것은 '보편문화'에 대한 기대 때문이다. 이와 같은 보편문화의 기대로 주목받는 곳이 유럽이며, 케이팝의 언론 보도에 파리와 런던의 중심가가 빠짐없이 등장하는 것도 이러한 이유 때문이다.

넷째, 한류를 이끄는 주도 세력 면에서도 한류와 신한류는 차이를 보이고 있다. TV 드라마로 시작한 한류는 사실상 외국 수용자들을 대상으로 한 면밀한 기획이나 전략에서 시작되었다기보다 국내 방송 산업의 변화 과정에서 내수용 프로그램의 수출이 예상하지 않은 성공을 이룬 것이 한류의 시초이다. 외국, 특히 동아시아 수용자들이 한국의 텔레비전 드라마에 관심을 보이기 시작하면서 한류가 하나의 현상으로 자리 잡기 시작했으며, 한류라는 용어도 외국 수용자들에 의해 시작되었다. 외국에서 발생한 한류라는 개념이 우리나라에 역수출되어 이후 정책, 산업, 학계를 망라하여 관련 담론이 넘쳐나게 된 결과를 불러온 것이다.

이에 반해 신한류를 이끈 주도 세력은 산업계이며, 뚜렷한 산업적 목적과 면밀한 기획 및 전략으로 문화산업의 수출을 이끌었다는 점에서 1세대 한류와 차이를 보인다. 케이팝의 경우 SM, YG, JYP로 대변되는 소수의 프로듀싱 기업이 가수의 발굴에서부터 훈련, 음악 제작, 스타 창출까지 전 영역을 주도하면서 신한류를 이끌고 있다. 이들은 뚜렷한 기획과 산업적 전략을 바탕으로 국내외 시장을 석권하고 있으며, 해외시장에서 케이팝의 진입과 인기는 결코 우연의 결과로 이루어진 것이 아니라 산업적 전략으로 접근한 결과로 얻어 낸 것이다.

한류가 오늘날같이 사회에서 가장 많이 회자되는 담론의 하나로 확대 재생산된 데는 민족 자긍심을 다지고 한국의 것을 재인식하기 위한 도구로 외부 평가를 사용하는 한국의 자국 중심적 태도가 깔려 있는 것으로 보인다. 이는 한류 1세대나 신한류 담론에서도 변함없는 축을 형성하고 있는데, 이는 1세대 한류의 쇠퇴를 가져온 하나의 원인이기도 하다. 한류나 신한류가 시도하고 있는 세계적 장에서의 문화 교류란 장기적 시각과 상호 간의 관계가 중요하며, 일방적 관계로는 장기적으로 유지될 수가 없다는 점을 상기할 필요가 있다.

4장은 보편문화를 지향하면서 나온 신한류 담론을 가장 구체적인 현실에서 살펴보기 위해 케이팝을 즐기는 유럽의 청소년 문화를 연구 대상으로 하고 있다. 여기서 유럽에 주목한 이유는 설명한 대로 신한류가 전략적으로 채택하고 있는 세 가지 특성에 근거한다. 즉 아시아를 넘는 세계 보편성의 근거로 주목을 받는 유럽 사회를 선택했으며, 신한류의 주축 세력을 담당하는 케이팝을 대상으로 했으며, 유럽에서 케이팝 팬덤을 형성하는 주 계층인 청소년 문화를 대상으로 케이팝의 수용 양식을 연구했다.

2. 케이팝 수용 연구와 관련된 이론적 이슈들

케이팝 수용 연구를 위해 우선 짚고 넘어가야 할 이론적 문제는 오늘날 글로벌하게 유통되는 문화산업의 한 가지 예로 케이팝의 유행을 설명하는 데 기존 이론은 틀이 되기 어려우며 새로운 이론적 시각이 필요하다는 점이다. 대중음악의 한 장르로 케이팝을 연구할 때는 통상 다음과 같은 네 가지 이론 틀로 접근할 수 있는데, 각 이론은 케이팝 현상을 설명하는 데 한계점을 드러내고 이론적 논쟁점을 제기한다.

첫째, 대중문화를 주류 이론에서 접근하는 시각으로, 효용과 효과를 평가하고 예측하는 목적으로 연구를 진행할 수 있는데, 현재 우리나라에서 케이팝 연구에 가장 많이 동원되는 이론이다. 연구에 따라 다양한 측면에 주목하여 초점을 달리하고 있지만 기본적으로는 산업적·경제적 효용을 측정하고자 하는 공통점을 가지고 있다. 예를 들어 케이팝 가수들이 해외에서 보인 성과나 싸이의 〈강남스타일〉이 해외에서 얻은 폭발적 인기를 평가하면서 그 기본 지수로 산업적 효과를 보는 시각이다. 직접적 화폐 단위를 이용한 산업 효과로 계산되기도 하고 간접적인 문화 효과에 초점을 두기도 하지만, 궁극적으로 산업적 관심을 주로 하고 있다는 점은 공통적이다. 한류 및 신한류와 관련한 많은 문화 정책의 내용은 해외시장 개척에 의한 산업적 관심을 직접적으로 보여 주고 있다. 학문적 연구도 이와 같은 직간접적 산업 효과 연구에 할애하고 있다(이준웅 2006; 정희진·이계희 2010; 하종원·양은경 2002; 한은경 2005; 허진 2006).

케이팝과 관련된 산업적 접근의 이론적 문제는 기존 산업 이론 특히 신고전주의 경제 이론에 근거해 설명하기 때문에 한계가 있으며, 이를 극복할 새로운 산업 이론이 아직 개발되지 못했다는 점에서 문제를 찾을 수 있다. 즉 문화 산업은 직접적이고 단기적인 시장 효과만으로 잴 수 없는 문화적 가치, 장기적인 후방 효과를 바탕으로 하고 있다. 특히 케이팝과 같이 해외시장의 수용에 접근하기 위해서는 보다 복합적인 변수를 고려하여 산업적 평가의 지수가 개발되어야 하는데 이에 적합한 이론과 방법론이 개발되지 않은 채 일반 재화를 기준으로 문화산업을 측정하는 것은 문제가 있다(Williams & Cloonan 2007). 더욱이 케이팝의 경제적 효과가 '1조 원이다' '몇억 달러다' 하는 통계가 언론을 통해 많이 발표되지만, 이는 정교한 틀로 측정된 것이 아니라 사실상 미래의 가치를 추산한 것으로, 경제 이론만으로 보아도 허점을 드러내는 통계들이다. 문화 산업 중에서도 케이팝과 같이 아직 잠재적 시장을 대상으로 한 조사는 복잡한 변수를 고려해야 하며, 이에 맞는 새로운 이론이 필요하다.

둘째, 주류 이론과 대별되는 비판 이론으로 케이팝 혹은 한류와 신한류를 연구할 수 있으며 그동안 많은 결과가 양산되었다. 비판 이론은 자본주의 비판을 근간으로 하며 대중음악 영역에서는 아도르노의 이론을 기반으로 한 연구가 가장 활발하다. 대중음악 이론 전반에서 가장 큰 영향력 있는 이론가를 한 명 꼽으라면 단연 아도르노일 것이며, 그의 이론에 동의하든 그를 비판하든 대중음악을 연구하는 사람이면 누구나 그로부터 시작한다고 할 수 있다(Frith 2000; Middleton 1990). 음악에 대한 아도르노의 기본 시각을 요약하면 비판 이론의 교과서인 『계몽의 변증법』의 연장선에서 문화의 표준화와 복제에 대한 비판으로 일관되고 있다. 일견 지나치게 단순해 보이는 아도르노의 대중음악 이론이 몇 세대를 거쳐 변함없이 인용되고 주목을 받는 이유는 비단 대중음악을 최초로 이론화했다는 역사성 때문만은 아니다. 벤야민과 더불어 아도르노는 아마 가장 오해를 많이 받았던 이론가일 것이다. 그들은 문화산업론을 최초로 개념화한 이론가이지만 결코 대중문화를 단순히 대중 조작의 수단으로만 본 것은 아니라는 점을 상기할 필요가 있다. 대중문화의 복합적 성격을 일찍이 간파한 학자로서 아도르노는 음악의 이데올로기성을 주장하면서도 이것이 일방적이고 단순한 형태의 지배 기구로 환원된다고 보지는 않았다. 대다수 학자의 오해와 달리 아도르노가 더욱 주목한 것은 대중이 느끼는 즐거움의 측면이었으며, 포스트모던 이론보다 한 세대 앞서 대중 미학의 복합성, 예술 양식의 비이분법적 사고를 주창한 사상가가 바로 아도르노이다. 아도르노는 대중음악을 논하면서 재즈 음악을 문화 산업의 첨병이라고 비판하고 더 나아가 로큰롤에 대해서는 '미친 짓'이라고 했을 정도로 혹독한 비판을 하고 있다. 하지만 이것이 대중문화를 폄하하고 다른 양식의 음악을 추앙하고자 하는 이분법적 논리는 아니다. 그는 똑같은 논리를 클래식 음악에 대한 비평, 비판에도 보이고 있으며, 특히 오페라 스타나 스트라빈스키 같은 현대 음악인에 대해서도 날 선 비판을 그대로 이어 갔다(Adorno 1941/1973). 그는 결코 클래식 대 대중음악의 이분법으로 음악을 평가한 것이 아니며, 아도르노의 음악 이론이 21세기에 새롭게 조망되고 주목을 받는 이유도 여기에 있다.

보다 전통적인 마르크스주의를 도입하든 아도르노의 이론적인 성과를 접합하든 비판주의 대중음악 이론을 케이팝에 적용할 때의 문제점은 음악의 생산관계, 즉 계급적 기반을 어떻게 규정할 것인가이다. 마르크스 이론에서 계급이란 가장 논쟁적이고 해석이 다양한 개념임이 틀림없지만 케이팝과 같이 국제적으로 수용되는 문화 콘텐츠, 그것도 전통적인 문화제국주의 시각에서 볼 때 변방에 속하는 아시아 신흥 발전국에서 세계를 대상으로 유통되는 문화 산업에는 계급의 정체를 밝히는 것은 더더욱 어려운 과제이다. 또 한편 국가관계, 문화 자본을 고려하여 계급 개념을 느슨하게 적용할 경우 비판주의 문화산업론이 주류 이론의 산업주의 시각에 편승하게 될 가능성도 있다. 대중음악의 제작과 수용에서 아도르노를 버리면 환원론에 빠지기 쉽고, 아도르노를 지지하면 순환론에 빠지기 쉽다는 문제가 여기에서 발생한다. 요컨대 케이팝의 해외 진출은 전통 마르크스주의로 접근하면 문화제국주의에 의한 교환관계의 허위의식으로 환원되고, 아도르노적으로 접근하면 서구 대중음악의 표준화의 한 표현이라는 순환론에 빠지는 것이다.

셋째, 케이팝에 문화 연구의 성과를 접목하여 접근할 수 있다. 문화 연구는 현재 대중음악 연구에서 가장 많은 부분을 차지하는 이론이기도 하다. 한류와 관련한 문화 연구적 접근은 대부분 문화 정체성의 문제에 천착하는데, 대부분 수용자 연구를 통해 문화 정체성 형성의 과정으로 접근하거나(김수정·양은경 2006; 윤경원·나미수 2005; 유세경·이경숙 2001; 유승관 2009; 윤선희 2012) 보다 거시적으로 아시아적 공동체 형성의 동인으로서 접근하기도 한다(이기형 2005; 전규찬·윤태진 2005; 조한혜정 외 2003). 각 연구는 유의미한 성과들을 내고 있지만, 현재 글로벌한 장으로 확대되는 신한류의 역학 특히 아시아를 넘어 확산되는 케이팝의 현상을 설명하는 데는 한계가 있다. 앞선 연구들이 아시아적 현상으로 한국 대중문화의 확산을 한정 짓다 보니 그 범위를 넘는 현상에 적용하기에 일차적 한계가 발생하는 것이다.

더 나아가 신한류의 주축이 되는 케이팝은 일반 대중문화의 현상으로 접근하기에는 한계가 있는 음악 영역이다. 대중음악은 하나의 독립된 학제로 분리될 정도로 다른 나라 학계에서는 연구 성과와 이론이 축적되고 개발되어 있지만 우리나라에서는 아직 연구가 미미한 영역이다. 외국 대중음악 연구에서도 가장 성과가 활발한 이론이 문화 연구를 활용한 접근이며, 특히 영국의 문화 연구 전통에서 전문적인 음악 지식, 특히 음악학(musicology)을 비판적으로 수용하여 연구한 결과들이 가장 많은 부분을 차지하고 있다(Middleton 1990; 1993). 애쉬게이트(Ashgate) 출판사의 대중음악 시리즈를 통해 대중음악에 관한 문화 연구를 선도하고 있는 프리스는 아도르노의 음악 연구 전통을 비판하면서 대중음악 연구의 새 지평을 열고자 했다(Frith 2007). 프리스 이후 큰 성과를 보이며 현재까지 선도적 위치를 차지하고 있는 문화주의적 대중음악 연구의 핵심은 바로 하위문화 연구이다. 즉 60년대 록음악으로 시작된 청년문화에서 70년대 펑크, 90년대 흑인 힙합 문화, 걸 파워에 이르기까지 이 하위문화 연구는 음악 산업의 계급성에도 불구하고 등장하는 하위문화 공동체의 능동성에 연구의 초점이 맞추어져 있다(Grossberg 1984; Hebdige 1988; Kruse 1993; Stras 2010; Warwick 2007).

하위문화 연구의 원조 격인 헵디지(D. Hebdige)가 "하위문화는 펑크와 함께 죽었다"고 공언한 바 있다고는 하지만, 현재까지도 대중음악 연구는 하위문화의 개념을 확장하면서 지속적인 연구 성과를 내고 있다. 결국 하위문화의 핵심인 (주류 문화에 대한) 저항성을 어떻게 상정할 것인가가 논쟁의 핵심이다. 특히 소위 포스트 사상 이후 확장된 저항성 개념이 극단적으로는 주류 상업문화에 편승하는 결과를 초래했다는 비판의 목소리가 제기된다(Frith 2004; Fiske 2011). 물론 주류 문화와 하위문화를 명확히 구분하고 저항과 지배 담론을 구별하는 것은 어려운 일이다. 하위문화의 원형으로 인용되는 록음악과 청년문화도 사실상 주류 문화에서 출발했다. 즉 록음악의 시작인 로큰롤은 주류 미디어, 상업 음악 차트로부터 만들어졌으며, 주류 음악 산업의 전략에 힘입어 성공했다(Keightley 2001). 이를 즐기는 청년들도 주류 음악 산업의 장에서 교류했고 이것이 확산되어 청년문화가 형성되었으며 이후 70년대 중반 이후, 즉 펑크 이후에 와서야 록이 저항성의 대변인이 되고 얼터너티브 음악 형식을 띠게 된 것이다. 오늘날 주류 문화와 저항 문화를 규정짓기는 한층 복잡한 궤적 속에 있는 것이다.

이 같은 서구의 대중음악 연구의 주축인 하위문화 개념으로 케이팝을 연구하고자 하면 여러 난제에 부딪히게 된다. 우선 문화 연구 접근에서 주축을 이루는 하위문화 연구 대상을 무엇으로 할지부터가 문제이다. 하위문화는 필연적으로 주류 문화에 저항적 성격을 내포하는데, 케이팝은 장르적으로 주류 문화의 첨병이라는 점을 부정할 수 없다. 케이팝은 대중음악 중에 댄스 팝이라는 대중적·상업적 음악 장르를 기본으로 하고 있고 일부 힙합, 일렉트로닉, 록의 요소를 융합하고 있지만, 이는 주류 상업 음악으로 장르화한 부분을 도입한 것이지 그 원형인 얼터너티브 음악을 포함하고 있는 것은 아니다. 만약 단순히 대중성이나 상업성 개념으로만 접근한다면 앞서 록의 음악사에서 보다시피 주류 문화와 저항 문화, 언더와 오버의 구분은 혼란을 가져올 수밖에 없다.

이에 주류와 저항의 문제를 사회관계, 문화적 생산 양식을 포함하는 보다 구조적인 측면을 내포한 것으로 이해한다면 논의가 더욱 복잡해진다. 일단 케이팝을 비서구 문화이자 서구 주류 문화에 대한 저항 문화로 상정할 수 있을 것이다. 그러나 이때도 음악 형식의 유사성을 설사 차치하더라도, 의식적 차원에서 저항 의식이 표출되어야만 저항 문화로 인식될 수 있을 것이다. 국가나 지역(아시아)을 중심으로 하위문화를 논할 때는 문화적 공동체 의식, 문화 콘텐츠의 응집성이 전제되어야 하는데, 케이팝의 경우 이것이 지나치게 느슨하다. 음악이 표현하는 공동체 의식과 음악의 진정성(authenticity)이라는 전제 없이 하위문화를 말하는 것은 불가능할 것이다. 현재 다원주의 문화 사상에 의해 대중음악 연구의 최대 화두인 진정성이라는 것도 초기 록음악이, '팝'음악을 비판했던 음악 제작의 원리들이, 무너지면서 수용과 시장의 원리로까지 진정성의 개념이 확대 재해석되는 상황에 와 있다(Frith 2011; Middleton 2001; Rautiainen-Keskustalo 2009). 하지만 아무리 느슨한 개념을 도입해도 케이팝은 서구 주류 문화와 내용상으로 유사하며 거기서 저항적 공동체 의식은 찾아보기 어렵다. 문화 연구의 성과를 케이팝 연구에 참고할 수는 있으나 새로운 이론적 시각이 개발되어야 하는 이유가 여기에 있다.

넷째, 한류와 신한류 연구를 위해 국제적 차원의 문화 권력을 설명하는 포스트식민주의 이론을 활용할 수 있다. 날로 글로벌화되어 가는 세계 현상에 비례하여 점점 다문화, 문화 융합 현상에 주목하면서 대중음악 연구에서도 인종주의 문제에 관심이 높아지게 되었으며, 에스노뮤지콜로지(ethnomusicology)에 대한 관심이라든가 월드뮤직이 주류 음악으로 편입되는 현상에 대한 연구가 활발히 진행되고 있다(Dawe 2009; Fiske 2011; Gebesmair 2009; Hesmondhalgh 1998; Holt 2007; Moehn 2011). 앞서 소개한 대로 우리나라에서의 한류에 대한 문화 연구도 영국 문화연구 전통과 포스트식민주의 이론을 활용하는 경우가 많다(김수정·양은경 2006; 심두보 2004). 서구 사회를 역사적 기반으로 한 비판 이론이나 문화 연구의 전통을 한국에 곧바로 적용하기에는 양쪽에 상이한 점이 있기 때문에, 식민지 역사와 20세기의 급격한 성장을 거친 신흥 경제대국으로서 포스트식민주의 이론이 우리 사회에 도입되는 것은 일견 자연스런 현상으로 보인다. 그러나 이론의 사회적 구속성을 간과할 수 없는바, 포스트식민주의 이론 또한 서구 사회에서 발전한 이론으로 서구 사회의 특성을 반영한다는 점을 간과해서는 안 될 것이다. 포스트식민주의 이론의 대가들은 원조 격인 파농, 사이드에서부터 바바, 스피박에 이르기까지 서유럽의 식민주의 역사 경험을 거친 학자들로 식민 시대 지배의 권력이 보다 심층적인 차원에서 현존하는 현사회의 문화 권력을 고발하고 있다. 하지만 그들의 경험이 결코 보편적일 수는 없다. 서유럽의 지배를 받았던 사회가 겪었던 혼종성과 양가성은 한국과 같이 일본에 의한 식민지 경험을 했고 광범위한 열강의 지배권 아래 있었으며, 독립 후에는 새로운 형태의 국제적 권력의 장에 뛰어들어 20세기 역사를 써 내려간 우리 사회의 현실과는 일정한 간극이 있을 수밖에 없다. 한국의 문화 연구에서 포스트식민주의 이론과 개념이 자주 도입되면서도 원전이 가진 뜻과는 다르게 적용되거나 오해를 불러일으키는 것도 이 때문이다.

대중음악 연구의 예를 보면 서구에서 포스트식민주의 이론을 활용한 대중음악 연구는 대부분 디아스포라와 관련한 것이 주축을 이룬다(Aparicio & Jáques 2003; Floyd 1995; Stokes 2003). 포스트식민주의 이론이 아프리카나 남미처럼 식민주의를 겪은 나라들을 대상으로 연구하기보다 디아스포라 연구에 집중하고 있는 점은 일견 아이러니로 보인다. 이런 연구 경향도 서유럽 중심의 사회 현상이 반영된 것이라 볼 수 있다. 또한 아프리카나 중남미의 전 식민주의 인구 다수가 이민자로 서유럽 사회에 살고 있으며, 식민주의 역사가 종식된 지 몇 세대가 지나도 이 현상이 줄어들기는커녕 더 늘어나고 사회 갈등의 요인으로 작용하고 있는 현실을 반영한다. 이는 같은 식민지 역사를 겪었지만 우리의 경우 일본에 존재하는 한국인 디아스포라가 소수이고, 그 외 지역에 해외 이민자들이 더 많이 존재하는 현실을 고려할 때 거리감을 느끼게 하는 부분이다. 서유럽에 존재하는 디아스포라 문화는 과거 식민주의와의 관련성과 현 사회의 포스트식민주의 심리적·문화적 지배의 보편적 흐름을 반영하고 있지만 한국의 디아스포라 문화는 이와는 정반대의 현상을 보인다. 이런 의미에서 포스트식민주의 이론으로 한국

〈표 4-1〉 2011-2012년 런던 및 파리에서 공연된 케이팝 전 106곡의 작곡자 국적

국적	한국	미국	스웨덴	덴마크	영국	노르웨이	기타
인원(명)	46	20	12	10	5	5	8

의 현상을 설명하는 것은 한계가 있을 수밖에 없다.

이런 차이점으로 인해 케이팝에 관한 연구, 특히 이것이 아시아를 넘어 서구 사회까지 진출하는 현상을 포스트식민주의 이론으로 설명하는 데는 한계가 존재할 수밖에 없다. 특히 케이팝과 같이 에스노 음악의 성격이 극히 적고 서구 음악 양식을 모방한 음악이 해외에서 수용되는 과정에 대해 포스트식민주의 이론이나 디아스포라 연구의 맥락으로 접근하는 것은 부적절한하다는 평가를 받을 수 있다. 우선 케이팝의 경우 '이것은 한국 음악이 아니'라는 극단적인 표현까지 나올 정도로 정체성에 대한 문제 제기가 있다(Lee 2006; Siriyuvasak & Shin 2007). 음악 양식을 보면 케이팝은 한국적 전통성은 물론 한국 대중음악 발전사와도 맥락을 달리한다. 해외로 진출한 케이팝을 살펴보면, 다양한 장르의 한국 대중음악이 다양한 경로로 유통되는 것이 아니라 정형화된 장르가 기획사에 의해 해외에 수출되고 해외에서는 이것을 한국 대중음악으로 인식하여 케이팝으로 호명되고 있다.

케이팝의 정체성 문제를 일단 외적 양식으로만 검토해 보더라도 문제점은 쉽게 발견된다. 〈표 4-1〉은 유럽에서 공연된 대규모 케이팝 콘서트의 전체 레퍼토리를 대상으로 음악 제작자의 국적을 비교한 것이다.

케이팝이 유럽에 진출하기 시작한 2011년에서 2012년 사이에 큰 케이팝 공연은 런던과 파리에서 총 5회(SM 인 파리, 샤이니 인 런던, Cube, 뮤직뱅크 파리, 슈퍼주니어 월드투어) 있었으며, 이들 공연 곡 전체를 헤아려 보면 106곡(중복 제외)이다. 이들 곡은 유럽뿐 아니라 국내외 케이팝

공연에 단골 레퍼토리로 나오는 공통된 음악들이다. 표에 나타나듯이 전체의 60%는 해외 작곡가의 음악이고 한국 작곡가의 음악이 오히려 소수라는 것을 발견할 수 있다. 특히 SM의 경우 해외 유명 작곡가의 곡이 대다수를 차지하고 있다. 이 중 특히 북유럽 음악가의 활약이 두드러지는데, 영국 『가디언』지에서 '케이팝은 무엇인가? 왜 북유럽인들이 몰리나?'라는 특집기사를 낼 정도였다(*Guardian* April 20, 2011). 케이팝의 히트곡 제작에는 서구 팝음악의 대표 주자인 마돈나, 마이클 잭슨 등의 음악을 작곡하거나 기획한 뮤지션들이 참여하고 있다. 유니버설 음반의 기획자인 펠 리델은 "케이팝에 참여하는 뮤지션들은 '레이디 가가급'이며, 인기나 규모면에서는 레이디 가가를 능가한다"는 의견을 내기도 했다(Lindvall 2011). 이제 케이팝은 세계 뮤지션들이 주목하는 산업이 되었으며 다양한 국적의 뮤지션들이 참여하는 세계 음악의 경로를 밟고 있다.

이와 같이 케이팝이 서구 상업 음악의 장르적 성격을 그대로 따르고 있다는 점은 부정적으로도, 긍정적으로도 평가할 수 있다. 여기서는 케이팝이 보이는 한국적 정체성이나 아시아 정체성의 문제가 이론적으로 기존 문화 연구나 포스트식민주의 이론으로 분석하는 데 한계가 있다는 점을 제기하기 위한 근거가 된다. 케이팝은 음악 양식 면에서 한국적 정체성을 부각하지 않고 있으며, 글로벌 전략을 위주로 하여 기획, 수출되고 있다. 서구 뮤지션들이 대거 참여한 결과 음악적으로는 케이팝에서 아시아적 정체성을 찾을 가능성은 희박하다. 이와 같이 내용적으로나 산업 구조적으로 문화 정체성의 구심력이 와해된 케이팝을 하위문화나 디아스포라 같은 문화 간 권력의 문제로 환원하여 고찰하는 기존의 이론 틀은 적용에 한계가 있을 수밖에 없다.

이렇듯 케이팝의 세계적 수용을 연구하기 위해 대표적인 기존 연구의 경향이나 기존 이론을 적용하는 데는 한계가 발생하기 때문에 새로운 이론적 시각이 필요하다. 기존 이론 중 산업주의 이론은 문화 산업의 장기적·간접적 문화 자본의 특징을 설명하지 못하고, 비판 이론은 날로 다원화되고 복잡해지는 생산관계의 복합성을 설명하는 데 한계가 있고, 문화 이론은 하위문화에 초점을 두다 포스트 시대의 다양성을 구체적으로 추적하는 데 어려움을 보이고, 포스트식민주의 이론 또한 서구 사회의 문화 권력에 침잠하여 글로벌한 문화 권력의 변화를 설명하지 못한다.

그러므로 이 글에서 주목하고자 하는 것은 케이팝의 수용 과정에서 보이는 정체성의 문제이며, 다양한 국가의 수용자들이 새로운 이념으로서 아시아적 정체성을 추구하는 현상이다. 이와 같은 케이팝의 해외 수용은 기존의 이론 틀을 깨는 새로운 현상이라 할 수 있다. 이 장에서 다루는 서유럽에서의 케이팝 수용 과정은 산업적 성패를 불문하고 새로운 문화 현상을 끌어내고 있는데, 이는 기존 이론들의 초점인 계급 관계나 문화 운동과도 상이하며 디아스포라 연구에서 본 것과도 또 다른 현상을 보여 준다. 이에 대중음악에 관련한 기존 이론들의 성과를 참고로 하여 새로운 문화 현상에 맞게 개념화하고 분석할 필요성이 있다. 이를 위해 본 연구는 민속지학 연구를 통해 구체적 현실에서 귀납적으로 이론적 함의를 찾고자 한다.

3. 케이팝과 영국 청소년 문화

유럽에서 케이팝의 확산을 이끌고 있는 나라로는 가장 많은 팬층을 확보하고 있는 영국을 들 수 있다. 영국에서 케이팝의 인지도는 아직 대중적으로 확립된 것은 아니나 팬덤을 중심으로 점차 확산되고 있다. 특히 케이팝 팬덤은 일반 대중음악 수용자보다 매우 집중적이고 열정

〈표 4-2〉 인터뷰 대상의 인적 사항

이름	나이	성별	국적	민족*	출생지	가족관계	경제 수준
A	16	여	영국	인도	애시퍼드(Ashford)	MFBS**	중
B	17	여	영국	백인	런던(London)	MFB	중
C	17	여	영국	백인	왓퍼드(Watford)	MFB	중
D	15	여	영국	베트남/영국	런던(London)	MFB	중
E	17	여	영국	대만	런던(London)	MF	-
F	19	여	영국	한국	서울(Seoul)	MFS	고
G	20	여	영국	중국	런던(London)	MB	중
H	19	여	영국	인도	뭄바이(Mumbai)	MFS	중
I	19	여	영국	백인	서울(Seoul)	MF	중
J	13	여	영국	중국	루이섬(Lewisham)	MFB	-
K	13	여	영국	한국	서울(Seoul)	MFS	고

* '민족'은 ethnicity를 질의한 것으로 부모나 조상의 출신지에 따른 응답이며, '백인'은 유럽계 백인으로 뚜렷한 민족국가 단위의 개념이 없는 경우를 말한다.

** 가족관계의 M은 Mother, F는 Father, B는 Brother, S는 Sister를 줄인 말로 부모와 형제 구성원을 뜻한다.

적인 경향을 드러내고 있어 의미 있는 문화적 고찰의 대상이다.

이번 연구에 참여한 영국 청소년은 영국에서 케이팝 관련 최대 팬클럽을 형성하고 있는 KLUE(Kpop Lovers United Events)의 회원들이었다. 연구 참여자를 충원하기 위해 먼저 런던 근교의 학교 두 곳에 접촉하여 교사의 소개로 연구 대상을 구하기 시작했다. 런던 북쪽 변두리의 N고등학교와 남쪽 외곽 K고등학교의 학생 중 한국 문화에 관심 있는 학생을 소개받아, 이들이 찾은 KLUE 멤버 중 자원자를 대상으로 면대면 인터뷰를 진행했다.[1] 연구 대상은 총 11명의 10대 케이팝 팬으

1 두 지역 모두 런던 근교의 거주지로 사회적으로는 중간 계층에 속하고, 다문화 성향이 있는 지역이다. 영국의 복잡한 학제를 감안한다면 이들 두 학교

로 진행 기간은 2011년 11월부터 2012년 8월까지였다. 이 기간 동안 2-3회의 그룹 인터뷰(두 그룹)이 있었으며 3-10회의 개별 인터뷰가 이루어졌다. 면대면 인터뷰 기간은 2011년 11월부터 2월까지 4개월간, 2012년 7, 8월 2개월간을 합해 6개월이며 같은 대상자들을 반복 인터뷰했다. 인터뷰는 비구조화된 방식으로 특별한 의제를 설정하지 않고 자유토론 방식을 취했고 연구자의 개입은 최소화하고 듣고 기록하는 방식으로 진행되었다. 참여자 모두 영어 모어 화자로서 인터뷰는 영어로 진행했으며, 녹음과 녹취를 병행했다. 전 연구 기간 10개월 동안 인터뷰 외에도 KLUE 사이트를 통해 실시간 팬클럽 활동을 참여 관찰했으며, 때로 직접 글을 주고받으며 활동에 참여하기도 했다.

〈표 4-2〉는 인터뷰 대상자의 인적 사항을 정리한 것으로 인터뷰에 앞서 간단히 실시한 설문 결과를 집약한 것이다. 인터뷰 대상자들은 모두 학생으로 한국 학제로는 중학생에서 대학교 1학년생까지에 해당된다.

1) 케이팝 수용 동기

연구에 참여한 케이팝 팬들은 케이팝에 대한 강한 열정을 나타내고 있다. 이는 음악이 청년문화에서 중요한 역할을 하고 대중음악을 이끄는 가장 중요한 계층이 청소년이라는 사실의 반영이기도 하지만, 일반 대중음악 팬보다 더욱 열정적인 특성을 보이고 있다. 일반적으로 음악

모두 그래머 스쿨, 즉 대학을 준비하는 인문계 고등학교라 할 수 있다. 연구 참여자가 모두 같은 학교 출신은 아니고, 유사한 배경의 다양한 학교 출신이다. 연구자가 팬클럽에서 바로 참여자를 충원할 수 없어, 학교를 통해 먼저 소개를 받고 그들이 팬클럽에서 평소 참여도가 높은 학생들에게 권고하여 참여자를 구할 수 있었다.

의 취향은 자신이 어떤 사람인가를 말해 주는 지표가 될 정도로 정체성의 중요한 부분을 차지하나 청소년의 경우 이는 더욱 강하게 나타난다. 청소년의 음악 취향은 그들의 심리 및 생활양식과 밀접한 관계를 보인다. 대중음악에 대한 문화 연구가 하위문화 연구의 중요한 지점을 차지하고 있는 것도 바로 이 때문이다. 대중음악의 역사에서 로큰롤과 펑크, 힙합 등의 음악이 청소년 하위문화와 떼려야 뗄 수 없는 중요성으로 자리 잡아 온 것도 같은 이유에서이다(Cohen 1993; Laughey 2011; Smith 2009; Stras 2010).

이런 점을 인정하더라도 영국 청소년들의 케이팝 수용 동기는 특이한 양상을 보인다는 것을 발견할 수 있었다.

H: 내가 케이팝을 좋아하는 것은 성인물이 아니기 때문이야. 미국이나 영국 팝은 성인물인 것 같아.

F: 맞아, 너무 성적이고.

H: 그런 노래들은 스타일리시하고 성적이고, 레이디 가가 같은 것들. 혐오스러워. (찡그린 표정)

I: 서구 노래는 다 섹스 아니면 마약…. 듣기 불편해.

그룹 인터뷰에서 밝히듯이 이들 청소년은 서구 음악에 대한 강한 혐오감을 드러내며 이의 대안으로 케이팝을 즐긴다고 대답했다. 또 다른 그룹 인터뷰에서도 유사한 반응이 나왔다.

C: 영국 음악은 이제 주류 음악이 없는 거 같아. 비틀즈 이후에는 ….

A: 영국 음악은 메시지가 없는 거 같아. 돈 얘기 아니면 선정적인 거. 우리가 듣기에는 불편하지.

위의 진술대로 영국 청소년들은 케이팝을 선택하기에 앞서 서구 문화에 대한 강한 비판의식을 보인다. 인터뷰 중 자유롭게 주고받는 대화 속 언어의 톤이나 표정에서 비판에 더해 강한 혐오감과 문제의식의 표현을 엿볼 수 있었다. 연구자가 인터뷰를 진행하면서 내심 의문을 품은 부분은 이들 청소년이 보이는 대중문화에 대한 강한 도덕적 평가의 태도이다. 통상 청소년은 세대의 특성으로 도덕성이나 사회질서에 저항하는 이들이자 새로운 것을 지향하여 비도덕적이고 무질서한 존재로 질타를 받기도 하는데, 인터뷰에 참여한 청소년들은 기존 가치에 입각한 도덕성에 집중하고 비판의식을 나타내는 점이 특이하다는 느낌을 지울 수 없었다. 이에 더해 그같이 도덕성을 나타내는 메시지에 관심이 높은 이들 청소년 수용자가 언어가 다른 케이팝에 호감을 갖는 것도 일견 모순되어 보였다.

거듭되는 인터뷰를 통해 이들의 케이팝 수용 양식을 알게 되면서 의구심은 점차 해소되기 시작했다. 우선 언어적 장벽은 케이팝 선호 행위에서 양면성을 띠는 것으로 보인다. 개인 인터뷰를 통해 자세한 수용 패턴에 대한 설명을 들을 수 있었는데, C는 "저는 한국말을 전혀 모르니까 가사는 그냥 무시하고 듣죠. 나는 감성적 멜로디가 좋아요." 라고 했고, B는 "저는 한국말을 모르고 듣는데, 나중에 해석을 보면 가사에 실망할 때도 있어요. 번역된 것보다 한국말로 그냥 듣는 게 좋아요."라고 했다.

이와 같이 메시지에 별로 관심을 기울이지 않는다면서 케이팝 선호의 동기는 서구 음악이 주는 메시지에 대한 혐오감 때문이라는 모순된 반응이 해결된 것은 거듭된 인터뷰를 통해서이다. 이들은 기존 음악의 수용 방식과는 다른 방식으로 음악을 즐기기 때문에 이것이 가능해진 것이다. 이들의 대답을 들어 보면 처음부터 케이팝에 매료되는 경우는 드물고, 수용의 과정에서 차츰 좋아하게 되고 강한 팬덤을 형성하는 패턴을 보인다. 이들은 이러한 새로운 수용 양식을 통해 케이팝에 심취하고 두터운 팬덤을 형성한다.

C: 하루에도 수십 수백 개의 코멘트가 유튜브에 올라오니까, 내 거랑 비교하면서 듣고 다른 사람에게도 또 돌리고… 저는 샤이니 팬인데 SM 뉴스를 찾아보고 돌리기도 해요.

D: 저는 빅뱅 팬이지만, 다른 케이팝도 좋아하게 되고 여러 뉴스 정보 공유도 되니까요.

이와 같이 이들이 케이팝을 선호하고 케이팝이 그들의 새로운 가치와 정체성 형성에 공헌하게 되는 것은 공동체적 수용 양식 때문이다. 과거 매스미디어를 통한 일방 커뮤니케이션 및 수용과 달리 이제 SNS를 통한 공동체적 수용은 이런 변화를 가져오게 하는 견인차 역할을 했다. 이것이 물론 기술 자체만 공헌한 것은 아니다. 기술은 가능성만을 제공해 준 것이고, 이를 일상에서 실천하고 문화의 장으로 생성한 것은 이들 청소년이다. 같은 기술 기반에서도 기성세대가 SNS를 다른 이해관계로 사용하는 것과 대조적으로 이들은 케이팝이라는 새로운 문화 현상을 공동체 형성의 중심으로 삼으면서 새로운 기술을 이용하고 있는 것이다.

2) 케이팝과 문화 간 커뮤니케이션

인터뷰 기간 참여자들이 가장 심각하게 토론한 문제의 하나는 인종적 편견과 관련된 것이었다. 백인과 아시아인 등 다양한 인종적 배경을 가진 참여자들이 하나같이 인종적 편견에 대한 문제의식을 드러내고, 이것이 음악 자체보다 더 많은 토론의 주제가 되는 것은 흥미 있는 현상이 아닐 수 없었다. 케이팝 팬들은 주류 사회가 보이는 소수자에 대한 문화적 편견에 대해 반감을 나타내고 각자 경험한 것을 공유하기도 했다. 첫 번째 그룹의 집단 토론에서는 고등학교를 졸업하고 대학에 입학한 뒤 몇 개월 동안 겪은 변화의 경험에 대해 토론하기도 했다.

G: 영국 청소년 중 대략 한 10% 정도 케이팝을 알고 있다고 보면 될까? 고등학교 때는 아시아계 학생이 많아서 그랬는데, 대학에 오니 아는 학생은 아예 하나도 없는 거 같아.

H: 우리 대학은 달라. 런던에 있고 인종적으로 다양해서 케이팝 팬클럽 학생들이 종종 이벤트도 조직하고….

F: 나도 G처럼 백인 중심인 대학에 입학했는데… 케이팝의 케이 자도 안 꺼내게 돼. 내 생각에 영국에서 케이팝 팬들 대부분, 그러니까 95% 정도는 소수 인종이고 그게 아니면 보통 사립 고교에서 아시아 친구들한테서 소개받아 알게 되는 것이 대부분이라고 보면 돼요…. 그래서 정말 친하지 않으면 케이팝 좋아한다는 말을 하지 않아요. 아시아 문화는 저급하게 볼 거 같아서….

H: 나는 좀 다른 환경에 있는데, 대학 와서 나를 소개할 때 세 번째로 언급하는 말이 한국 음악 좋아한다는 말이야.

G: 나는 F 말에 공감해. 사람들이 이상하게 볼 것 같아서.

위의 진술에서 알 수 있듯이 케이팝 팬들은 본인이 처한 환경에 따라 상이한 경험을 하고 있다. 케이팝이 단순히 취향의 문제가 아니고, 보다 문화적인 복합적 의미 과정에서 소비되고 그 안에서 정체성의 의미를 형성한다는 사실을 나타내 주고 있다. 이들의 경험은 영국 사회에 존재하는 인종주의의 문제를 노정하고 있다. 현재까지 계층 구분의 전통이 뚜렷한 영국 사회에서 상위 계층을 위한 그래머 스쿨을 졸업하고 소위 명문대학을 다니는 G나 F 같은 참여자들은 인종적 편견을 의식하여 케이팝 팬심을 숨기고 있었다. 보다 코스모폴리타니즘을 지향하는 런던의 대학에 입학한 H의 경우와 달리, 전통문화를 수호하는 명문대학에서 문화 다양성은 저급 문화로 환원되며 백인 위주의 문화가 권력을 행사하고 있다는 것을 알 수 있다.

인터뷰 참석자 중 가장 어린 참여자인 중학교 학생들은 그들의 일상에서 경험하는 인종적 문화 편견을 대중음악을 통해 어떻게 극복하는지 보다 직접적이고 생생하게 들려주었다.

> K: 우리 학교에서 케이팝 아는 애들은 없어요. 아시아 문화를 즐기기 위해서는 개방적이어야 하는데 보통은 '비정상'으로 보죠. 영국 사람들은 아시아 사람에 대한 편견을 가진 것 같아요. 모두 공부에 미쳤다고…. 그건 사실이 아닌데.
>
> J: 여기 사람들은 아시아인은 공부만 하고 깊이가 없다고 생각하는 것 같아.
>
> K: 우리가 숙제라도 안 해 가면 깜짝 놀라죠. 우리도 숙제 안 할 때 있고 보통 사람인데…. 학교에서는 팀 작업이 중요한데 걔들은 우리가 다 해 주기를 바라요. 그건 아시아인에 대한 선입견이야.
>
> J: 텔레비전에도 아시아에 대한 편견이 많이 나와요. 아시아 사람 나오면 "칭총 칭총" 그렇게 더빙하는데 우리가 그렇게 말하진 않죠.
>
> K: 못생긴 아시아인, 공붓벌레 아시아인만 보여 주고.
>
> J: 만화도 똑같아. 짧은 다리와 큰 머리. 그럼 나는 뭐지?
>
> K: 그래 네 다리가 영국 애들 것보다 더 길어. (일동 웃음)

어린 참여자들과의 대화에서는 연구자도 이들이 당하는 인종 편견에 대해 깊이 감정이입이 될 수밖에 없었다. 민속지학적 연구의 특성상 연구자의 개입을 최소화하고 참여자 스스로의 목소리를 듣기 위해 비구조화된 인터뷰로 질문도 최소화하면서, 단지 대화를 초기화하기 위해 "케이팝을 좋아하나요? 학교생활은 어떤가요?" 등 일반적인 질문을 던져도 이들의 대화는 모두 인종 편견의 문제와 이로 인한 감정적 좌절, 또 이를 해소하기 위해 케이팝을 듣는 동기로 이어졌다. 이들은 인터뷰 동안에 같이 웃고 감정을 공유하면서 들어 주는 것만으로도 속이 시원하다고 연구자에게 감사의 말을 전하기도 했다.

이들 중학교 학생은 그래머 스쿨에 다니며 상위 계급 사회에 소속되어 있으면서도 동양인이라는 이유로 일상적으로 당하는 인종 편견과 문화적 권력의 폭압을 소리 높여 규탄하고 있다. 그러나 아직 어리다고 해서 이들이 문화 권력에 쉽게 복종하거나 회피하여 주류 문화에 편승하려고 하는 것은 아니었다. 오히려 이를 비판적으로 인식하고 아시아 문화에서 대안을 찾는 적극적인 모습을 보여 주고 있다. 이들이 케이팝을 즐기고 팬클럽에서 교류하며, 더 나아가 본 연구에 참여하여 적극적으로 자신의 의견을 피력하는 것은 이들의 문제의식과 절박함을 드러내고 있다. 케이팝 애호가인 이들의 문화적 취향은 단순한 감성적 취향이 아닌 사회의식이며, 적극적으로 정체성을 형성해 가기 위한 저항적 문화 권력이기도 했다.

4. 소셜 미디어와 네트워킹

인터뷰 참여자들은 모두 아시아 친구나 가족을 통해 처음 케이팝을 접하게 되었고, 그 후 유튜브와 페이스북 등 SNS를 통해 케이팝 정보를 공유하면서 팬이 되었다고 했다. 케이팝의 확산에 신기술이 일정 부분 역할을 한다면 그것은 시작이고, 이를 이용하고 지속하는 것은 기술적

장을 이용하는 이들 공동체이다.

C: 우리 모두 KLUE 멤버로 매일 온라인으로 만나요. 매일 60개 정도 포스트가 달리고 200개 넘는 코멘트가 달리죠.

D: 온라인으로 케이팝 관련 정보를 체크하고 채팅하는 게 이제 생활이 되었어요.

B: 온라인 친구들을 오프라인에서도 한 달에 한 번 정도 만납니다. 같이 노래하고 춤추는 행사를 개최하는데 이를 통해 다른 사람들에게도 케이팝을 확산시키려고요.

A: 일반 콘서트에 가면 서로 눈여겨보지 않는데, 케이팝 콘서트나 이벤트에 가면 모르는 사람끼리도 서로 말하고 서투른 한국말 한두 마디 하면서 모두 서로 받아들이는 분위기예요.

D: 케이팝 관련해서는 주로 페이스북에서 대화하고요. 학교에서와는 아주 다른 문화인 것 같아요.

C: 저 같은 경우는 친구들이나 가족들이나 모두 인정하는 분위기지만 다른 KLUE 멤버, 특히 시골 사는 애들은 고립되고 문제가 많아요. KLUE가 감정을 공유할 수 있는 유일한 창구인 셈이죠.

인터뷰 참여자들의 일상생활을 들어 보면 주류 미디어 소비가 극히 제한적이고, 주로 SNS를 통한 채팅과 정보 공유에 미디어 소비 시간의 대부분을 보내고 있었다. 이들이 SNS를 통해 미디어를 소비하는 패턴은 참여적이고 창작적이기 때문에, 일반 미디어 소비와 달리 집중적이고 몰입도가 높은 방식으로 미디어를 이용한다.

케이팝 팬들은 팬사이트에서 정보 공유를 통해 음악뿐 아니라 한국의 다른 문화 소비나 가치에도 높은 관심을 나타내고 있다. 인터뷰 참가자들은 케이팝의 팬이 된 이후 음악뿐 아니라 한국 음식, 언어, 관습에도 관심을 드러냈으며, 대중음악 외의 다른 장르의 미디어에도 높은 관심을 보였다. 케이팝 팬이 된 이후 이들은 런던에 오면 차이나타운에 자주 들러 한국 음식이나 물건, 음반을 사는데 그때마다 다른 KLUE 멤버들을 마주치게 된다고 했다. 인터뷰 당시에도 피커딜리 서커스나 코벤트 가든 등 중심가에서 만나 인터뷰를 하고 연구자와 함께 차이나타운에 가서 뒤풀이를 하기도 했는데, 그때도 역시 KLUE 멤버들과 마주쳐 반갑게 인사하는 모습을 자주 목도했다.

케이팝 팬들은 서로 한국적 관습을 따라 교류하는 모습을 보인다. 멤버들끼리 "언니"라고 부르면서 한국말을 모르면서도 한국식 존칭어를 흉내 내는 모습을 자주 보였다. 호칭만 그런 것이 아니라 연장자를 공경하거나 공동체적 가치를 추구하는 등 그들이 생각하는 한국적 가치라고 믿는 것을 따르는 패턴을 보이기도 한다. 이것이 설령 현재 한국 사회에 실존하는 가치는 아니더라도, 이들 외국 팬은 이것을 한국적 가치라고 믿고 서구적 가치의 대안으로 추구하는 것이다. 백인인 C는 특히 KLUE를 통해 북부 지역에 사는 "동생"을 사귀어 그의 고민을 들어 주고 언니로서 역할을 하는 것에 상당히 자부심을 표했고, 그것이 한국적 정서라고 묘사하기도 했다.

또한 인터뷰 참여자들은 케이팝 아이돌의 노래뿐만 아니라 연관된 정보를 찾아보면서 관련 산업계 정보에도 관심을 갖고 있었으며, 특히 가수들의 트레이닝 과정에 상당한 관심을 보였다. 고난도의 트레이닝 과정은 실시간으로 팬사이트를 통해 올라오는데 청소년들에게는 이러한 아이돌의 노력이 롤모델이 된다는 점을 중요하게 언급했다. 특히 I는 요즘 영국 젊은이들이 삶의 목표를 잃어버리고 혼란기를 보내고 있는데 한국 아이돌의 열심히 하는 모습과 고난을 이기고 스타가 되는 과정에 상당한 감명을 받는다고 개인 인터뷰에서 밝혔다.

인터뷰 참여자들의 반응은 영국 사회의 문화 변화를 반영하고 있다. 영국 문화 연구가 주로 연구 대상으로 삼고 있는 노동계급의 문화는 영국 사회의 독특한 문화 지형을 이루며, 다양한 문화 연구 대상도 결국 노동계급과의 관계에서 지평이 확대된 것이다. 앞서 언급된 몰리가 시도한 영국적 민속지학, 헵디지의 하위문화 연구, 기타 많은 팝문화 연구 등도 노동계급과의 관련성 속에서 깊이와 범위를 달리하며 연구 전통으로 자리 잡아 왔다(Frith 2011; Kruse 1993). 그러나 노동계급을 기축으로 한 문화의 기반이 와해되는 상황에서 현재 영국 청소년들은 정체성의 기반을 상실하게 되었다. 물론 외부의 시선에서 보면 아직도 영국 사회에서 노동계급의 위상과 계급적 문화 정체성은 언어로, 관습으로, 문화상품으로 녹아 있다고 느끼게 하지만, 그것은 어디까지나 다른 서구 국가나 비서구 국가와의 비교 관점에서 그런 것이지, 오랜 세월 전통으로 유지되었던 영국적 계급과 신분의 구조는 도전을 받고 있는 것이 현실이다. 영국 교육제도의 변화와 현재 젊은이들의 삶의 가치와 방식이 그것을 말해 준다. 이런 환경에서 영국 청소년들은 동화의 대상으로 삼을 세대 문화 유형면에서 혼란에 직면하게 된다. 청년문화의 강한 저항성은 목표를 잃고, 영국의 전통적 가치와 노동계급의 문화적 기반도 포스트모던적 전환과 유럽의 경제 위기 속에서 새로운 도전의 시기를 맞고 있는 것이다.

이런 사회 변화 속에서 영국 사회에서 일부이기는 하지만 청소년들이 케이팝을 중심으로 일상적 네트워킹을 하고 대중 미디어의 일상적 수용 패턴을 파괴하는 강한 네트워크를 형성하고 있다는 것은 중요한 문화적 함의를 가진다. 이는 하위문화로 보기에는 사회구조적 인과성이 적고 느슨한 연대와 숨겨진 네트워킹으로 저항성이 전면에 표출되지 않는다는 점에서 통상적인 형태와 차이가 있다. 때때로 팬클럽 행사나 플래시몹 등 이벤트를 조직하여 오프라인에서도 네트워킹을 강화하고 정체성을 드러내지만 이에 참석하는 사람들은 팬클럽 중에서도 소수에 지나지 않는다. 또한 케이팝 애호가들은 대부분 다른 문화권에도 노출되며, 케이팝 이전에 제이팝이나 다른 제3국의 음악을 즐기던 계층으로서 케이팝에만 공동체적 성격을 보이는 것도 아니다. 이런 의미에서 영국에서의 케이팝 수용은 기존의 하위문화 연구로 접근하기에는 부적절한 이질성을 보인다. 그럼에도 불구하고 케이팝을 중심으로 한 이들의 네트워크 양식은 기존 사회에 대한 뚜렷한 저항 의식과 일상성의 변화를 수반하고 있다는 점에서 문화 공동체적 성격이나 문화 운동으로서 함의를 가진다고 할 수 있다.

5. 사회 변화와 음악적 정체성

본 연구 과정에서 유럽의 케이팝 수용 양식이 기존 사회 가치에 강한 비판의식과 저항을 수반한다는 것을 발견할 수 있었지만, 그것이 강한 집단적 성격을 가진 것은 아니라는 점에서 기존 이론의 하위문화론이나 문화운동론과는 차이를 보인다는 것을 언급한 바 있다. 이에 케이팝 수용을 설명하기 위해 흔히 동원되는 이론으로는 서구 중심주의의 문화확산론이나 문화제국주의론을 깨는 증거로서의 비판 이론, 포스트모더니즘 문화 이론이나 포스트식민주의에 근거하여 케이팝의 현상을 저항이나 양가성으로 설명하는 이론과 분석을 들 수 있다. 그러나 영국 청소년들의 케이팝 수용에서 보이는 문화 간 커뮤니케이션의 문제, 인종 갈등 같은 문화 권력의 문제, 인종주의적 편견과 관련된 진술들은 기존 이론이 설명할 수 없는 새로운 접근을 요구한다. 즉 기존 문화 연구들이 설명하는 하위문화, 저항성이나 디아스포라 문화로 설명하기 어려운 복합 현상을 보이는바, 영국 청소년들이 케이팝을 수용하고 의미를 형성하는 과정은 계급적 토대나 인종적 토대와는 격차가 있는 또 다른 현상이기 때문이다.

케이팝 팬들은 집단적 정체성을 거부하고 오히려 차이를 수용하고 다름을 경험해 보면서 점진적으로 사고와 취향을 넓혀 가고 일상의 패턴을 변화시켜 가는 양상을 보인다.

A: 영국 청소년들이 가진 가장 큰 문제는 다른 사람을 인정하지 않고 서로 배타적인 데 있는 것 같아요. 학교에서도 그룹이 지어져서 같은 반에서도 서로 다른 그룹과는 말도 섞지 않아요.

K: 나는 보통 아시아 친구들하고만 놀고요. 부모님도 아시아인 아니면 경계해요. 영국 친구가 혹시 집에서 자고 가라고 초대하면 안 된다고 하고, 중국이나 다른 아시아 친구들이 초대하면 괜찮다고 하고.

인터뷰에 참여한 모든 학생이 학교생활에 대해 말하면서 폐쇄적이고 서로 섞이지 않는 배타성을 현재 영국 청소년 문화의 가장 큰 문제로 지적하고 있다. 인터뷰에서 인종을 떠나 모두 이런 문제를 지적하고 있지만, 특히 비백인 참여자들은 한층 강하게 이런 점을 비판하고 개인의 부정적 경험을 토로했다. 자신의 시각을 넓히고 다른 문화를 인정하고 받아들인다는 점을 케이팝 팬 활동의 보람으로 꼽으며 자부심을 갖는 경향을 보였다. 개중에는 주위의 반응이 개방적이고 긍정적인 반응일 때 더 케이팝에 몰두하는 경향을 보였고, 또 일부는 주위의 부정적 반응을 염려해 케이팝 팬심을 숨긴 채 몰래 즐기고 온라인을 통해서만 교류하는 경향을 드러내기도 했다.

이같이 청소년 케이팝 팬들이 보이는 타자, 타문화에 대한 개방성은 물론 개념적이거나 이념적이라기보다는 감성적인 것이다.

B: 때론 식구들이 내가 '계집애 같은 남자'를 좋아한다고 놀려요.

C: 사람들은 한국 아이돌이 게이 같다고 하는데, **절대** 아니죠. (강한 부정의 표정) 얼마나 남성적인데요. 영국에서 남자들이 외모에 관심이 없으니까, 외모가 좋으면 게이라고 여성적이라고 하는 거죠. 우리 오빠도 나한테 '꽃남(flower boys)' 좋아한다면서 놀려요.

A: 제 사촌도 저에게 한국 사람이랑 결혼하라고 해요.

B: 식구들이 한국 남자친구 사귈 거냐고…. **아니요**. 그런 거랑 달라요.

인터뷰에서 많이 논의되는 것은 케이팝 아이돌의 외모와 관련된 부분이다. 연구 참여자들이 여자들이다 보니 남자 아이돌의 핸섬한 얼굴과 복근, 유연한 몸매 등 신체에 대한 언급이 많은 것은 사실이다. 하지만 이것이 위의 진술에서도 보듯이 섹슈얼리티의 문제는 아닌 것으로 보인다. 10대 소녀들이 아름다운 외모에 끌리고 성적 호기심을 가지고 로맨스에 매혹되는 것은 당연한 일일 것이다. 그러나 외부에서 평가하듯이 섹슈얼리티 자체가 동기라기보다는 대안 문화에 대한 추구가 더 높은 동인으로 작용하는 것으로 보인다. 기존 문화 가치나 관습에 대한 비판 의식에 의해 이상적 가치와 이상형의 이미지를 다른 문화에서 찾고자 하는 것이다. 개인 인터뷰에서도 영국 사회에서 일반 사람들이 갖는 문화적 고정관념이나 클리셰에 대한 비판이 많았으며, 이에 대안으로 한국 아이돌에서 고정관념을 넘어선 새로운 남성성, 새로운 이상형을 발견한다는 데 의의를 둔 진술이 많았다. 이와 같은 개방성을 스스로 높게 평가하면서 뜻이 맞는 사람들끼리 공동체적 가치를 형성해 가는 것이 팬클럽 활동의 큰 부분을 차지하고 있다.

인터뷰가 거듭되면서 친근감이 높아지자 개인 문제를 털어놓으며 대안의 모색으로 케이팝을 선호하게 된 동기를 전하는 참여자도 있다. A의 경우는 2011년 '런던 폭동'을 언급하면서, 영국 청소년들이 그들이 안고 있는 죄의식과 비난 여론에서 대안을 모색하는 모습이 늘어났고, 주위 어른들도 다른 가치를 추구하는 것을 보다 긍정적으로 보는 경향이 확대되었다는 언급을 하기도 했다. 이전에 케이팝을 좋아하는 취향을 괴상한 것으로 여겼다면, 이제 최소한 안전한 문화 취향으로 높이 산다는 주위의 반응을 전하기도 했다.[2] 또한 C의 경우는 장애인 가족이라는 가족의 특수성에서 케이팝을 즐기면서 관용을 배우는 동기가 작용했다는 점을 내비치기도 했다. 그래머 스쿨이 아닌 일반학교(comprehensive school)를 나온 북부 노동계급 출신의 I는 귀족주의적 명문대학에서 자신의 소수성을 케이팝 문화로 동질화한다는 동기를 언급하기도 했다. 연구 과정을 통해 장기간 접촉한 결과 케이팝을 선호하는 팬들은 모두 각자의 개인사를 통해 케이팝을 하나의 대안으로 추구하고 문화적 접점을 찾고 있음을 발견할 수 있었다.

또한 영국 사회에서 비주류 인종 집단에 속하는 경우에는 또 다른 차원의 복합적인 문화 실천으로 케이팝을 수용하고 있다. 앞서 설명했듯이 케이팝은 인종주의 문제와 관련성이 깊은데, 디아스포라 문화와의 차이점은 음악적 성격도 있지만 인종적 경계로 범위를 특정할 수

2 2011년 런던 폭동으로 불리는, 런던 북부에서 발생한 흑백 갈등과 이를 계기로 약탈과 방화가 자행된 사건은 사회적·인종적 다양한 원인과 분석이 가능한 사건이지만, 여기서 현재 영국을 사는 청소년의 경험을 들어 보면 직접 참여하지 않았더라도 트라우마로 남아 있는 사건임을 알 수 있다. A의 경우는 가벼운 사건으로 지나갈 수 있었던 것이 확대 재생산되면서 영국 사회에서 청소년에게 지워지는 부담과 경계에 대해 활로를 찾는 과정에서 케이팝에 몰두하게 되었다고 했다. 또 뉴스로 일본에서 쓰나미로 혼란 정국에서도 약탈이 이루어지지 않고 질서 정연한 모습을 보고 아시아적 가치와 도덕성을 높이 평가하고 이를 한국 문화와 동일화하기도 했다.

없는 케이팝의 측면이다. 우선 케이팝 음악부터가 민족이나 인종, 국가적 정체성을 모토로 하지 않고 전 지구적 보편성을 기획 의도로 하고 있다. 케이팝은 특히 서구 음악의 장르적 전통을 차용하면서 민족색적인 측면을 배제하고 있으며, 음악적으로 한국적 변용이나 아시아적 특징을 추구하지는 않는다. 그럼에도 불구하고 수용의 과정에 인종주의와 문화 정체성 같은 문화 간 커뮤니케이션의 문제가 강하게 작용하는 것은 흥미로운 이슈이다.

> G: 나는 중국인이지만, 진짜 중국인은 아니고…. 영국에서 나고 자랐고 중국 문화는 그리 좋아하지 않아요. 근데 케이팝을 들으면 내 안에 있는 중국의 정체성을 느낀다고 할까…. 중국 음악을 들으면 느낄 수 없는 것인데, 글쎄 말로 뭐라 표현할지 모르겠지만….
>
> H: 내가 케이팝을 좋아하는 것은 차이 때문이에요. 미국, 영국 음악은 물론 인도 음악과도 다른 그 무엇.
>
> E: 나는 케이팝 들을 때 가장 맞는 것 같아요. 중국 것은 너무 구태하고 느리고… 서양 것은 너무….

케이팝이 장르적 특징으로 인종적 정체성이나 전통문화를 고수하지 않아 디아스포라 음악과 다르지만, 음악 수용의 과정에서는 문화 정체성과 긴밀히 관련되어 있다는 점을 위의 진술을 통해 확인할 수 있다. 서양 장르의 음악성을 따르고 아시아적 내용을 배제한 케이팝에서 에스노 음악이나 디아스포라 문화에서보다 문화 정체성을 더 많이 느낀다는 반응은 복합적인 현실을 반영하는 반응으로 새로운 시각을 제공해 주고 있다. 아시아계 청소년들은 각자 모국의 대중음악에서 에스노 음악의 요소가 강할 때 오히려 거부감을 느끼고, 서구 양식의 케이팝에 더욱 쉽게 동일화된다고 대답했다. 그러면서도 케이팝에서 아시아인으로서의 문화 정체성을 확인하는 것은 일견 모순된 반응으로 비친다. 보편성을 지향하는 케이팝에서 심리적 결속감을 느끼고 잃어버렸던 문화 정체성을 회복한다는 점이 아이러니가 아닐 수 없다.

다문화 사회의 계급적·인종적 갈등 속에서, 또 한편 타협 속에서 살아 나가는 오늘날 유럽의 청소년들은 디아스포라 문화나 하위문화 같은 뚜렷한 집단적 귀속성을 바탕으로 한 정체성 구성에는 동일화하지 못하는 것으로 보인다. 이보다는 확대된 의미의 일상적이고 개인적인 경험을 바탕으로 정체성을 형성해 가는 것이다. 다양한 인종의 영국 청소년들이 케이팝에 몰두하는 것도 단순히 계급이나 인종으로 환원할 수 없는 보다 확대된 의미 생산에 이들이 일상적으로 참여하기 때문에 가능한 일이다. 이것은 음악 자체에 의해 발생하는 것은 아닌바, 즉 서구의 뮤지션에 의해 서구 음악 장르를 재생산하는 케이팝이 내재적으로 갖고 있는 음악 내용에서 나오는 것은 아니다. 음악을 소비하는 그들의 구체적 일상성에서 음악이 또 다른 의미를 생성하고 소통되는 것이고, 이는 청소년들의 네트워킹을 스스로 만들어 가면서 형성되는 부분이다. 이와 같은 문화적 의미 생산은 케이팝 수용에 중요한 요소로 작용하며 음악성을 우회하는 팬덤의 중요 요소가 된다.

케이팝에 대한 영국 청소년의 팬덤 활동 중 가장 문화적으로 의미 있는 지점은 대안적 문화 정체성을 추구하는 도구로 사용된다는 점이다. 이들은 아시아성에서 대안을 찾고 있는데, 이것은 물론 인종적이나 지역적 기반에 구속되는 아시아성이 아니라 대안 개념으로서의 아시아적 정체성이다. 본 연구에 참여한 영국의 케이팝 팬들은 인종과 계급을 불문하고, 기존 사회 가치에 저항하면서 케이팝 문화에서 새로운 희망의 메시지를 찾고자 했다. 영국 사회에서 비주류 사회 계층은 인종적·사회적 편견에 맞서 기존 가치에 저항하는 수단으로서 케이팝을 수용하고, 주류 계층은 그들의 일상 속에서 개인적으로 집단적으로 직면한 어려움과 갈등을 극복하는 수단으로 아시아적 정체성을 희구하면서 케이팝에 몰두한다. 각자 개인적 이유는 다르지만 모두 영국 전통 사회의 구분 짓기와 비관용을 탈피하는 '관용'과 '받아들임'의 표상으로 케이팝에 접근한다는 점에서 동기는 유사하다. 이들이 추구하는 아시아적 대안은 아시아의 전통 가치나 영국 사회 내 디아스포라 문화로서의 아시아를 의미하지 않는다. 이들은 케이팝이 가진 확산성 융합성에서 주류 문화나 디아스포라 문화가 보이는 배타성 집중성을 극복할 대안을 모색하는 것이다. 물론 이들이 추구하는 대안이 케이팝 아이돌의 외모라든지 복합 장르적 케이팝 음악과 안무라는 지극히 상업적이고 소비적인 문화 형태로서 존재하며, 이들이 추구하는 문화 전략이 미시적이고 일상적이라는 한계를 보이는 것도 사실이다. 그러나 수용 과정에서 공유되는 문제의식과 공동체 정신, 새로운 미래를 기대하는 대안의 희망은 깊은 함의를 가진다고 할 수 있다. 영국 청소년들이 케이팝을 통해 공유하는 아시아적 정체성은 사회 운동이나 하위문화 같은 전 세대의 문화 운동과는 또 다른 새로운 세대의 변화를 보이고 있다.

6. 소결

이 장에서는 한류 1세대를 극복하고 새로운 담론으로 성공한 신한류 혹은 차세대 2.0, 3.0 한류의 전략을 가장 잘 반영하고 있는 케이팝이 서유럽에서 보이는 수용 양상을 중심적으로 고찰해 보았다. 아시아를 넘어 세계로, 드라마를 넘어 다양화를 기치로 한 신한류의 전략이 실제 유럽에서 수용되는 과정에서는 복합적인 현상을 보이고 있다. 이와 같은 복합 현상은 기존 대중음악 연구의 이론 틀, 즉 산업 이론, 비판 이론, 문화 이론, 포스트식민주의 이론 네 가지 모두로 설명할 수 없는 새로운 측면을 보인다. 산업 이론은 신고전주의 경제학을 기본 틀로 하고 있어 케이팝과 같이 문화 창조 산업이 띠는 광범위한 후방 효과와 간접 시장, 또 장기적이고 복합적인 생활양식이 작용하는 생산과 소비 형태를 설명하는 데 한계를 가질 수밖에 없다. 이런 한계는 산업 이론이 가진 인식론적 기반에서 기인한 것이므로 보완과 수정이 가능한 부분이기보다는 근본적인 한계라 지적하지 않을 수 없다. 한편 대중음악 이론으로 가장 오랜 영향을 유지해 왔던 비판 이론의 전통은 이론의 정의상 생산관계, 즉 계급적 기반을 주축으로 하고 있는데, 케이팝의 경우 서구 마르크시즘이 가정하는 계급 기반을 적용하기에는 지나치게 복잡하여 이들 이론을 적용할 때 환원론에 빠지거나 유사 산업주의에 빠질 가능성이 있다. 한편 문화 연구에서 축적된 성과는 이론적 차원에서 서구 문화 연구로 케이팝을 분석하는 데는 한계가 있다는 점이 지적된다. 즉 서구 학계의 대중음악의 문화 연구는 80년대 이후 하위문화 연구를 중심으로 하고 있는데, 이는 케이팝에 적용하기에는 꼭 맞지 않는다. 한편 케이팝의 하위문화적 저항성을 느슨하게 활용해 포스트식민주의 이론을 적용해 볼 수 있으나, 이때도 케이팝이 보이는 서구 문화 장르적 특징으로 인해 격차가 발생한다. 또 디아스포라 연구 성과를 적용할 때도 케이팝의 수용 문화와 큰 격차가 있다는 점이 한계로 지적된다.

문화 이론을 케이팝 현상에 대입할 때, 펑크와 힙합이 사회적 기반의 저항성을 잃고 주류 산업에 포섭되는 과정이나 레게와 방그라 음악이 서구 보편 장르로 편입되는 과정과 유사한 현상으로 보는 입장이 있을 수 있다(Krims 2009; Roy 2009). 그러나 케이팝은 이 같은 하위문화 현상이나 디아스포라 특성과는 차이가 있어 하위문화의 집단 저항 의식이나 디아스포라 문화의 에스노 음악적 특징을 보이지 않으며, 지역성을 기반으로 기획된 음악도 아니다. 케이팝은 서구 대중음악의 보편적 장르를 모방하고 있을 뿐만 아니라 생산관계도 서구의 방식을 뒤쫓아 기획되고 수출된 것이다(Early 1995; Smith 1999).

유럽에서 최대 팬덤층을 보유하고 있는 영국에서 케이팝 수용 양식을 자세히 살펴보면 저항성과 혼종성의 경계가 잘 드러난다. 즉 영국의 청소년 팬들은 기성 사회의 문제와 기성 문화에 저항하며 그 대안으로 케이팝을 열정적으로 소비하고 있지만, 비판 이론에서 다루는 계급이나 하위문화 같은 응집된 경계를 짓기보다는 오히려 이를 허물고 새로운 확산을 추구하는 데 노력을 기울이고 있다. 케이팝의 음악적 장르의 성격이나 팬덤의 네트워크 양식은 비판 연구에서 강조하는 저항 운동과는 상이한 양식을 보인다.

한편 상업적이고 보편적인 문화를 지향하는 영국의 케이팝 수용자들의 취향을 혼종성으로 설명하기에는 한계가 있다. 영국의 경우 아시아계나 비백인 수용자가 팬덤의 대부분을 차지하는 것은 사실이나 이들이 토착 문화와 서구 문화의 혼종성으로서 디아스포라 문화의 일환으로 케이팝을 선호하는 것은 아니며, 아시아라는 지리성에 천착하여 케이팝을 추구하는 것도 아니다. 영국 팬들이 인터뷰 과정에서 밝히고 있듯이 이들은 자기 출신의 디아스포라 문화에 대해 동일시하고 있지 않으며, 아시아라는 지역 단위에 대한 특별한 향수나 이상도 보이지 않고 있다. 본 연구에 참여한 영국의 청소년들은 개인사에 근거한 고민과 갈등의 와중에서 자신이 좋아하는 음악을 통해 이를 해소하고자 하고, 때로는 대리만족으로, 때로는 도피처로, 또 더 중요하게는 소셜 미디어를 통한 일상적 상호 소통의 계기로서 공동체를 구성하고 의미를 형성해 간다. 이들 중에는 인종차별에 상처받거나 이혼 등 가정 해체로 어려움을 겪고, 또 문화적으로 온 가족에 의한 과잉보호로 자율성을 잃고, 다문화 가정에서 정체성에 혼란을 느끼는 등 각자 느끼는 고민은 다르지만, 각각의 문제를 케이팝 수용에 적극적으로 연결하고 있다는 점을 발견할 수 있다.

날로 다원화하고 글로벌화하는 문화 환경에서 사회적 갈등이 증가하고 유럽발 경제 위기가 사회통합을 더욱 위협하는 현실에서 청소년들은 케이팝을 통해 대안적 가치를 추구하고, 새로운 방식의 네트워킹을 시도하면서 대중문화의 새로운 지평을 여는 역할을 하고 있다. 이들이 케이팝에서 모색하는 데에는 음악적 취향이나 아이돌에 대한 집착에 앞서 기존 사회의 전통적 가치와 권력에 문제의식을 느끼고 새로운 대안을 찾는 노력이 크게 작용한다. 이들 유럽 청소년들의 대안적 가치는 앞선 이론들이 전제한 대안들에 비해 훨씬 복합적인 양상을 띤다. 비판 이론에서 제시하고 있는 사회적 기반의 대안, 즉 계급적 인종적 집단화라는 동인에 요즘 청소년들은 쉽게 동화하지 않는다. 한편 포스트식민주의에서 제시하는 혼종적인 문화 가치에도 일정한 거리를 둔다. 케이팝을 즐기는 영국의 청소년 팬들은 케이팝이 보이는 상업화와 보편주의 문화에 편승하는 것으로 보이나, 이들은 스스로의 주체적 소비와 네트워킹을 통해 새로운 의미를 만들어 가고 개인적·사회적 문제의 대안으로 이들이 상상하는 아시아적 정체성에서 대안을 찾고 있는 것이다. 이들이 인식하는 아시아적 정체성은 지역적·인종적 구속성도 아니며, 아시아의 전통문화는 더더욱 아니다. 여기서 아시아적 정체성은 이들이 속한 사회에서 직면하고 있는 일상적 문화 권력, 즉 인종차별이나 성차별, 가족주의 등의 구분 짓기, 특히 영국 사회의 전통에서 면면히 내려오고 있는 계급, 제도, 문화 취향의 고정된 틀을 깨는 새로운 대안으로, 이들이 스스로 상상하고 담론적으로 현실화하고 있는 희구의 대상이다.

제5장 걸그룹, 아시아 여성성의 이데올로기와 케이팝 팬덤

1. 서론

케이팝의 중심을 이루는 '걸그룹'의 인기와 활약은 한국 사회 대중문화의 중요한 현상을 보여 준다. 나이와 성별을 막론하고 젊은 층뿐 아니라 소위 '삼촌' 팬들까지 흡인하면서 국민 전체로 인기 영역을 넓히고 있다. 음악 장르뿐 아니라 예능, 드라마, 영화 등 다양한 장르의 미디어를 넘나들면서 그야말로 대중문화의 아이콘으로 부상했으며 불과 몇 년 사이 수많은 걸그룹이 양산되어 왔다. 이에 대중 스타로 승승장구하는 걸그룹에 대한 우려의 목소리도 그만큼 높아지게 되었는데, 음악성을 뒷전으로 하고 획일적 외모와 댄스 뮤직으로 점철된 한국 대중음악의 편향성이 지적된 한편 외모 지상주의와 연령 차별주의 같은 문화적 풍토 조성에 대한 비판의 목소리도 제기되었다.

이러한 비판의 목소리가 어느 틈에 잠잠해지고, 미디어 지배 현상이 공고해진 것은 대중적 지지도를 획득함과 더불어 새로운 담론 형성에 성공했기 때문이라고 볼 수 있다. 걸그룹은 이제 신한류의 주역으로서 단순한 대중 스타가 아니라 한국의 이미지를 수출하고 한국 문화를 선도하는 수출의 역군으로, 자랑스러운 민간 외교관으로 추앙을 받게 되었다. 이런 상황에서 걸그룹에 대한 비판의 목소리는 차츰 고개를 숙인 반면 케이팝 걸그룹은 국민 자긍심의 코드로 자리매김하면서 높은 위상을 확립하게 된 것이다.

이 장은 케이팝 걸그룹과 관련된 문화 현상을 이데올로기적·산업적 정체성 차원에서 심층적으로 살펴보고 있다. 첫째, 걸그룹은 이데올로기적인 관점에서 페미니즘 논쟁의 대상이 되어 왔다. 성 상품화와 여성 비하가 이루어지는 대표적인 예로 나이 어린 소녀들의 과도한 신체 노출과 성적 안무가 비판의 대상이 되어 왔다. 한편 같은 여성주의 안에서도 걸그룹을 여성 해방이나 새로운 여성성의 개념으로 평가하는 입장도 있다. 이에 대해서는 페미니즘 내의 다양한 입장과 논쟁만큼 경쟁적인 이론과 해석이 나올 수 있는 부분이다.

둘째, 걸그룹 현상이 갖는 문화 권력은 대체로 서구 대중문화의 영향력과 관계되며, 서구의 산업적·문화적 모델을 그대로 모방한 것이라는 지적이다. 현재 케이팝 걸그룹이 아시아를 중심으로 국제적 인기를 누리고 있지만, 이것이 독자적으로 개발된 것이 아니라 60년대부터 시작되었던 서구 대중음악의 걸그룹 계보를 놀랍도록 그대로 답습하고 있다는 점은 시사하는 바가 크다. 이는 국제적 차원에서 복합적인 문화 권력을 드러내는 실례라고 할 수 있다.

셋째, 걸그룹이 보이는 이데올로기적·문화제국주의적 문제점에도 불구하고 아시아의 수용자들이 걸그룹에 탐닉하고, 특히 소녀 팬들이 자신의 이상형으로 받아들여 정체성 형성에 중요하게 영향을 받고 있는 현실은 중요하게 다루어야 할 주제이다. 이 장에서는 케이팝 걸그룹이 글로벌하게 인기를 끄는 현상을 구체적으로 살펴보고, 수용 과정에서 생성되는 문화적 의미를 살펴보고 있다. 이 장의 초점은 케이팝 걸그룹이 글로벌하게 수용되는 과정에서 정체성 형성과 어떤 관련을 맺는지 살펴보는 것이다. 특히 아시아 수용자를 대상으로 아시아적 정체성과 케이팝 걸그룹의 관계를 중점적으로 살펴보았다. 이를 위해 본 연구에서는 민속지학 방법을 동원하여 일본에서의 걸그룹 수용 과정을 분석하고 있다.

케이팝의 글로벌한 수용에서 가장 크고 영향력 있는 수용 계층은 일본의 청소년이다. 이는 팬들의 숫자나 케이팝 산업 관련 매출이 나타내주고 있다. 여기서는 일본 케이팝 팬덤을 대상으로 걸그룹의 문화적 의미를 살펴보고자 한다. 이론적으로는 일련의 포스트 사상을 도입하여, 푸코주의 기반의 계보학 이론과 이것이 구체적 연구 분석의 방법론으로 발전한 민속지학을 활용하고자 한다. 또한 정체성의 문제를 해석하기 위해 포스트정신분석학, 특히 페미니즘 정신분석학이 동원될 것이다.

2. 걸그룹의 장르적 원형과 페미니즘 논쟁

'걸그룹'이라는 다소 폄하적인 의미로 들리는 명칭은 대중음악의 공식 장르이기도 하며, 그 형성 배경은 1960년대로 거슬러 올라간다. 미국과 영국을 중심으로 구성되기 시작한 걸그룹은 대중음악의 한 장르를 만들었고, 현재까지 그 계보가 이어지는 장르적 원형을 구성했다(Stras 2010). 1960년대는 대중음악의 황금기로 비틀즈와 롤링스톤스, 지미 헨드릭스로 대변되는 전설적 록스타들의 시대로 기억되고 있지만, 그 한편에서는 빌보드 1위를 장식하고, 로큰롤 명예의 전당에까지 이름을 올린 걸그룹이 전성기를 보낸 시기이기도 하다. 지금은 대중의 머릿속에서 잊힌 이 시대의 걸그룹들이 인제 와서 학문적으로 새롭게 조명을 받게 된 것은 대중음악의 산업적·학문적 기반에 뿌리 깊게 자리한 남성 중심적·성차별적 문제를 고발한 페미니즘 연구에 의해서였다. 이는 또 한편으로는 걸그룹 대중음악의 사회학적·문화적 영향력을 재발견하고 재해석하고자 하는 포스트구조주의 이론의 인식론의 변화와도 관련이 있다.

더글러스(Douglas 1994)의 논문 "Why the Shirelles Mattered?"는 1960년대 걸그룹을 사회적·문화적 의미로 다시 부활시킨 전향적 연구로 후속 연구들을 촉발하는 동시에 페미니즘 논쟁을 가속화하는 계기가 되었다. 1997년에 마침내 명예의 전당에 등극한 60년대 걸그룹 스타 쉬렐스(Shirlles)를 위시하여, 60년대를 화려하게 장식한 걸그룹 마벌레츠(Marvelettes), 크리스탈스(Crystals), 샹그릴라스(Shangri-Las), 슈프림(Supreme)은 당대는 아이돌의 대명사였으나, 한 세대를 넘기지 못하고 대중의 기억에서 사라졌다. 더글러스가 60년대 걸그룹에 다시 주의를 환기한 이유는 청소녀[1]의 정체성을 형성하는 대중문화 사상 최초의 사건이라는 판단에서였다. 그는 쉬렐스, 슈프림 같은 걸그룹들의 소녀적 웃음과 가십성 가득한 노래가 실제는 여성의 주체적 성 정체성과 저항을 담고 있다고 주장한다(Douglas 1994: 26). 60년대 걸그룹의 인기는 청소녀의 하위문화를 형성하는 계기가 되었으며, 소위 "소녀문화"가 새로운 사회문화 현상으로 처음으로 등극하게 된 일대의 사건이다(Smith 1999). 더글러스는 더 나아가 경박하고 단순하다고 비판받아 온 60년대 걸그룹 음악이 이를 듣고 자란 세대들에게 이후 미국의 제2세대 페미니스트로 성장하는 밑거름이 되었다는 주장을 펴서 이후 페미니즘 내부에 논쟁을 불러일으키기도 했다.

전통적인 페미니즘 시각에서는 걸그룹이 여성을 폄하하고 성을 상품화하는 도구에 지나지 않는다고 본다. 이에 반해 더글러스같이 포스트모더니즘 연구 전통을 도입한 소위 포스트페미니즘 입장에서는 대중

1 일각의 페미니스트들이 남성주의적 개념인 청소년에 대차적 개념으로 개발하여 쓰기 시작한 것으로 10대 여성을 지칭하는 말이다.

음악 수용의 문화적 의미를 보다 복합적인 시각에서 파악하려고 한다. 이런 학자들은 마돈나나 신디 로퍼 같은 주류 상업주의 대중음악에서 저항주의적이고 페미니즘적 의미를 찾고 있으며, 이들을 학문적 연구의 대상으로 삼고 있다(Fiske 2011; Lewis 1990). 이런 시각에서 보면 60년대 걸그룹이 상업주의 대중음악과 기획 음악의 표본이라는 점을 인정하더라도 이후 여성주의 운동을 선도하고 새로운 문화 권력으로 청소녀를 결집하는 페미니즘의 선두주자 역할을 했다고 해석할 수 있게 된다.

본 연구가 60년대 걸그룹 원형에 주목하는 이유는 대중문화에 여성성을 각인한 이론적·정치적 중요성 때문만이 아니라 이들이 현재 케이팝의 걸그룹과 장르적 일치성을 보이기 때문이다. 60년대 걸그룹과 관련해 핵심적 논점을 몇 가지로 요약하면 첫째는 걸그룹 음악과 여성적 정체성과 관련된 문제이다. 대중음악 연구의 가장 중요한 연구 주제는 정체성 문제와 관련되는데, 걸그룹은 음악이나 공연이 여성성, 특히 소녀 이미지와 섹슈얼리티를 중심으로 표상되고 있기 때문에 여성성이 주제가 되는 것은 지극히 당연하다고 하겠다. 60년대 걸그룹이 표상하는 여성성이 논쟁적인 이유는 더글러스 등 일부 페미니스트 학자들이 주장하는 대로 여성성이 주류 대중음악에 처음으로 정면 등장하여 걸그룹 음악의 수용자 간의 여성적 정체성을 집단적으로 구가하게 만드는 초유의 계기가 되었다는 긍정적인 평가에서 기인한다.

반면 걸그룹이 보이는 여성성은 사실상 남성적 가치에 의해 제조되고 재생산된 것이라는 비판적 현실 의식이 논쟁을 촉발한다. 걸그룹에 대한 비판적 시각은 역사적 자료를 통해서 드러나는데, 당시 걸그룹의 음반과 공연 기록, 사진을 살펴보면 세밀하게 디자인된 아이돌의 이미지 속에서 개성이나 창의성보다는 순응성을 쉽게 찾아볼 수 있다(Cyrus 2003: 176-180). 음악, 동작, 의상, 안무 모두 사실상 남성 프로듀서와 전문가들에 의해 기획되고 훈련받은 바를 그대로 따르는 것이 당시 걸그룹의 임무였다. 물론 대중음악이, 특히 스타의 경우 개인의 창의성으로만 될 수 없는 집단적이고 전문적인 작업이라는 점을 염두에 둔다고 하더라도 1960년대 걸그룹은 철저한 매니지먼트에 의해 인위적으로 창출된 여성성을 전파하는 역할을 했다. 마벨레츠나 슈프림 등 최고 아이돌들의 매니지먼트 회사인 모타운(Motown)을 당시 『포춘』지 기자는 "공장 시스템"이라고 평가하기도 했다. 모타운은 오디션으로 발굴한 10대 여성들을 노래 교육뿐만 아니라 걷고 말하고 앉고 일어서는 자세부터 테이블 매너, 정신 교육까지 혹독하게 훈련했다는 기록이 있다(O'Brien 1995). '여자답게' 혹은 '소녀답게' 보이기 위해 온갖 노력을 기울여야 했으며, 슈프림의 주역 윌슨은 자신의 자서전에서 자동차에서 우아하게 내리는 연습을 무한 반복하다 지쳤던 경험을 회고하기도 했다(Wilson 1999: 151).

이와 같이 60년대 미국의 걸그룹 매니지먼트 역사는 시기와 지리적 거리를 뛰어넘어 현재 한국의 걸그룹 현실과 놀랍도록 일치하는 것을 발견할 수 있다. 중년의 남성 기획자가 가진 여성성 개념에 의해 기획되고 훈련받은 걸그룹의 여성성은 소리로 몸으로 체화되어 대중문화의 중심으로 자리 잡게 된 것이다. 현재 한국 대중음악 산업을 대표하는 SM, YG, JYP는 60년대 모타운 방식과 동일하게 오디션을 통해 걸그룹을 발굴하고, 프로듀싱 전략에 의해 여성성을 인위적으로 훈련하고 창출하여 이미지화하는 방식을 채택하고 있는데, 60년대 걸그룹의 여성성 창출 양식과 동일한 형태가 세대의 간극을 넘어 현재까지 재생산되고 있다는 점을 보여 주고 있다.[2]

2 이런 의미에서 한국의 걸그룹 원더걸스의 히트곡 〈노바디〉가 흑인 코러스의 코드로 60년대 걸그룹 슈프림을 패러디한 것은 우연이 아니다. 이 노래는 60년대 모타운의 걸그룹 슈프림의 이야기를 실화로 한 〈드림걸즈〉를 모티브로

걸그룹이 연출하는 이와 같은 인위적 여성성이 여전히 학문적으로 논쟁이 되고 그에 관한 경쟁적 해석이 나오는 이유는 단순히 그것을 비판만 할 수 없게 하는 복합적인 현실의 측면이 있기 때문이다. 설사 산업적 이익과 가부장제 권력이 개입되어 훈련된 여성성이 주조되었다고 하더라도 그것이 사회 안에 퍼지고 실천되는 과정은 규범이나 이데올로기로만 치부될 수 없는 복잡한 의미를 가지게 된다. 연구자들이 60년대 걸그룹에 주목하는 중요한 이유도 처음으로 주류 대중문화가 이전까지 인정하지 않았던 청소녀를 집단적으로 인식하고 직접 소구했다는 점에서 큰 의미를 찾을 수 있기 때문이다. 걸그룹이 비록 가부장제적이고 인위적으로 창출된 여성성을 재현하고 있다고 해도, 수용 과정에서 그들의 노래와 춤을 따라 하며 자란 이들의 세대적 공감대는 여성 공동체를 강화하는 역할을 하는 데 긍정적으로 작용하고 있다는 점에 연구자들은 주목하고 있는 것이다. 이것이 일부 페미니스트들이 주장하는 대로 이후 제2세대 여성운동의 동력으로 작용했는지 일시적인 집단의식에 그쳤는지는 경우에 따라 또 보는 시각에 따라 다르게 해석될 수 있지만, 여성적 연대를 구성하는 역할을 했다는 사실은 중요한 점이 아닐 수 없다.

60년대의 걸그룹이 비판받았던 것처럼 외모와 섹슈얼리티를 강조하고 남성의 시선이 전제된 여성성을 재생산하는 점은 80년대 일본의 걸그룹, 90년대 영국의 걸그룹, 2000년대 한국의 걸그룹으로 계보학적으로 계승되고 있다. 60년대 걸그룹을 동경하는 소녀 팬들이 거울 앞에 서서 아이돌을 모델로 끊임없이 자신의 외양과 자세에 여성성을 투사하여 교정하는 과정은 수용 연구에 그대로 드러난다(Cohen 1993;

하고 있다.

Bennett 2002). 이것이 소녀 시절부터 여성을 가정에 종속시키고, 마조히즘적 덕목을 훈련시키는 기제로 작용할 수 있다는 일부 페미니스트의 비판도 분명히 존재한다.[3] 그러나 또 한편으로는 소녀들이 자발적으로 대중음악을 소비하면서 또래 집단과의 교류 속에 연대적 정체성을 형성해 간다는 점도 간과할 수 없다. 이런 점에서 60년대 걸그룹의 의미에 대한 지속되는 논쟁은 이후 21세기 걸그룹에 대한 엇갈리는 평가에도 그대로 적용되고 있다.

둘째, 60년대 걸그룹 연구에서 제기되는 논쟁점은 계급과 인종 등 사회학적 기반에 근거한다. 대중음악의 아이돌로 급부상한 60년대의 걸그룹은 대부분 흑인 10대 여성이다. 이들이 주류 음악에 편입되고 미국과 영국에서 백인 중산층 청소년들의 이상형으로 자리 잡게 된 것에 대해서는 다양한 해석과 끊임없는 논쟁이 지속되고 있다. 걸그룹의 계급적·인종적 특성은 60년대 팝의 전설이 된 남성 가수들이 지미 헨드릭스를 제외하면 백인, 특히 영국인 중심이라는 것과도 큰 차이를 보인다.

이에 대해 일부 연구자들은 60년대 미국 사회 속 시민운동의 진보적 분위기에서 흑인 소녀들이 인종과 계급을 뛰어넘어 주류 사회의 이상형으로 받아들여질 수 있었다고 본다(Stras 2010; Gaar 1992). 쉬렐스나 슈프림, 마벨레츠 등 걸그룹 대부분의 구성원은 실제 흑인 도시 노동자 계급 출신으로, 이들이 백인, 교외(suburban), 중산층의 대표 문화로 받아들여진 것은 60년대를 장식한 흑인, 여성, 인권 운동의 정신에 부합하는 진보적이고 저항적인 문화 참여의 방식이라는 긍정적 평가를 받는다.

3 걸그룹 크리스탈의 1963년 히트곡 〈He Hit Me and I Was Glad〉는 이런 의미에서 가장 큰 비판의 대상이 되는 곡이다.

그러나 이에 대해 또 한편에서는 이들 걸그룹이 재현하고 있는 음악은 그들의 계급이나 인종적 배경을 문화적으로 표현한 것이 아니고 철저히 백인 주류 문화의 가치와 취향을 반영하고 있다는 비판도 제기된다. 대중음악이 태생적으로 흑인 음악을 기반으로 하고 있다는 것은 장르를 불문하고 사실이며, 이것이 주류에 편입되면서 백인, 중산층의 문화로 혼종되는 것은 대중음악사에서 흔한 일이다(Aparicio & Jaquez 2003). 문제는 걸그룹의 경우 가수들의 자율성이 전혀 인정되지 않는 상황에서 당시 음반 산업을 이끄는 백인, 중산층, 중년 남성 집단에 의해 만들어진 그대로에 순응해야 했다는 점이다.

더 나아가 걸그룹의 경우 인종적 배경이 사실상 프로덕션의 전략에 의해 채택된 것이라는 비판도 있다. 실제 모타운의 대표 베리 고디는 흑인 여성은 "덜 위협적이고, 위안을 준다"는 의견을 밝힌 바 있다(Early 1995: 117-118). 이는 사실상 흑인 여성을 유모로 정형화하는 인종주의적 시선을 담은 것으로 진보적인 이념과는 거리가 먼 입장이다. 프로듀서의 계산으로 인종 계급을 아우르는 크로스오버 전략이 걸그룹의 탄생을 낳았으며, 이것이 백인 중산층의 문화로 치환되어 매스마켓에서 성공으로 이어진 것이다. 앞서 여성성의 이미지를 훈련하는 과정에 대한 설명에서 보았듯이 사실상 백인 중산층의 이상화된 여성성을 체화하기 위해 이들이 거쳤던 혹독한 훈련 과정에서 걸그룹이 자신의 목소리를 내지는 못했다는 것은 비판적 목소리에 힘을 실어 주게 된다. 60년대 걸그룹의 여성적 가치가 남성, 백인, 중산층, 중년의 프로덕션에 의해 형성되는 과정은 현재 걸그룹에도 그대로 적용되어 케이팝, 제이팝을 불문하고 동일한 사회학적 권력 기반에 의존해 여성성이 창출되는 현상을 목격할 수 있다.

셋째, 무엇보다 중요한 60년대 걸그룹 연구와 관련된 논쟁점은 음악 자체의 문제이다. 음악적 평가의 문제는 앞서 설명한 여성 정체성의 문제와 사회학적 의미를 평가하는 데도 근거가 되기 때문이다. 더 나아가 60년대 걸그룹이 현재까지 산업적으로나 학문적으로 중요한 이유도 그들의 음악과 퍼포먼스 양식이 현재까지 계보학적으로 이어지고 있기 때문이다. 현재 한국의 걸그룹이 다른 면에서 주목받으면서도 음악적 평가 면에서 낮은 점수를 받고 있는 것처럼, 60년대 걸그룹도 음악적으로는 그리 좋은 평가를 받지 못했다. 걸그룹 음악에 대해서는 단순한 멜로디와 반복적 리듬, 후크 송이라고 불리는 대중적 반복 양식, 가창력을 발휘하기 어려운 중음계의 곡조, 코러스와 솔로의 반복으로 짧은 호흡의 곡 구성, 댄스 팝 양식의 획일적 장르 양식 등이 지적되는데, 이로 인해 음악에서 최고의 가치로 치는 창의성과 진정성(authenticity)을 찾을 수 없다는 것이 낮은 평가의 원인이 된다. 이와 같은 걸그룹 음악에 대한 저평가는 2000년대 한국의 걸그룹 음악적 특징과 정확히 일치한다.

걸그룹 음악에 대한 과소평가는 음악 연구의 바이블이라고도 불리는 아도르노까지 거슬러 올라간다. 아도르노는 남성과 달리 여성의 피치는 레코딩에 맞지 않는다고 보고 "직접 몸으로 보여야 하는데, 이때 몸이 소리를 삭제하여 모든 여성 목소리는 불충분한 미완성의 소리가 된다."라고 했다(Adorno 1938/1978: 49). 아도르노의 말은 다양하게 해석될 여지가 있지만, 실제 초기 음반 산업계에서 아도르노의 관점이 걸그룹 음악 양식 구성에 영향을 주었다는 기록이 발견되고 있다(Warwick 2007: 39-41).

아도르노의 이론에 힘입어 초기 걸그룹의 음악에서 여성의 소리를 효과적으로 전달하기 위해 동원된 장치는 바로 몸이었으며, 목소리는 최대한 억제된 양식으로 걸그룹 음악 장르가 생겨나게 되었다. 이로 인해 걸그룹은 획일적이고 단순반복적인 음악 장르 양식을 개발하게 되었고 창의성과 음악의 진정성 측면에서 지속적인 비판을 받게 되었다. 소위 '후크 송'이라고 불리는 단순 반복적 음악은 1960년대 걸그룹에서 시작해 2000년대까지 걸그룹 음악의 장르적 특징을 대변하며, 이는 그들에 대한 음악성 비판의 근거가 되어 왔다.

그러나 걸그룹 음악성에 대한 저평가는 연구자들 사이에서 논쟁의 대상이다. 이 같은 과소평가는 이데올로기적 가치 판단과 음악의 다양한 양식을 고급-저급으로 판단하는 이분법에 기초한다는 주장이다. 이는 특히 포스트구조주의 철학의 발전에 힘입어 최근 연구에서 자주 제기된다. 최근 포스트모던 뮤지콜로지(musicology)에서는 아도르노 같은 모더니즘과는 다른 입장에서 음악을 평가한다. 아도르노(Adorno 1941/1973)가 복제성, 표준화의 원흉으로 지목한 음악의 반복성은 사실 모든 문화 산물의 공통점이라는 것이 프레드릭 제임슨(F. Jameson)의 주장이고, 이는 비단 특정 장르의 대중음악만이 아니라 음악 자체의 문법이라는 것이 문화주의 뮤지콜로지 학자들의 주장이다(Middleton 1993: 136-137). 즉 반복성은 정도의 문제이지 대중음악만의 특징도 아니고, 이를 기준으로 음악성을 판단하는 것도 무리가 있다는 것이다. 실제 아도르노가 복제문화 시대 음악의 반복성을 비판하면서 예를 든 대상은 클래식 음악에서 가장 어렵고 급진적인 작곡가인 쇤베르크나 스트라빈스키로, 현대 음악에서 이들의 위상을 생각하면 아이러니라고 아니할 수 없다(Adorno 1938/1978: 329). 즉 걸그룹이 구가하는 반복성도 어디까지나 정도의 문제로 볼 수 있다는 점이다.

더 나아가 미들턴은 반복성이 비판받는 것은 서구 중심주의 시각이며 다른 문화권, 특히 대중음악이 대부분 차용하고 있는 아프로-아메리칸 뮤직은 아프리카의 오럴 전통과 문화 양식에 따라 반복성을 특징으로 하고 있다는 예시를 블루스, 복음성가, 재즈 등 다양한 장르의 음악 분석을 통해 들고 있다(Middleton 1983: 141-161). 포스트구조주의 철학 기반의 음악학에서 지적하듯 음악의 반복성이 상업주의적 복제 문화를 반영하고 있다는 점을 부정하는 것은 아니지만, 보다 문화적인 차원에서 보면 기호학자나 정신분석학자들이 말하는 대로 반복성의 쾌락이 대중문화에서 차지하는 중요성은 장르를 불문하고 지대하다(Barthes 1977: 10; Lacan 1979: 62-63). 산업적 기반이나 이데올로기적 기준에서 특정 음악의 장르적 성격과 음악적 진정성을 평가하고 비판할 수는 있으나, 보다 넓은 문화적 맥락과 역사적 혹은 계보학적 연관성까지 고려하면 질을 평가하는 기준은 쉽게 판단할 수 없고 끊임없는 논쟁에 빠질 수밖에 없는 문제이다.

더 나아가 수용 과정의 문화적 맥락을 고려하면, 음악성에 대한 평가는 더욱 복잡해진다. 60년대부터 유래한 걸그룹의 반복적이고 단순한 음악과 몸의 언어가 음악적으로는 평가절하될 수 있지만, 수용자에게는 새로운 문화적 의미를 형성하고 여성적 공감대를 이루는 역할을 하게 된다는 점은 아무리 강조해도 지나치지 않다. 걸그룹이 음악을 단순화하면서 강조하는 것은 바로 하모니이며, 이것이 짧은 호흡의 솔로와 코러스의 반복 혹은 단순 멜로디의 폴리포니 양식으로 나타나게 된다. 이런 음악적 구성으로 인해 일반 중창이나 합창과 달리 다중의 목소리가 아닌 단일의 정체성을 표현하고 있다는 점이 걸그룹 음악의 장르적 특징이 된다. 3-5명으로 구성된 60년대 걸그룹은 솔로와 코러스를 번갈아 부르면서 소녀들이 수다떠는 것과 같은 양식을 노래로 표현하는데, 이는 여러 사람의 목소리가 아닌 노래 속에서는 사실 하나의 정체성이 부르고 대답하는 형식을 띠고 있는 것이다. 워윅(Warwick 2007)은 마벨레츠의 최고 히트곡 〈Please Mr. Postman〉을 음악적으로 분석해 연인의 편지를 기다리는 소녀의 애타는 심정을 표현한 노래를 그룹 멤버들이 번갈아 가면서 부르지만 이는 사실상 한 개인의 갈등과 심경의 변화를 표현하는 양식이라는 점을 구체적으로 보였다(Warwick 2007: 47).

현재 2000년대 걸그룹도 다르지 않아 때로는 9명이, 때로는 48명[4]이 노래를 부르기도 하지만, 사실 노래 속에서는 단일의 정체성을 표현하는 특징을 보인다. 노래 속에 때로 소녀들의 집단 반응이 표현되기도 하지만, 이는 일부분에 그치며 대개 서포터의 반응이 삽입되는 부분이고 일반적으로 하나의 화자가 자신의 갈등과 망설임을 여러 목소리로 표현한다. 소녀시대나 원더걸스, 2NE1 등 걸그룹 뮤직 비디오를 보면 수많은 여성에 비해 상대 남성은 한 명만 등장하는 데 대해 과도하게 성적인 의미를 부여해 비판하는 경우가 있는데, 이는 사실 걸그룹이 전제로서 하나의 정체성을 표현한다는 점을 이해하지 못한 데서 기인한다.

이같이 걸그룹 음악이 표현하는 단일 정체성 폴리포니 양식은 효과적인 감정이입을 불러일으켜 소녀 수용자들이 때로는 호명자로, 때로는 반응자로 또는 서포터로 자유자재로 역할을 바꿔 가면서 그들의 노래를 모방하게 한다. 가벼운 콧노래로 흥얼거리거나 거울 앞에 서서 춤을 따라 하면서, 또 친구들과 역할 놀이를 하면서 걸그룹의 노래는 자연스럽게 수용자들이 감정을 이입할 대상이 된다.

아마도 사람들이 대중음악을 즐기는 여러 가지 이유 중 가장 큰 것은 감성적이고 사적인 문제를 공공 영역에서 마음대로 표현할 수 있다는 점일 터이다(Frith 2004: 38). 청소녀들이 걸그룹을 따라 하면서 느끼는 즐거움은 바로 이런 점이며 사랑과 배신, 좌절과 욕망 같은 인간의 가장 개인적이고 비밀스러운 이야기를 음반이나 방송에서 공공연하게 들을 수 있고, 이를 따라 하는 것이 터부도 아니고 모멸감을 주지도 않기 때문일 것이다. 여기에 걸그룹 음악이 보여 주는 집단주의는

4 일본의 걸그룹 AKB48의 경우 48명으로 구성되어 있다. 항상 모든 구성원이 같이 노래를 부르는 것은 아니지만 그 규모가 큰 화제가 되었다.

더욱 안전한 장치를 제공하여 소녀들이 처음 경험하는 감정, 미숙한 첫사랑, 내면의 여린 감성과 원망을 밖으로 끌어내어 공공연하게 표현하는 데 큰 용기를 더해 줄 수 있다.

이상 살펴보았듯이 걸그룹과 관련된 사회학적·여성학적·음악학적 차원의 문제는 다양한 층위의 광범위한 문화적 맥락과 수용 과정까지 고려하면 단순하게 폄하하거나 저평가할 수 없는 논쟁점을 불러일으키게 된다. 결국 끊임없는 논쟁의 해결점은 구체적인 현실의 맥락에서 찾을 수밖에 없을 것이다. 이에 본 연구는 2000년대 한국의 걸그룹 음악의 수용을 구체적인 현실 수용의 과정에서 살펴보고자 한다. 한국의 걸그룹이 소위 신한류의 담론을 형성하면서 한국 사회에서 정당성을 인정받게 되는 과정은 복잡한 이념적·권력적 측면을 담고 있으며, 해외 국가에서 한국의 걸그룹이 아이돌 스타로 수용되는 과정에도 똑같이 복잡한 사회심리적·정치경제적 문화 권력의 차원이 작용한다. 본 연구에서는 신한류가 가장 산업적으로 성공한 일본 수용자를 중심으로 걸그룹 음악의 수용 의미를 살펴보고 있다.

3. 걸그룹의 수용과 일본 청소년의 문화 정체성

60년대부터 현재까지 지역과 시기를 달리하여 인기를 구가하고 있는 걸그룹은 앞서 설명했듯이 여성주의적 시각에서, 또 인종주의적 시각에서 다양한 문화적 의미를 함축하고 있다. 더 나아가 걸그룹은 집단 정체성을 함양하여 청소녀라는 새로운 하위문화의 주체를 역사적으로 형성하기도 하고, 여성운동의 기반을 닦기도 했다. 그 반대의 해석도 상존해 왔지만 걸그룹의 문화적 의미는 표면적으로 드러나는 것에 비해 더 깊은 사회적·역사적 의미를 가진다.

본 수용자 연구의 대상은 가급적 팬덤이 아닌 일반인, 대도시가 아닌 중규모 도시, 사회경제적 중간 계층으로 설정했다. 대상이 중간층의 일반인에 가깝다고 해서 본 연구가 일반화를 시도하는 것은 아니다. 중간은 보편성을 대변하는 것이 아니고, 그 자체로 특수성을 보일 수밖에 없기 때문이다. 특정 스타의 팬이 아닌 일반 수용자도 그들의 사회문화적 기반에서 특정한 성향을 보이고, 중규모 도시는 그 도시의 환경적·역사적 기반에서 문화적 특수성을 보이며, 사회경제적 중간 계층도 공동체의 사회경제 기반과 가치 체계에 의해 특수성을 보일 수밖에 없다. 그럼에도 불구하고 일반성에 접근하기 위해서는 기존에 형성된 팬덤 집단이나 대도시 기반 특정 계급의 공동체에 접근하는 대신 부가적이고 특별한 절차적 노력을 기울여야 했다. 첫째, 본 연구는 홋카이도 지역을 기반으로 삿포로와 오타루에서 실시했다. 도쿄나 오사카 같은 대도시와는 규모와 기반에 상당한 차이가 있을 뿐만 아니라 문화 혜택 측면에서 중심과는 상당한 거리가 있는 지역이라는 면에서 이곳이 선택되었다. 일본에서 가장 늦게 생성된 지역으로 특수한 문화 전통의 맥이 상대적으로 약하다는 점도 이점으로 들 수 있다. 본 청소년 케이팝 수용자 연구를 위해 일반 공립학교에 접근하여 그곳에서 자발적 참여자를 찾아 연구를 실시했다. 한국과 마찬가지로 외부인에게 폐쇄적인 고등학교에 접근하는 데 어려움이 있어 삿포로 지역의 가장 큰 대학인 홋카이도대학의 인맥과 대학이 지역을 대상으로 실시하는 '오픈 유니버시티(Open University)' 프로그램에서 고등학교와의 교류를 활용하여 인터뷰 대상자를 모집했다.

둘째, 본 연구는 총체적으로 접근하는 민속지학 연구를 위해 다양한 방법적 절차를 병행했다. 연구 대상에 대한 심층 인터뷰, 학교생활 및 여가 생활의 참여 관찰, 가족 인터뷰 등의 방식을 동원했다. 중심 대상은 일본 삿포로시 북구에 거주하는 고등학생 6명이다. 연구 기간은 2011년 6월 20일부터 9월 18일까지 3개월로 이들에 대한 심층 인터뷰를 그룹 및 개인별로 실시했다. 인터뷰에 앞서 간단한 설문조사를 하고, 인터뷰는 비구조 대화 방식으로 하여 질문을 최소화하고, 대화를 이끌기 위해 응답 내용을 재문장화하여 다시 묻는 방식으로 진행했다. 개별 인터뷰는 대학 연구실, 인터뷰 대상자 자택 거실, 식당, 카페 등 다양한 장소에서 이루어졌다. 또한 참여 관찰을 위해 학교를 방문해 학교생활을 살펴보고 교과 과정 등에 대한 교사들의 의견을 들었다. 한편 홋카이도대학 오픈 유니버시티 프로그램 담당 교수로부터 일본 고등학생에 대한 의견, 프로그램 진행 시 일반 고교생의 참여 양태에 대한 의견을 청취했다.

한편 연구 대상들의 가족과 집단 인터뷰를 하여 부모 형제와의 관계에서 청소년이 드러내는 생각과 반응, 세대 간 교류와 갈등에 대해 들어 보았다. 인터뷰에 아버지들은 참여하지 않았고, 어머니와 형제들은 호의적인 참여를 보였다. 가족 인터뷰는 가정을 방문하여 이루어지기도 했고, 외부에서 만나 식사나 차를 마시면서 자연스러운 분위기에서 진행되기도 했다.

또한 여가 시간의 참여 관찰 시에는 이들이 인터뷰에서 밝힌 대로 여가 시간의 가장 많은 시간을 보내는 가라오케에 함께 가서 한국 노래를 따라 부르며 놀기도 하고, 삿포로의 중심지 오도리 공원에서 만나 그들의 일상을 엿보기도 했다. 이들이 주로 찾은 가라오케는 오도리 근처에 있었으며, 주말에 공원에서 여학생들이 케이팝 춤을 연습하는 장면을 자주 목격하기도 했다.[5]

5 오도리 공원은 삿포로의 중심이며, 삿포로 도시 환경의 특징을 엿볼 수 있는 곳이나. 삿포로는 나른 일본 도시와 달리 주민이주 정책에 의해 메이지유신 때 만들어진 근대화된 계획도시이다(Mock 1996). 그 과정에 아이누의 슬

셋째, 본 연구에서는 연구자의 일본 사회 이해를 높이고 민속지학 연구의 사회문화적 맥락화를 탄탄히 하기 위한 목적으로 보충적인 조사를 병행했다. 일단 홋카이도 대학생을 대상으로 한국 대중음악에 대한 설문조사를 실시했다. 150개 샘플에 63개 응답이라는 저조한 응답률이기는 했지만 의미 있는 조사 결과를 얻을 수 있었다. 또한 본 연구의 주요 대상인 여자 청소년들 외에 10대 남자 청소년들도 같은 과정의 섭외에 의해 연구를 했다. 이들과는 학교에서 참여 관찰과 심층 인터뷰를 1회 실시했다. 또한 청소년과 세대가 다른 40대를 대상으로 심층 인터뷰와 참여 관찰을 했다. 연구 대상 청소년의 부모와 비슷한 세대인 그들의 일상생활과 미디어 수용, 한류나 신한류에 대한 반응을 듣기 위해서였다. 40대는 집단 인터뷰와 심층 인터뷰를 각각 1회씩 실시했으며, 이 중 여성 3인과는 2-3회 보충 인터뷰를 했다. 집단 인터뷰와 개인 인터뷰는 가정을 방문하여 실시했고, 보충 인터뷰는 카페와 식당 등 비공식적 장소에서 했다. 모든 공식 인터뷰 시 일본어 통역을 대동했으며, 인터뷰의 다이내믹함을 살리기 위해 동시통역 방식으로 진행되었다. 그 외 비공식 회동, 참여 관찰, 가족 인터뷰의 경우는 보다 자연스러운 분위기를 위해 통역 없이 일본어로 진행했다. 영어가 가능한 교수 및 교사와의 대담에는 영어가 사용되기도 했다.

이와 같이 다양한 방법적 절차를 동원한 것은 민속지학 연구의 총체적 접근을 위한 목적이 가장 기본적인 이유이지만, 또한 일본 수용자들의 커뮤니케이션 방식 때문이기도 하다. 청소년을 포함하여 직설

픈 역사가 도사리고 있고, 나폴레옹 제국 식의 계획도시 형태가 오도리를 중심으로 방사선으로 엮여 있다. 지금도 오도리 공원은 주민 생활의 중심이며, 겨울의 삿포로 눈축제, 여름의 비어가든 축제 등 홋카이도의 주요 행사는 이곳에서 진행한다. 일본의 문화를 잘 반영하는 여러 축제 행사에서 모두 모여 같이 춤을 추는 것은 매우 흔한 일이다.

적인 표현을 자제하는 특성으로 인터뷰에서도 감정 표현이 절제되고 "정답"을 찾아 말하는 방식이 많아 여러 번의 만남과 비공식 회동으로 라포형성에 긴 시간이 걸렸고, 다양한 방식을 동원하여 그들의 생각을 들어봐야 했다.

1) 신한류의 몸의 언어와 여성적 정체성

한국에서 신한류에 관한 보도를 보면 과장된 것이 아닐까 의구심이 들 정도로 외국에서 한국 대중문화가 누리는 인기는 대단한데, 실제 일본의 경우 미디어에서 케이팝의 노출 정도는 매우 높으며 남녀노소를 불문하고 인기 케이팝 아이돌을 거의 인지하고 있는 것이 사실이다.[6] 취향을 떠나서 케이팝의 미디어 노출도가 그만큼 높기 때문이며, 공중파

6 설문조사 결과 한국 아이돌에 대해 무관심하거나 비판적인 의견을 보인 경우가 많았다. 한국 대중음악 선호율이 10%대에 그치며, 제이팝을 좋아하는 비율이 높다. 그럼에도 불구하고 소녀시대와 카라는 90%가 인지한다는 반응이었다. 조사 대상이 대학생, 특히 일본 내 상위 5위 안에 드는 홋카이도대학의 학생인 엘리트 집단이라는 특수성을 고려해야 할 것이다. 설문조사는 다양한 전공의 2학년 교양 수업 시간에 설문지를 돌려 10분간 실시했으며 두 개 수업에서 동일한 방식으로 실시했다.

〈표 5-A〉 케이팝 수용자 설문조사

선호 장르 (중복)	선호 아티스트 (중복)*	케이팝을 접한 시기	이용 매체	성별
J-pop: 55	소녀시대: 36	2009년: 9	텔레비전: 45	남: 28
K-pop: 11	카라: 37	2010년: 25	인터넷: 18	여: 11
Western: 6	동방신기: 7	기타:2		무응답: 24
기타: 2	기타: 12	무응답: 27		
합계 74	82	63	63	63

*'선호 아티스트'는 주관식 문항. 표의 항목 외에 설문지에 케이팝에 대한 의견 및 케이팝과 제이팝의 차이를 묻는 주관식 항목이 있었다.

〈표 5-1〉 인터뷰 참여자*

이름	성별	나이	직업	결혼 여부	경제 수준
가	여	16	학생	미혼	중
나	여	17	학생	미혼	중
다	여	16	학생	미혼	중
라	여	16	학생	미혼	중
마	여	17	학생	미혼	중
바	여	17	학생	미혼	중
A	여	45	회사원	이혼	중
B	여	46	회사원	이혼	중
C	여	46	은행원	미혼	고
D	남	47	회사원	기혼	저
E	남	41	약사	기혼	중
F	남	45	회사원	기혼	중
G	여	45	강사	기혼	저
사	남	18	학생	미혼	중
아	남	18	학생	미혼	중
자	남	19	학생	미혼	중

* 표는 인터뷰 전에 간단한 설문조사를 한 결과이며 응답자가 표시한 그대로이다. 응답자의 프라이버시 보호를 위해 실명은 밝히지 않는다.

쇼 프로그램에서 케이팝의 인기 비결을 주제로 특별 방송이 만들어지고, 고전을 주로 들려주는 NHK 라디오에서도 다양한 장르의 한국 대중음악이 수시로 방송될 정도로 케이팝의 미디어 노출도는 높다.[7]

7 NHK 라디오는 KBS 1FM이나 BBC3와 달리 100% 고전음악을 편성하는 것이 아니라 대중음악을 혼합하여 편성·방영하고 있다.

일본 대중음악 산업계나 일반 수용자들도 한국 음악의 우월성을 높게 평가하면서 일본 방송에서 케이팝은 인기 상승 가도를 달리고 있다.

여자 고등학생과의 인터뷰에서도 청소년 사이에서 케이팝의 인지도가 높고 긍정적인 평가를 받는 것을 알 수 있다.

가: 일본 아이돌은 노래보다 버라이어티 방송이 많아요.

다: 자니스도 가창력이 떨어지는 것 같아요.

마: 케이팝이 댄스, 얼굴, 성격, 체형에서 우위에 있다고 생각해요.

바: 케이팝이 우위야.

가: 일본 아이돌은 가창력 떨어져도 얼굴로 커버하는 것 같아.

이와 같이 높은 평가를 하면서 개인 인터뷰에서도 '라'는 "소녀시대나 카라 팬은 한 반에 절반 정도 있어요"라고 했고, 다른 인터뷰 참여자들도 "소녀시대나 카라는 정말 모두 좋아한다"고 입을 모아 고등학교에서 케이팝의 인지도, 선호도가 높다는 반응을 들을 수 있었다.

일본 수용자들이 케이팝을 선호하는 이유에 대해 인터뷰 참여자들은 모두 외모에 대한 언급을 가장 많이 했다.

라: 다리가 길고, 엄청 스타일이 좋고, 얼굴도 예쁘고….

가: 귀엽고 멋진 점이 부럽달까요. 얼굴이 귀엽고 스타일도 좋고.

다: 귀여워서 좋아하죠. 외모야 일본도 얼굴로 뽑으니 좋지만, 한국 아이돌은 멋진 데다가 귀엽다면, 일본 아이돌은 단지 귀엽다는 이미지.

인터뷰에 참여한 여자 고등학생뿐 아니라 10대 남학생이나 40대 중년 남성도 케이팝 인기 비결로 우선 외모를 꼽았다.

사: 한국 아이돌은 전부 멋지고 일본 아이돌보다 수준이 높다고 봅니다. 한국인은 다리도 길고, 멋지고, 춤 잘 추고, 노래도 잘하잖아요. 일본 아이돌 중에 그런 점을 모두 갖춘 팀은 없습니다.

E: 한국 가수들은 모두 예쁘고 날씬하고 키가 커요. 일본 가수는 그저 귀엽다면. 카라를 특히 좋아하는데 물론 예쁘기 때문이죠.

F: 딸에게 아이튠스에 음악을 받아 주고 했는데 그걸 계기로 카라에 대해 알게 되었고, 인터넷에서 찾아보니 스타일이 멋진 그룹이라고 생각이 들어서, 그런 계기로 알게 되었습니다. 회사에서도 아저씨들 사이에서 카라나 소녀시대 멤버들이 일본 아이돌에 비해 스타일이 좋다는 얘기를 하는 편입니다.

이와 같이 나이를 불문하고 한국 걸그룹의 외모에 대한 칭찬이 많고, 특별히 케이팝 팬은 아니라는 40대 중년 여성들도 케이팝의 인기 비결로 모두 외모를 꼽고 있다.

이와 같은 반응은 앞서 60년대 걸그룹의 원조부터 계보학적으로 내려온 몸의 언어가 음악을 우선하는 장르적 성격을 그대로 반영하고 있다. 하지만 그것이 수용 과정에서 갖는 함의는 보다 복합적임을 연구를 진행하면서 발견할 수 있었다. 우선 일본 수용자들이 찬양하는 외모는 걸그룹을 주로 비판받게 하는 섹슈얼리티의 강조나 선정성의 문제와는 다소 거리가 있다. 여고생들은 케이팝 스타들이 보이는 품격을 많이 언급했고, 10대 남자나 40대도 단순히 성적 함의로 케이팝을 해석하지는 않았다.

바: 일본 연예인보다 품격이 높아 보여요

나: 화장하고 염색해도 천하게 보이지 않아요.

가: 멋지고 이유는 모르겠지만… 친근감을 주면서 반대로 신과 같은 존

재라는 생각이 들어요.

마: 일본 가수보다 화려하지만 그게 어울리고.

이와 같이 여고생들의 케이팝에 대한 반응은 외모가 중요하나 그것이 선정성이나 성적 함의로 해석되기보다는 이들을 이상형으로 보는 경향이 더 큰 것으로 나타났다.

남자 수용자의 경우도 케이팝 걸그룹에 대한 첫 번째 반응으로 외모와 스타일을 들고 있지만 이것이 섹슈얼리티의 강조는 아닌 것으로 나타났다.

사: 한국 아이돌을 방송에서 보면 아이돌 이미지뿐만 아니라 다양한 버라이어티에서 활동하는 점이 좋습니다. 물론 귀여운 점이 가장 매력적이지만. 다리 길고, 멋지고, 춤도 잘 추고, 노래도 잘하는 한국인들의 그런 완전성에 마음을 빼앗기는 게 아닐까요. 그래서 여자들이 이상으로 삼게 되는 것 같습니다. 예전보다 남자 팬도 늘어났지만 여자들이 주로 좋아하고, 그 영향을 받아서 남자들도 좋아하게 되는 일이 많습니다.

F: 일본 아이돌과는 다르게 신선함을 느끼고, 역시 스타일이 좋기 때문에 (직장에서) 그런 화제가 자주 오르는 편입니다. 일본의 아이돌은 어디에나 있는 것 같은 느낌이 많고, 카라나 소녀시대를 보면 외모가, 다리도 길고, 얼굴도 예쁘고…. 그런(롤리타 같은) 걸 좋아하는 건 아니메 좋아하는 오타쿠 정도 아닐까요. 일반적인 얘기는 아닙니다. 40대 중에 교복 (입은 어린 여자) 좋아하고 그런 경우는 거의 없다고 생각합니다.

남자들도 한국 아이돌의 외모를 높게 평가하지만 성적 함의에 기초한 것은 아니라는 반응이다. 또한 인터뷰에서 40대 여성도 케이팝 걸그룹이 "섹시하기보다는 헬시하다"(C), "이상적 미모"(B)라는 반응이며, 집단 토론에서도 노출이나 동작 면에서 일본에서는 일반적인 허용치가 높기 때문에 한국 걸그룹이 일반인에게 성적으로 보이지는 않는다는 의견을 개진했다.

한국 아이돌이 성적 대상화와는 거리가 멀다는 의견을 개인 인터뷰에서 스스로 비교하는 학생도 있었다.

> 가: 한국 아이돌은 스타일이 좋고 일본인과 다른 점에서 매력이 있고요… AKB는 아키하바라적 이미지가 크기 때문에…. 예전 〈전차남〉이라는 드라마에 나오는, 직업 없이 종일 아이돌만 보는 그런 이미지 말이에요. 아키하바라 아저씨라면 교복 차림의 AKB 같은 경우 가까운 곳에 있지 않을까 하고 좋아할 거 같고, 케이팝은 역시 국가의 차이가 있기 때문에 친근감을 느낄 것 같지는 않고, 귀여움 플러스 멋있는 이미지가 있기 때문에 (아저씨들이) 싫어하지는 않겠지만 흥미 없어 할 것 같아요.

인터뷰 대상자는 이처럼 드라마를 예로 들며 일본의 걸그룹이 표현하는 이미지는 변태적 중년 남성 캐릭터가 좇는 교복 입은 여성에 관한 성적 판타지인 것과 대조적으로 케이팝 걸그룹은 성적으로 대상화된 이미지가 아니라고 비교하고 있다. 수용자들이 밝히고 있듯이 케이팝의 인기 상승에는 음악보다 비주얼한 측면이 강하게 작용하고, 이는 음악을 상쇄하는 몸의 언어라는 걸그룹의 장르적 양식을 계승하고 있지만 일반적인 비판대로 여성을 성적 대상화하고 롤리타적 이미지로 해석하는 것은 아닌 것으로 보인다.

수용자들의 진술을 구체적으로 보면 한국 걸그룹의 외모와 관련해 가장 많이 언급하고 이상화한 말은 바로 '긴 다리'이다. 앞서 인용한 수용자들의 진술에서 찾아볼 수 있듯이 이들이 한국 아이돌을 선호하고, 그들에게 끌리는 이유 중 빠짐없이 등장하는 말이 '긴 다리 때문'이라는 것이다. 케이팝 가수의 '우월한 외모', '긴 다리'가 강조되는 점은 표면적으로 외모 지상주의라고 평가할 수 있지만, 보다 심층적인 심리적이고 문화적 차원에서는 다른 해석이 가능할 것이다.

첫째, 페미니즘 정신분석학의 시각에서는 멀비(Mulvey 1989)의 "시각적 쾌락"이 설명하듯이 미디어에 나타나는 여성 섹슈얼리티의 강조와 그것이 주는 쾌락은 결국 신체에 대한 페티시즘을 기초로 하고 있다. 멀비가 예로 든 할리우드 영화의 아름다운 여성 주인공들은 마릴린 먼로의 엉덩이, 디트리히의 긴 다리같이 신체 특정 부위를 강조하는 페티시즘을 자극해 보는 이를 매혹한다. 이는 결국 결핍된 여성의 대상화된 재현이며, 억압된 오이디푸스 욕망의 재사회화를 촉발하는 기제가 된다.

멀비식으로 보면 걸그룹이 보이는 몸의 과잉시각화도 정신분석학의 핵심인 오이디푸스 콤플렉스의 또 한 가지 발현으로 해석될 수 있다. 60년대 걸그룹의 부풀려진 헤어스타일과 전략화된 여성성을 보이기 위해 뼈를 깎는 훈련으로 연출하는 몸의 율동과 자세는 '오이디푸스 콤플렉스를 달래 주기 위한' 기제일 수 있다. 현재 한국의 걸그룹이 보여 주는 과감한 노출과 신체의 특정 부분을 강조하는 안무도 멀비식의 페미니즘 정신분석학의 시각에서 보면 결국 여성의 결핍을 재확인시키고, 오이디푸스의 상징계를 유지하는 가부장제의 전략으로 해석될 수 있는 것이다.

그러나 케이팝 팬들이 진술하는 말의 의미를 심층적으로 고려한다면 일본에서 걸그룹이 누리는 인기, 특히 소녀 팬들이 '긴 다리'에 대해 빠짐없이 찬미하는 것에는 단지 신체의 페티시즘으로만 환원할 수 없는, 일본이라는 사회문화적 맥락의 의미가 포함되어 있다고 볼 수 있다. 거리에서 한눈에 봐도 일본 여성인지 가늠할 수 있게 하는 여러 가지 요소로 생김새나 귀여운 장신구, 상냥한 태도와 90도 인사 외에 '다리'를 들 수 있다. 타 문화권에서는 굴종의 상징인 무릎 꿇기가 일본에서는 생활화되어 있어 여성의 무릎 꿇기도 의식적 차원에서 굴복과 복종의 감성으로 받아들여지지는 않겠지만, 여성의 긴 다리에 대한 인지에는 일본 사회에서 여성이 역사적으로 감내한 열악한 위치와 그들이 밟아 온 지난한 발자취에 대한 무의식이 자리 잡고 있다고 추측해 볼 수 있다.

역사적으로도 일본에서 여성의 저항성을 가장 상징적으로 드러내는 데는 다리가 자주 등장하곤 했다. 일본의 역사에서 다양하고 느슨하게 정의되었던 여성성이 가장 가부장주의적으로 고착화된 것은 메이지유신 이후 추진된 일본의 근대화 과정에서이다. 이런 근대적 여성 이미지에 대한 저항과 대안적 여성성을 추구하는 운동이 근대 초기 자주 등장하는데, 상징적으로 자주 등장하는 것이 여성의 다리였다. 20세기 초 등장한 일본의 '신여성' 개념은 메이지유신이 주도한 국가주의적 여성상에 저항성을 보이는 개념이라 할 수 있는데, 이때 신여성에 대한 많은 루머가 양산되었고 비난의 대상이 되기도 했다. 당시 근대화 초기 잡지에 자주 등장하는 신여성 이미지의 상징은 다름 아닌 '길고 쭉 뻗은 다리'였다(Silverberg 1991: 242). 긴 다리의 신여성 이미지는 제도권에서는 현모양처의 덕을 갖추지 못한 성적 대상으로 폄하되거나 게으름의 이미지로 치환되는 개념이었지만, 당시 여성 사이에서는 새롭고 환상적인 이미지로 부러움을 자아내며 1920년대 잡지에 자주 등장하곤 했다.

시대가 바뀌어도 일본 사회에서 가부장주의 이데올로기와 여성성을 고착시키고자 하는 전략은 얼굴을 달리하며 지속되고 있다. 현대 일본 여성의 이미지는 여전히 약하고 순응적 모습으로 인식되고 있지만, 겉으로 보이는 것과 달리 여성성은 다양한 함의를 가지고 여성들 사이에서 변모해 왔다(Imamura 1996). 가장 비근한 예가 80년대 등장한 소녀 같은 일본 여성의 이미지이다. 외부의 시선, 특히 서구의 오리엔탈리즘을 노골적으로 드러내는 아시아 여성에 대한 선입견은 일본 여성에 대한 고정관념을 많은 부분 반영하고 있으며, 여기에 귀엽고 순응적인 이미지가 큰 부분을 차지한다. 일본 여성에 대한 고정관념의 기원은 개화기로 거슬러 올라가지만 '약하고 귀엽고 순응적이고 순진한' 현대 일본 여성의 이미지가 고착된 것은 80년대 일본 대중문화에서 기인한다(Kinsella 1995: 220).[8] 일본에서 '귀여움(kawaii)'은 이 시기 이후 가장 많이 쓰이는 키워드가 되었으며 광범위한 산업으로 이어지기도 했다.

통상 미성숙과 무능력으로 치부될 수 있는 소녀 이미지인 귀여움이 일본 사회에서 산업적으로 성공하고 문화적으로 공유된 것은 가부장주의 이데올로기와 남성 판타지가 낳은 결과라는 것이 주류의 의견이지만, 일본 페미니스트들 중에는 이에 다른 의미를 부여하기도 한다. 여러 가지 해석 중에 주목할 점은 전후 경제발전에 몰두하고 고도의 부의 축적과 성장의 정점을 이루었던 80년대 일본 사회에서 귀여움은 사회 순응적이기보다는 일탈적인 측면이 크다는 사실이다. 생산이 아닌 소비, 책임이 아닌 자유, 계획과 실행보다는 즉흥과 놀이 같은 귀여움의 가치는 일본의 주류 가치에서 보면 분명 딴 방향을 향하

8 1980년대 귀여움의 산업적 발전은 일본 만화의 이미지에서 비롯되었다. 전후 근대적 소녀만화 붐이 유행하기 시작했고, 50-60년대 일본 만화에 등장하는 흡혈귀, 요괴인간 심령물의 늙지 않고 죽지 않는 소녀 이미지는 80년대 귀여운 소녀 이미지의 원형이 되며 90년대 나우시카, 세일러문 캐릭터로 계승된다(Napier 1998: 91-100).

고 있는 것이다. 귀여움을, 성장하기를 거부하는 반사회적 모라토리움(moratorium)으로까지 비판하는 시각도 이때 등장한다(Doi 2005; Okonogi 1978).

현재 케이팝 걸그룹의 외모와 동작은 20세기 초기의 '긴 다리'와 80년대의 '귀여움' 이미지가 혼합된 여성성을 반영한 것이라 할 수 있다. 이런 의미에서 케이팝 걸그룹의 몸의 언어와 비주얼을 위주로 한 음악을 즐기는 일본의 청소녀들을, 단순히 산업적 이익에 무방비로 따라가거나 가부장제의 심리적 훈련을 시각적 쾌락에 의해 무의식에 각인하는 수동적 여성으로 비판할 수만은 없으며, 그들의 선택에는 주체적 전략이 작용한다는 해석이 나올 수 있다. 몸을 통해 일상생활 속에서 뼈가 휘고 걸음걸이가 불편할 정도로 여성성을 실천해야 하는 극도로 자기 통제적인 일본 사회에서 길고 쭉 뻗은 다리는 섹슈얼리티 오브제로서의 여성 신체에 대한 페티시즘이라기보다는 대안적 이상을 몸으로 보여 주는 일상성의 변화이며 새로운 여성성의 모델로서 다가올 수 있다. 근대화 초기 신여성이 제도권에 보인 저항적 여성성의 몸의 언어, 근대화의 최정점에서 생산과 발전의 가치에 해체 위협까지 보인 '귀여운 여성'의 저항성은 현재 청소녀들이 케이팝을 즐기면서 보이는 이상화된 여성성과 맥을 같이하고 있고, 이는 일본 사회에 뿌리 깊은 반여성주의에 대한 저항이기도 하다.

물론 걸그룹의 음악을 즐기는 일본의 청소녀들이 완진한 자율성 속에서 저항성을 추구하고 있다고 말할 수는 없다. 근대 초기 신여성이 기존의 여성성에 반격을 가하면서도 또 한편 남성적 시선에 의해 성적 대상으로 비치고 풍기 문란의 주범으로 비난을 받았듯이, 80년대 귀여운 여성의 이미지가 주류 산업에 편입되어 상업화의 극치를 달리고 남성적 시선으로 이용되었던 역사를 부정할 수 없듯이, 현재 케이팝에 심취하는 일본 여성의 저항성도 명시적이기보다는 가부장주의에 편승하는 측면이 있다. 2000년대 케이팝 걸그룹이 남성 제작자의 이해관계에 의해 인위적으로 이미지화되고 마케팅 전략에 청소녀 문화가 개입을 받고 영향받는다는 점은 부정할 수 없는 사실이다. 그럼에도 불구하고 이런 산업적이고 이념적인 거대 구조 이면에 구체적으로 존재하는 수용자들이, 그들만의 방식으로 의미를 생산하고 기존 권력 구조에 일부 적응하면서 또한 저항을 펼치는 복잡한 권력의 격자망을 가볍게 볼 수는 없을 것이다(Giroux 1992: 180-206).

서구의 시각으로 동양을 재단하는 오리엔탈리즘의 가장 두드러진 이미지가 '폭력적 중동'과 '순종적 동양 여성'일 것이다. 특히 일본 여성에 대한 서양의 고정관념은 아시아를 '섹슈얼리티의 엘도라도'로 보는 선입견으로 오리엔탈리즘의 전형을 보인다. 80년대 일본의 걸그룹이나 2000년대 한국 케이팝의 걸그룹은 일견 이런 환상을 확인시켜 주는 가부장주의적·인종주의적 편견으로 가득 찬 이미지처럼 보인다. 그러나 본 연구에서 심층 분석을 통해 아시아 여성들이 일상 속에서 걸그룹을 해석하고 의미를 생산하는 과정을 면밀히 들여다본 결과, 그들은 기존의 이데올로기를 따르는 것이 아니고 오히려 성을 상업화하고 오리엔탈리즘의 환상을 부추기는 편견에 저항하는 측면이 더 강함을 발견할 수 있었다. 20세기 초에 여성의 신체 노출과 성적 자유로움은 가부장제에 어필하기 위한 것이 아니라 그에 저항하기 위한 것이었다. 80년대 일본의 귀여운 여성상과 이를 반영한 일본 걸그룹도 사실상 혹독한 근대화와 글로벌화에 대한 저항으로 등장했다고 할 수 있다. 역사 속에서 이런 현상은 주류 사회로부터 퇴폐나 나태함으로 비난을 받았지만 글로벌한 주류 사회의 가치에 저항하는 여성들의 작은 몸짓이고 자신들의 정체성을 확립하기 위한 몸부림이기도 했다. 2000년대 케이팝 걸그룹도 겉으로는 서구화와 가부장제 이데올로기를 담지하고 있는 것으로 드러나지만, 일본 수용자들의 반응을 보면 이와 반대로 현실에 존재하는 가부장적 억압과 서구화된 근대화의 가치에 대한 저항과 나름의 정체성 찾기에 더 큰 의미를 두고 있는 것으로 나타난다. 이와 같이 수용자들의 일상성 속에서 걸그룹에 대한 해석과 맥락화는 단순한 이데올로기나 상업성으로 환원될 수 없는 복합적 의미를 가진다고 할 수 있다.

2) 한류와 여성적 연대의 집단 정체성

일본 수용자에 대한 민속지학 연구를 통해 발견한 중요한 점 중 하나는 걸그룹이 여성적 연대의 계기를 마련한다는 점이다. 우선 인터뷰에서 일본 청소녀들이 한국 걸그룹을 좋아하는 이유로 외모 다음으로 주로 꼽은 것은 노래와 춤이 따라 하기 쉽기 때문이라는 응답이었다.

> 가: 멜로디가 듣기 편하고, 외우기가 쉬워요.
> 라: 가라오케 가서 노래 부르며 춤추고.
> 바: 맞아, 가라오케에서 한국 노래 잘 불러요.
> 마: 노래가 따라 하기 좋고, 친구랑 같이 얘기하면서 좋아하기도 하고요.
> 바: 좋아하지 않는 친구에게도 들려주고, 좋아하는 친구와는 같이 얘기하면서 좋아해요.

이들이 한국 걸그룹을 좋아하는 이유는 가라오케에서 따라 하거나 친구들과 함께하는 놀이 문화의 연속 속에서 의미를 찾기 때문이었다. 반복된 인터뷰에서 참여자들은 개인 일상생활에서 가장 흔한 놀이가 친구들과 가라오케에 가는 것이라고 입을 모았다. 연구자도 참여자들과 가라오케 모임을 갖고 참여 관찰을 하기도 했다. 일본의 중규모 도시에서 학생들이 즐길 이벤트와 문화 활동은 별로 많지 않았고, 한

국에 비해 공부 부담도 적은 일본 학생들은 놀이 문화에 중요한 의미를 두었다.[9]

라: (여가에) 쇼핑하고 스티커 사진 찍고, 가라오케 제일 자주 가요. 영화 보기도 하고. 일본 가라오케는 한국보다 싸니까, 3시간 정도 가서 노래하거나 춤추거나 해요.

다: 매일 오도리 공원 가서 구경하고, 가라오케도 가고.

이들은 케이팝을 즐기고 걸그룹을 모방하면서 분출구가 없는 그들의 일상생활에서 놀이 문화를 통해 연대성을 맺어 가고 있었다.

케이팝이 다른 음악 장르에 비해 연대성을 강화한다는 의견은 집단 인터뷰에서의 응답을 통해서도 엿볼 수 있다.

가: 한국 아이돌 팬들은 아이돌을 공유하고 친해지는 경우가 많은데, 일본 팬은 집착하고 경쟁하고 그랬던 것 같아요.

나: 우정도 예전에는 달랐던 것 같아요. 예전에 일본 아이돌 좋아할 때는 누가 더 좋은지 경쟁하고 싸우기도 했어요.

다: 저도 콘서트 티켓 당첨 갖고 싸운 일이 있어요.

나: 예전에 일본 가수 좋아할 때는 혼자 망상에 빠지곤 했어요.

바: 일본 팬클럽의 경우 교류나 BBS(인터넷 게시판) 같은 게 없어요. 그냥 가입만 하는 거고.

9 인터뷰에서 그들의 일상생활 패턴을 들을 수 있었는데, 고등학교 2학년생인 본 연구 참여자들도 오후 4시에 학교를 마치면 자유 시간이 많고 체육이나 예술 외에 학원에 다니는 경우도 드물었다. 학교 과제도 '꼭 해야 하는' 건 별로 없다는 반응이었다.

이들은 한국 아이돌을 좋아하면서 일본 스타들과는 다른 팬서비스와 정보 교류, 다양한 이벤트 등을 높이 평가했다. 설사 그것이 상업적 목적으로 개발된 것이라고 해도 수용자 간에는 연대의 계기로 작용하는 점을 부정할 수 없다.

60년대 서구의 걸그룹에서부터 청소녀들 간의 연대감은 대중문화에서 중요한 이론적 쟁점이 되어 왔다. 일본 수용자들에게 케이팝 걸그룹은 일본이나 서구 아이돌에 비해 연대감 조성에 기여하여 수용자들에게 일치감을 느끼게 하며, 그것이 인기의 중요한 비결이기도 했다. 이들 수용자가 연대감을 형성하는 데는 동기화가 중요하게 작용하는데, 연구 과정에서 일본 수용자들은 케이팝 가수들이 노력하는 모습을 높이 평가하고 이 때문에 케이팝 가수들을 선호한다는 대답을 하기도 했다.

나: 한국 아이돌은 엄격하게 훈련되었기 때문에, 혹독한 훈련을 거쳤기 때문에 프로 의식이 있다고 생각합니다. (질문: 어떻게 알았나요?) 텔레비전에서 한국 아이돌에 대해 밀착 취재하는 방송이 있어 연습 시간이라든가 거의 쉬는 시간이 없다고 하는 걸 보고 일본 아이들과는 다르구나 하는 생각이 들었어요.

바: 카라나 소녀시대를 보면 외모가 뛰어나고 훈련을 잘 받았어요. 일본어도 배워서 일본어로 인터뷰하는 모습이 보기 좋아요.

자: 열심히 일본어 공부를 하는 점도 엄청 예뻐요. 일본어를 열심히 공부하고 있는 것을 보면 기쁘죠. 제이팝은 그냥 귀여운 이미지만으로 데뷔하는 경우가 많은데, 케이팝은 전부 얼굴도 예쁘고 노래도 잘하고 춤도 잘 추고, 모두 완성된 상태로 데뷔하기 때문에 제이팝이 부족한 느낌입니다.

A: 한국 가수들은 혹독한 훈련을 받는다고 들었는데, 노력의 가치를 인정해 줘야 할 것 같아요.

C: 한국 가수들은 데뷔 전에 훈련을 받고 완벽하게 나오는데, 일본은 불완전하고 아마추어 같지만 팬들은 그들이 자라나는 모습을 지켜보는 거죠.

일본 팬들은 케이팝의 공식적인 노래나 공연뿐 아니라 가수들이 훈련하거나 노력하는 모습 등 사적이고 인간적인 측면에 깊은 관심을 표현했다. 케이팝을 특별히 좋아하는 것은 아니라는 40대 수용자 그룹도 한국 가수들의 노력을 높이 평가했지만, 특히 본 연구의 중심이 되는 10대 청소녀 팬들은 하나같이 한국 아이돌의 노력하는 모습을 보면서 개인적인 연대감을 심화하고 이상적인 롤모델로 삼게 되었다는 반응을 보였다. 이들은 팬 활동을 하면서 또래 집단과 보다 교류적이고 연대적인 관계를 형성하게 되었는데, 이는 한국 아이돌이 보이는 역할 모델을 따르기 때문이기도 하다. 실제 가, 다, 마, 바는 케이팝을 좋아하게 되면서 함께 한국어를 배우고, 한국 아이돌의 모습을 따라하려는 노력을 보이고 있었다.

더 나아가 연대감은 또래 집단에만 그치는 것이 아니라 가정 내에서도 연대감을 강화하는 역할을 한다. 인터뷰 중에 발견한 재미있는 부분은 여성적 연대감을 강화하는 과정의 생생한 장면이 진술되었다는 점이다. 우선 집단 인터뷰에서 이들 여고생은 어머니로 인해 한류에 접하게 된 경우가 대부분이다.

마: 어머니가 한국 드라마를 좋아해서 〈꽃보다 남자〉를 같이 보고 한국 노래를 좋아하게 되었어요.

바: 어머니가 한국 거 좋아해서 동방신기 같이 본 게 최초이고, 그다음 계속…. (웃음)

나: 어머니가 〈겨울연가〉 보는 걸 보고 영향받아 〈일지매〉를 같이 보다

가 이준기가 좋아졌고, 케이팝을 좋아하게 되었어요.

개인 인터뷰에서도 일상적 미디어 이용을 묻는 말에 대해서도 한결같이 재미있는 진술을 들을 수 있었다.

바: 엄마, 언니랑 같이 한국 드라마를 봐요. 아버지는 별로 안 좋아하시고…. 한국을 화제 삼아 얘기하는 기회가 늘어난 것 같아요. 아버지가 약간 소외당하는 느낌이 있죠….

다: 거실에서 엄마랑 같은 방송을 보고, 아버지는 보고 싶은 게 달라서 인터넷으로 이것저것 하세요.

마: 엄마와 유료 채널에서 같이 한국 방송 보고… 아버지는 싫어해요. 같은 방송을 조용히 보세요. 어쩔 수 없으니까.

라: 텔레비전은 거실에서 엄마와 보고 아빠는 한국에 관심 없어서 저랑 엄마가 한국 방송 보면 방에 들어갑니다.

이들의 진술 속 묘사를 통해 어머니와는 한국 방송을 보며 연대감이 강화되는 반면 아버지는 상대적으로 소외되는 모습을 관찰할 수 있다. 아버지가 소외되는 모습은 분명 환영할 일은 아니나 일본 사회와 같이 사회적 질서와 조화가 강조되는 남성 중심적 오이디푸스 주도의 사회에서 여성적 유대의 강화는 전복적 현상으로 기록될 만하다.

인터뷰 과정에서 수용자들의 목소리를 통해 미디어 시청이 단지 오락에 그치는 것이 아니라 문화적 변화의 전기가 된다는 평가도 들을 수 있었다.

G: 우리 어머니 세대 60대들이 한국 드라마, 노래를 모두 좋아해요. 아마 남편이 잘 못 해 줘서? (웃음)

A: 우리 세대는 주위에 한 20-30% 정도 한류 팬이지 않을까 해요.

B: 사실 한류가 그 시대 여성에게는 처음으로 자신을 위한 무언가를 할 수 있게 한 계기가 되었던 것 같아요. 그 전에 어머니들은 가정에만, 자신을 위한 게 하나도 없었어요. 지금도 그렇긴 하지만, 한류 계기로 자신을 위해 CD도 사고, 한류 여행도 가고…. 자신의 취미를 위해 시간과 돈을 쓴 것은 처음입니다.

40대 여성 수용자들이 평가하고 있듯이, 일본에서 한류 붐은 단순히 채널 선택이나 기호, 산업적 팽창의 차원을 넘어 미디어 시청이라는 구체적인 일상사를 통해 문화적 변화, 가부장제에 도전하는 전환의 계기가 되었다고 볼 수 있다.[10] 이제 이것이 청소녀 세대까지 아우르면서 가정 내의 여성적 연대감을 강화하는 역할을 하는 것이다.

신한류를 통해 고무된 가족 내 여성적 연대를 이론적 차원으로 해석한다면 정신분석학에서 말하는 전오이디푸스(pre-oedipus)적 연대의 회복이라는 점에서 의미가 깊다. 전오이디푸스 연대란 오이디푸스 전 단계의 어머니와 자녀 간의 공동체적 관계를 말하는 것으로 프로이드 이후 전통 정신분석학이 설명하지 못하는 여성적 정체성, 남근기적 병리현상 이외의 공포, 강박, 분열 증상을 설명하는 틀로 개발되었다. 오이디푸스 콤플렉스에 집중한 프로이트 학파와 전통 정신분석학에 불만을 가진 페미니스트 정신분석학자들이 전오이디푸스 개념에 주목한 것은 물론이고, 클라인(Klein 1946)과 크리스테바(Kristeva 1982)가 전

10 G가 세대의 변화를 말하면서도, 실제 구체적인 일상사에서 미디어 수용 과정은 "텔레비전은 내게 별로 중요하지 않아서"라는 이유로 남편을 중심으로 선택되고 자녀의 취향도 결정되며, 여전히 가정교육이 남성을 중심으로 이루어지는 것을 비공식 회동에서 대화를 통해 파악할 수 있었다.

오이디푸스 개념을 중심으로 각기 치료와 문화 분석에 가장 큰 공로를 남겼다. 비단 페미니스트가 아니라도, 오이디푸스 단계까지 가지 못한 심리적·인성적 문제를 해결하는 데 '전오이디푸스'는 정신분석적 치료를 위해 중요한 개념으로 차용되고 있다(Little 1985; Winnicott 1969).

프로이트가 오이디푸스 신화로 비유해 개념화한 오이디푸스 콤플렉스의 부-모-아들 삼각관계는 결국 아버지의 권력, 즉 부족 시대 이후 가부장제의 법과 사회 질서에 대한 복속과 순응을 가리키는 것으로 일본과 같이 사회적 질서가 강화되고 가부장제적 권력이 역사적으로 축적된 사회에서 전오이디푸스적 대안을 찾는 것은 매우 중요한 과정이 된다. 이것이 일상적 미디어 수용, 특히 신한류의 수용 과정에서 계기가 되었다는 점은 더욱 의의가 있다.

여성적 연대가 남성을 배제하고 남녀의 권력적 경쟁으로 가족 내 균열을 초래하기 위한 것은 물론 아니다. 많은 정신분석학자가 성별을 불문하고 전오이디푸스에 주목하는 이유는 서구 문명 발전 속에서 초래된 수많은 심리적·정신병리적 현상을 진단하고 치료하여 여성성과 전오이디푸스 연대를 통해 인간 정신, 더 나아가서 사회의 균형을 회복하기 위한 것이다. 남성 위주의 가부장제 이념으로 미디어에서 재현된 여성성이 외면되거나 왜곡 혹은 착취되는 경우가 있으나, 대안적 시각을 발신하고 그 가능성을 한 번쯤 성찰한다는 것은 분명 발전적인 일이 될 것이다.

한류의 주인공인 걸그룹은 복합적인 이미지를 구사하고 있다. 걸그룹의 음악은 전형적인 댄스팝으로 북미·유럽의 뮤지션이 많이 참여하는 서구적 음악 장르이며, 안무 또한 '봉춤', '의자춤' 등 서구 포르노그래피에나 나올 직한 소품들이 활용되고, 신체의 특정 부위를 강조하는 엉덩이춤, 다리춤은 여성의 신체를 성적 대상화하는 페티시즘의 전형을 보인다. 하지만 수용의 과정을 면밀히 들여다보면, 걸그룹 팬들은 단순히 기획된 이미지를 일방적으로 받아들여 가부장제 이데올로기에 편승하는 것이 아니고, 그들의 일상에서 새로운 의미를 발견하고 그들 나름의 해석을 시도한다. 이들 팬이 한국 걸그룹에 심취하는 이유는 걸그룹에서 오히려 저항적 의미를 발견하기 때문이며, 서구적 '걸크러쉬'와는 또 다른 아시아 여성의 미학을 동시에 발견하고 이에 동일시하기 때문이다. 더 나아가 이들이 이상화하는 여성상은 일상에 만연한 가부장적 이데올로기를 탈피하여 여성끼리의 연대를 도모하는 계기로 작용하기도 한다.

4. 소결

아시아의 전형적인 여성상으로 여겨지는, 가부장 권력에 순종적이고 남성에 의존하는 이미지는 기실 아시아의 전통적인 여성 정체성에서 나온 것이 아니다. 많은 페미니즘 연구에서 지적되었듯이 현재 아시아 여성에 대한 편견은 아시아의 전통 가치라기보다 근대화 과정에서 서구의 시선에 의해 심화되고 정형화되었다는 연구 결과들이 많다. 물론 인류 역사상 어느 사회나 가부장제가 권력을 공고히 해 온 것은 사실이나, 역사적으로 비교해 보면 현재 아시아 여성이 보이는 순종적 이미지는 전통 사회에 비해 서구화와 근대화가 진행되면서 더 강화된 측면이 있다. 특히 서구적 시각으로 정형화된 일본 여성의 순종적 이미지와 과잉 섹슈얼리티는 오리엔탈리즘의 전형이다. 많은 일본 페미니즘 연구에서 이런 선입견은 메이지유신 이후 근대화 과정에서 만들어진 이미지라는 비판이 높다.

대중문화의 아이콘으로 비판과 선망을 한 몸에 받고 있는 걸그룹에 대해 역사적 계보와 문화적 맥락에서 재고해 볼 때 새로운 문화적 의미를 찾을 수 있다. 이 장에서 걸그룹에 주목한 이유는 걸그룹이 대중문화 안의 누구보다 복합적인 이미지를 구사하고 있기 때문이다. 영화와 문학도 그런 면이 있지만, 대중음악은 가장 사적인 감정을 공식석상에 집합적으로 드러내며 다른 장르에 비해 훨씬 간결하고 반복적이고 광범위한 형태로 대중에게 다가가는 특징이 있다. 대중음악의 연구가 주로 정체성의 문제를 연구 주제로 삼는 것도 이 때문이며, 본 연구에서도 이런 맥락에서 걸그룹이 보이는 여성성을 수용자의 정체성 형성의 과정에서 조명했다.

걸그룹이 표현하는 여성적 정체성을 논하는 데 가장 큰 논쟁이 되는 점은 이것이 남성에 의해 인위적으로 만들어진 여성성이라는 점이며, 이는 걸그룹 산업의 계보학적 기원이 되는 60년대부터 시작하여 현재까지 계승되고 있다. 60년대 걸그룹이 당시 산업적 성공과 음악 매니지먼트의 기틀을 마련한 공로에도 불구하고 대중들로부터 외면받고 대중음악사에 사소한 기록으로 남은 것도 이 때문이다. 그러나 포스트페미니즘과 뮤지콜로지의 발전에 의해 걸그룹의 의미를 재발견할 수 있으며, 최근 연구에서는 여성성, 사회성, 음악성의 모든 측면에서 새로운 해석들이 나오게 되었다.

이런 기반에서 본 연구는 한국의 걸그룹이 최고의 인기를 누리고 있는 일본 사회에서 이것이 청소녀 문화와 여성적 정체성 형성에 어떤 의미로 작용하는지 살펴보았다. 여기서 일본이 부각되는 이유는 신한류가 가장 산업적으로 성공한 지역이기 때문인 동시에, 한국의 걸그룹이 보이는 여성성의 이미지가 일본이 역사적으로 재현해 온 여성성의 개념과 연속성 속에 있기 때문이다.

본 연구를 통해 일본의 수용자들이 몸의 언어가 중심이 된 걸그룹 음악을 그들 일상성의 맥락에서 재해석하고 새로운 의미를 생성해 가는 과정을 엿볼 수 있었다. 인터뷰 과정에서 수용자들이 걸그룹을 높이 평가하는 것은 외모에 기인하며, 그중에서도 가장 많이 언급하는 것이 '긴 다리'이다. 이는 단지 산업 전략이나 서구적 체형의 미적 기준 때문이 아니라 일본의 역사 과정에서 이미 20세기 초부터 저항적 여성성으로 언급되었던 상징에 기반하고 있다. 일반인들이 페미니즘 운동에 대한 관심이나 역사적 지식을 가진 것이 아닐지라도, 그들의 일상생활에 무의식적으로 스며든 반여성주의 생활양식에 대한 저항이 발현된 결과라 할 수 있는 현상이다. 일본 사회에서 요구되는 여성성과 대별되는 가치를 추구하는 수용자들에게 '긴 다리'로 대변되는 몸의 언어는 산업 논리도, 남성적 응시의 페티시즘도 아닌 그들의 일상성 속에서 저항의 상징으로 중요성을 가지는 것이다.

또한 일본에서 걸그룹이 여성 사이에서 인기를 끄는 현상의 의미는 이것이 여성적 연대의 계기를 만든다는 점에서 찾을 수 있었다. 이는 청소녀 또래 집단에서만이 아니고, 가족관계에서도 여성적 연대감을 돈독히 하는 계기를 만들고 있었다. 이는 이론적으로는 페미니스트 정신분석학자들이 주목한 전오이디푸스적 연대의 회복으로 볼 수 있으며, 일본 사회처럼 남성 중심의 사회질서와 통제가 뿌리 깊은 사회에서 여성성과 남성성의 균형점을 찾는 새로운 사회적 이상이라는 점에서 의미가 깊다. 케이팝 걸그룹이 비록 산업적 이해관계와 현대 사회의 복잡한 문화 권력을 표상하고 있다고 하여도, 수용자들의 일상성 속에서 새로운 의미를 발견하고 그들의 의미 있는 현실을 만들어 가는 데 이를 이용하는 것은 의미 있는 일이라 할 수 있을 것이다.

순종적이고 희생적인 아시아 여성의 전형적인 이미지는 아시아의 이미지를 대표한다. 세계인들의 눈에 각인된 이와 같은 이미지는 아시아에 대한 환상을 불러일으키고 오리엔탈리즘을 공고하게 만들기도 한다. 아시아 여성에 대한 전형적인 이미지는 미디어를 통해 반복되고, 이는 현실 관계에서도 영향을 끼쳐 일반 사람들이 아시아 정체성을 형성하는 데 역할을 하기도 한다. 하지만 본 연구를 통해 이데올로기는 일방적으로 작용하는 것이 아니라 보다 복합적인 의미로 작용한다는 점을 발견할 수 있다. 한류의 주역인 걸그룹은 겉으로 보기에 서구화된 시선으로 섹슈얼리티를 표상하고 아시아 여성을 향한 편견에 알맞은 귀엽고 섹시한 여성성을 연출하고 있지만, 수용의 과정에서 수용자들은 더 구체적이고 일상적인 차원에서 새로운 여성성의 모델로 걸그룹을 이상화하고 여성성의 대안으로 삼고 있음을 발견할 수 있다.

일본 한류 수용자 연구에서 수용자들은 비록 미시적이고 내면적이기는 하지만 걸그룹으로부터 순종보다는 저항의 의미를 찾고, 가부장주의 이데올로기에 역행하는 여성적 정체성의 모델로 동일시하는 경향을 발견할 수 있다. 일본의 케이팝 걸그룹 팬들이 이들을 선망하는 데는 여성 차별적인 일본 사회에 대한 저항의 의미가 있으며, 이는 그들 간에 강하게 동기화되지만 그렇다고 그들이 기존의 페미니즘 운동이나 여성주의 담론에 쉽게 동일화하지는 않는다. 일본 사회에서 요구되는 차별적 여성성, 서구의 시선으로 고착화된 아시아 여성의 선입견에 직접적으로 저항하고 페미니즘 운동에 가담하기보다는 더 간접적이고 유화적인 방식으로 저항하고 미디어를 소비하면서 새로운 여성성을 형성하는 이들의 전략은 강경 페미니스트들에게 비판받을 수도 있지만, 이것 역시 이들의 선택이다. 한편 강경 페미니스트의 입장이 또 하나의 이데올로기를 조성하고 서구 중심의 엘리트주의적 여성상을 배태할 수 있는 위험이 있다는 점이 포스트페미니스트 입장에서 제기될 수도 있다. 이론적 논쟁을 떠나서, 일본의 여성들은 그들이 일상에서 느끼는 여성의 문제를 정치나 사회 변혁의 차원이 아니라 대중문화를 통해 일상 속에서 내면적으로 실천하고 있는 것이다. 일본의 청소녀 팬들은 케이팝 걸그룹과의 동일시를 통해 새로운 이상형을 발견하고, 이들을 아시아적 여성성의 대안으로 여기며 아시아적 정체성에 스스로를 형성해 가는 것이다.

대중문화 소비를 통해 함양되는 아시아적 정체성의 형성은 일상에서 공동체를 형성하고 연대감을 맺는 아시아 특유의 가치를 구가하게 된다. 일본 여성들은 모녀, 친구, 선후배 등의 여성적 연대를 맺는 계기로 한류를 수용하고 있다. 설사 내용적으로 한류와 케이팝이 가부장적·자본주의적 이데올로기를 내포하고 있다 하더라도, 이것이 여성적 연대의 계기가 되어 여성이 스스로를 위해 욕망하고 소비하는 최초의 문화 상품이 되었다는 수용자들의 반응은 그 자체로 의미가 있다. 케이팝 걸그룹은 수용자들의 일상에서 여성들끼리 서로 웃고 떠들고 춤추며 즐기면서 현실의 고정관념과 이데올로기적 권력을 넘어 아시아 여성들이 연대를 통해 집단 정체성을 찾게 하는 하나의 계기를 제공하고 있다.

제3부

포스트사회주의 변화와 한류의 소프트 파워

현대에 대한 역사적 평가가 후대에 이루어진다면 아마 현대 최대의 사건으로 공산주의의 해체를 기록할 것이다. 돌연 하루 만에 무너지는 베를린 장벽을 보면서 전 세계는 놀라움에 휩싸였고, 그렇게 20세기 슈퍼파워의 최대 경쟁 세력이었던 제2세계는 몰락했다. 1989년 베를린 장벽의 붕괴 이후 동구권의 많은 국가는 빠르게 자본주의 체제를 흡수하면서 사회 개혁을 추진해 왔다. 현시점에 이들 중 그 어느 국가도 사회주의의 순수 형태를 유지하고 있지 않으며 시장경제 체제를 도입하고 있는데, 동시에 이들 국가는 포스트사회주의로서의 일정한 정체성을 보이기도 한다.

포스트사회주의 국가들은 개방 이후 시장경제 체제를 적극적으로 도입하면서도 서구 자본주의와는 일정한 거리를 유지하고 있다. 동유럽의 여러 나라를 비롯한 구소련 국가들이나 중국 등 아시아의 사회주의 국가들은 시장주의를 도입하여 산업화에 박차를 가하면서도 서구 자본주의 체제에는 일정한 경계심을 나타내고 있고, 각자에게 맞는 발전의 모델을 찾아 고심하고 새로운 실험을 하고 있다. 이에 딜릭(Dirlik 2015)은 포스트사회주의를 사회주의 붕괴 이후라는 시기의 문제가 아니라 체제의 문제로 보고 있으며, 자본주의 체제를 일정 부분 도입하면서도 서구의 글로벌 자본주의 체제와는 거리를 둔 새로운 체제로 보고 있다. 또 피코비츠는 21세기 서구 사회의 포스트모더니즘에 대한 대안으로 포스트사회주의를 정의하기도 했다.

포스트사회주의의 가장 강력한 전형을 보이는 사회로 중국을 들 수 있다. 중국은 시장경제 체제를 도입하면서도 공산당이 강력한 권위를 유지하고 있으며 세계 자본주의 질서에 저항하는 포스트사회주의의 한 모델로 꼽히고 있다. 중국은 글로벌 자본주의와 좌충우돌하면서 독자적인 발전 모델과 포스트사회주의로서의 새로운 대안을 지속적으로 모색하고 있는 것으로 보인다. 정도의 차이는 있지만 중국과 러시아 같은 강대국에서부터 아시아, 아프리카의 작은 국가에 이르기까지 사회주의를 겪고 1989년 이후 개혁개방을 추진하는 포스트사회주의 국가들은 자본주의를 도입하면서도 독자적인 발전의 모델을 찾기 위해 다양한 시도를 하고 있다.

포스트사회주의를 연구하는 많은 학자가 지적하듯이 포스트사회주의 국가들의 공통된 특징은 전이의 과정에 있다는 점이다(Hann 2002; Meurs & Ranasinghe 2003; Stenning 2005). 이들 사회는 자본주의 체제를 받아들여 사회주의 체제와 융합하면서도 자본주의 발전 모델을 그대로 받아들이지 않고 새로운 대안을 찾아 헤매는 전환의 과정에 있고, 그만큼 혼란과 기회가 혼재되어 있는 와중이다. 포스트사회주의 국가들 중 가장 서구화가 진전된 동유럽 국가들의 경우 1989년 이후 급속한 변화를 겪었으며 많은 국가는 EU 회원국이 되어 서구 시스템에 맞게 재구조화를 추진했다. 그러나 현재 대부분 경제적·사회적 어려움에 직면하고 있고 새로운 대안을 찾아 헤맨다는 점에서는 포스트사회주의의 특징을 공통으로 보이고 있다.

3부에서는 포스트사회주의 사회에서 한류가 발휘하고 있는 문화적 차원의 의미를 조망해 보고자 한다. 동유럽에 불기 시작한 한류의 바람과 이제 공공연한 비밀이 된 북한에서의 한류 인기를 구체적으로 살펴볼 것이다.

6장에서는 동유럽 중 EU의 회원국이고 서구화된 시스템을 선도하고 있는 헝가리와 루마니아를 대상으로 한류 팬덤을 조사했다. 동유럽은 한국과 문화적으로나 지리적으로나 상당히 먼 국가들이라고 할 수 있지만, 한류의 바람이 대단히 열렬히 불고 있다. 아시아 국가들에 비해 한류 팬 숫자는 적지만, 동유럽 한류 팬들은 어느 곳보다 열혈 팬들로 구성되어 있다. 이들은 코리안 드림을 꿈꾸며 한류에 그들 미래의 희망을 걸고 있다. 본 연구에서는 포스트사회주의의 전이 과정과 새로운 사회 건설을 열망하는 국민의 여망을 함의한 것으로 이 현상에 접근했다. 중국이나 베트남 같은 아시아의 포스트사회주의 국가에도 이와 같은 사회적 욕망은 유사하게 나타나는데, 지리적으로나 문화적으로 격차가 큰 동유럽에서 퍼져 나가고 있는 한류의 소프트 파워는 이를 더욱 극적으로 말해 주고 있는 것이다. 서구적 근대화의 보편성을 뛰어넘는 아시아적 모델의 사회 건설을 희망하는 이들은 포스트사회주의의 대안을 아시아적 정체성에서 찾고 있다. 물론 이때 아시아 정체성은 지리적 실체를 의미하는 것이 아니다. 근대화 과정에서 서구가 지리적 범위를 넘어 보편적 정체성으로 동일시되었듯이 포스트사회주의 국민들이 희구하는 아시아 정체성은 새로운 대안의 모델을 함축하고 있는 것이다.

7장에서는 북한의 한류를 다루고 있다. 북한에서의 포스트사회주의적변화와 새로운 사회 건설에 한류의 영향은 통일 후를 염두에 둘 때 시사하는 바가 크다. 북한이 현재까지 세계에서 가장 교조적인 공산주의 체제를 유지하고 있다는 점에서 엄밀한 의미에서 포스트사회주의 체제라고 볼 수 없다. 하지만 본 연구에서는 북한 사회 내부에 이미 변화의 바람이 거세게 일고 있으며, 포스트사회주의로의 이행이 이미 진행되고 있다고 본다. 북한이 겉으로는 엄격한 일당 독재 체제를 유지하고 있지만 이미 일반 사람들의 일상에는 시장경제 체제가 만연해 있으며, 문화와 정서에도 정치권에서 '퇴폐', '날라리 문화'라고 금지하고 있는 한류가 보편적으로 퍼져 있다. 북한식 암시장인 장마당은 '고양이 뿔 외에는 다 구할 수 있다'는 농담이 나올 정도로 이미 만연해 있고, 김정은 체제에서는 핵-경제 병진 노선에 의해 시장이 제도권으로 흡수되고 있다. 이제 남북, 북미 대화가 진전되면서 북한 사회에 어떤 변화가 수반될지 세계의 이목이 집중되고 있다. 앞으로 시장경제 체제가 확대되고 개혁개방이 시도될 것이라는 점은 굳이 점쟁이가 아니라도 점쳐 볼 수 있는 미래 방향이다. 이러한 북한 사회의 변화는 이미 진전되고 있는 사회 내부의 변화에 근거한 것이며, 한국 미디어와 한국 대중문화의 확산은 이를 부추기는 촉매제이자 사회 변화의 표상이다.

하지만 북한 사회가 급격한 변화의 소용돌이에 곧 돌입하더라도 무조건 서구 자본주의 시스템을 도입하지는 않을 것이라는 점은 명백하다. 3대 세습을 유지하며 체제의 정당성을 확립해 온 요인은 바로 북한적 정통성에 있으며, 글로벌 자본주의에 대항하여 대안을 찾는 노력은 포스트사회주의 체제에서도 유지될 것으로 전망된다. 북한적 정통성은 서구와 다른, 혹은 서구에 저항적인 문화 질서를 기반으로 확보된 것이며, 이는 북한식 민족주의를 낳은 아시아적 정체성과 맞닿아 있다. 서구와 이항대립을 이루는 북한의 정통성은 정권뿐 아니라 일반인들에게도 공유되는 것인데, 금지된 외국 미디어를 즐기면서도 한국 미디어가 특히 인기를 독점하는 이유도 여기에 있다. 이에 7장에서는 북한의 사회 변화의 맥락에서 정체성의 문제를 진단할 것이다.

제6장 동유럽의 한류와 코리안 드림

1. 서론

이 장에서는 한국 미디어가 아시아를 넘어 서구 여러 나라로 확산되고 있는 현상을 대상으로, 지리적으로나 문화적으로나 대단히 먼 지역이라 할 수 있는 동유럽의 한국 미디어 수용에 주목하고자 한다. 한류의 산업적 이해관계로만 보면 비주류 지역이라고 할 수 있는 동유럽에 주목해야 하는 이유는 첫째, 세계 권력 구도의 재편을 위해 미디어 수용이 촉발할 수 있는 문화 권력과 그 영향력에 주목하기 위해서이다. 동유럽은 서구 세계와 대치하는 제2세계의 중심으로 근대화의 역사를 시작하다가 1989년 이후 개방되면서 서구 자본주의 모델을 새롭게 도입한 지역이다. 개방 이후 동유럽이라는 이름을 버리고 EU 회원국으로 영입되기 시작하면서 서유럽의 시스템을 그대로 받아들여 발전을 도모해 왔다. 그러나 개방 이후 20년이 지난 현시점에 외적으로는 유럽과 다름없는 시스템을 구축하고 있지만 유럽의 최빈국으로, 유럽의 화약고로 여전히 갈등의 중심에 자리하고 있다. 특히 최근 유럽발 경제 위기를 겪으며 시스템 전반에 대한 회의와 사회적 갈등이 격화되면서 새로운 대안을 모색하기에 이르렀다. 동유럽에 새롭게 확산되기 시작한 한류에는 동유럽 내의 매우 강력한 사회의식과 정치적 비판의식이 수반되어 있다. 이는 서구의 세계 패권에 대한 하나의 저항의 표현이며 새로운 모델을 찾는 포스트사회주의의 국제정치적 단면이기도 하다.

둘째, 본 연구가 동유럽에 주목하는 다른 이유는 동유럽 한류 현상을 통해 포스트사회주의 국가들의 재건 과정과 문제를 추적하면서 포스트사회주의 국가들의 발전 모델, 특히 미래 통일 후 북한 국가 재건에 관한 시사점을 찾아보고자 하는 목적에 있다. 물론 북한은 문화적·지정학적 조건이 다른 동유럽의 상황이 판이하지만, 포스트사회주의라는 공통점으로 개방 이후 재건 과정의 문제를 겪을 것으로 예상되기 때문에 유의미한 지점을 가질 수 있다. 포스트사회주의 재건의 모델로 우리 사회가 많이 참조하고 있는 독일의 경우와 유사하게 동유럽은 베를린 장벽이 무너진 이후 서유럽의 전반적인 체계를 도입하면서 20여년의 자본주의 체제 재건의 역사를 겪었다. 한편 제2세계 가운데 중국은 공산주의 정치 체제를 여전히 유지하면서 시장경제를 과감히 도입하여 세계의 슈퍼파워로 등장했는데, 이는 전통 사회주의와는 다른 포스트사회주의의 변형을 보여 준다. 이 같은 사회 체제의 차이를 드러내면서도 유럽이나 아시아의 전 사회주의 국가들은 모두 사회 재건의 새로운 모델을 모색하고 있다는 점에서 공통점을 가진다. 이들은 금세기 세계 패권을 장악한 서구 자본주의를 발전의 모델로 절대화하지 않고, 이를 부분적으로 받아들이면서도 새로운 대안을 찾는다는 점에 포스트사회주의의 공통점이 있는 것이다.

포스트사회주의 국가들에서 미디어 수용 양식은 문화적이고 대중참여적인 차원에서 사회 재건의 동기를 엿보게 한다. 본 연구는 이론적으로 포스트구조주의 이론 혹은 포스트모더니즘으로 불리는 이론을 기반으로 하여 사회 변화의 작은 정치(micro-politics)를 연구하고자 한다. 이는 평범한 사회 성원들이 그들의 일상성 속에서 권력의 문제를 어떻게 인식하고 해석하면서 대안을 찾아가는지, 그 역동적인 과정에 주목함을 말한다.

이 장에서는 포스트사회주의 재건 과정과 미디어를 통한 시민 참여의 과정을 구체적으로 보기 위해 동유럽 국가 중 자유주의 인민 운동으로 개방을 선도했던 헝가리와 함께, 이와 대조적으로 가장 엄혹한 공산주의 독재를 경험하고 획기적인 전환으로 개방에 동참한 루마니아를 대표적 두 사례로 선택하여 현장 조사를 실시했다. 두 국가는 역사적 경험이 다르고 현재의 사회 상황도 차이를 보이지만, 한류가 부상하는 동유럽 국가라는 공통점에서 좋은 비교 사례가 된다. 연구 조사는 2013년 5월부터 12월까지 8개월에 걸쳐 실시되었으며, 서울에서의 사전 조사와 헝가리의 부다페스트, 루마니아의 부쿠레슈티, 브라쇼브, 크라이오바 수용자를 대상으로 한 현장 조사와 사후 온라인을 통한 접촉으로 수행되었다. 동유럽 한류 팬들에 대한 수용자 연구는 단순한 문화적 취향을 넘어 유럽의 포스트사회주의 국가들이 처한 정치경제적 환경에서 세계 문화 권력에 대한 비판의식과 하위문화적 저항의 양상뿐만 아니라 새로운 사회 재건의 모델을 지향하는 일상적 역동성을 보여 줄 것이다.

2. 동유럽의 한국 미디어 수용과 사회 재건 의식

1989년 베를린 장벽의 역사적 붕괴는 세계대전 이후 제2세계를 형성했던 동구권의 해체를 순식간에 몰고 왔다. 이를 보는 세계의 눈은 믿기지 않은 급작스러운 변화에 놀랐지만 정작 동유럽의 당사자들은 사회주의 체제 내에서도 끝없는 갈등과 자유화의 물결을 이미 경험한 뒤였다. 사회주의 몰락 이후 가장 발 빠르게 변화에 발맞춘 것도 동유럽이다. 이 지역의 유구한 역사와 유럽적 정체성, 사회주의 시절부터 자유화 운동을 이끈 역사를 상기할 때 이는 당연한 역사적 귀결일 수 있다.

사회주의 붕괴 이후 동유럽의 사회 재건에 이론적 지주가 되었던 것은 국가 재건 이론이다. 벤딕스(Bendix 1964/1996)가 『국가 재건과 시민(*Nation-building & Citizenship*)』을 출간한 이후 국가 재건 이론은 포스트식민주의로 탄생한 신흥국은 물론 내전과 천재지변으로 새로운 국가 제도를 건설하는 국가에서부터 포스트사회주의 국가에 이르기까지 적용되면서 현대 국가 재건의 기초 이론이 되었다. 국가 재건 이론은 미국 국무부가 이에 따라 표준화된 국가 재건 절차를 발표할 정도로 세계 신흥국들에 대한 가이드라인으로 이용되었다(Dobbins et al. 2007). 또한 유네스코와 EU의 연구 분과장이기도 했던 로칸의 정치 이론으로 계승되어 국제기구의 재건 프로젝트로도 이용되었다(Flora 1999; Rokkan & Eisenstadt 1973).

국가 재건 이론은 포스트사회주의 국가 재건에 그대로 적용되었으며, 사회주의 붕괴 이후 자본주의 시장경제를 도입하기 위해 정치사회 전반에 대대적으로 새로운 시스템이 차입되는 이론적 근거를 제시했다(Kolsto 2000; Kremenyuk 1994). 특히 동유럽은 EU의 구성원으로 빠르게 통합되면서 보편적인 EU 가이드라인에 따라 사회 재편이 이루어져야 했고, 급격한 변화와 사회 전반의 재구조화가 추진되었다.

사회주의 붕괴 이후 동유럽 국가들은 급진적으로 사회 재건을 추진하면서 외형적으로 서구 시스템을 그대로 받아들였는데, 내부에서는 이것이 효율적으로 기능하지 않았고 많은 문제를 배태했다. 포스트사회주의 국가들이 성공적으로 자본주의 전환을 이루지 못하고 문제에 직면하게 된 원인에 대해서는 다양한 논쟁과 분석이 존재한다. 예를 들어 프라이(Frye 2010)는 정치적 양극화에서 그 원인을 찾는데, 동유럽의 나라들이 1989년 이후 자본주의를 급격히 도입했지만 이것이 일관성 있게 진행된 것이 아니고, 공산당의 잔재들이 시시때때로 세력을 회복하면서 새로운 사회 시스템과 민주주의의 도입 및 경제발전을 방해한다는 것을 동유럽 25개국의 실증적 데이터 분석을 통해 증명하고자 했다. 사회주의 붕괴 이후 동유럽 여러 나라가 공산당을 해체하고 우익 세력을 새로운 정치 세력으로 옹립하여 체제 전환을 시도하였으나 성과가 미흡하자 많은 나라가 차기에는 중도 좌익 세력으로 옮겨 갔다가 또다시 중도 우익으로 갔다가 하는 식으로 좌우를 오가면서 혼란을 계속해 왔다는 것이 프라이의 분석이다. 이들 정치 세력은 정당과 공약, 이름을 달리했지만 실제로는 기존 권력층의 연장선상에서 변화를 제시했을 뿐이지 구조적인 변화를 이룰 수 없었던 것이 동유럽 체제 전환 부진의 한 가지 원인이라는 것이다. 이와 같은 정치의 양극화 양상은 동유럽 내에서 나라에 따라 차이가 있는데, 루마니아와 불가리아 같은 나라는 그것이 현재까지 정치 갈등의 문제가 되고 있고, 헝가리와 체코 같은 경우는 양극화가 상대적으로 약하고 체제 전환을 비교적 일관성 있게 추진해 왔다고 평가된다.

하지만 경제적 위기가 심화되고 정통성의 문제가 제기되는 점은 정도의 차이가 있을 뿐이지 동유럽 모든 나라에서 공통적으로 나타나는 현상이다. 가장 심각한 문제는 경제적인 실정인데, 사회주의 체제에서 체제의 특성상 제로에 가깝던 실업률이 개방 이후 5년 만에 평균 10%대로 치솟아 불가리아 16%, 폴란드 15%, 헝가리 12%, 루마니아 11%를 기록했다(Crane 1995: 39). 이 시기 인플레이션도 기하급수적으로 일어나 불가리아 1000%, 폴란드 15%, 헝가리 18%, 루마니아 154%로 살인적인 물가를 보였다(Slay 2000). 경제성장률도 대부분 마이너스를 기록하게 되었다.

이와 같이 사회주의 몰락 이후 10년 동안 시장경제를 급격히 도입한 결과는 그리 성공적이지 못한 것으로 평가된다. 최근 유럽발 경제 위기는 동유럽의 사태를 더욱 악화시켜 생계를 위해 자국을 떠나 일자리를 찾아야 하는 사태가 속출하고 있다. 생업을 유지하는 것도 어려워, 루마니아의 경우 사회주의 붕괴 후 농토가 농민에게 배분되었으나 종자와 비료를 살 자금이 없어 농토가 유휴지가 되고 있는 현실을 현장 연구 과정에서 목격할 수 있었다.

경제 실정과 더불어 동유럽 국가 재건의 과정에서 큰 갈등 요소로 등장한 것은 바로 문화 갈등이다. 세계인들에게 동유럽이 유럽의 화약고로 비친 것은 발칸 지역을 중심으로 국가 재건을 위한 제도적 장치와 인종과 문화 간 괴리로 발생한 갈등이 전쟁과 반목으로 치달은 결과이다(정대수 2006; 정병권 외 2005; Slobin 1996) 최근 우크라이나 사태에서 볼 수 있듯이 동유럽 지역의 인종적·문화적 갈등은 현재 진행형이다. 예를 들어 하나의 인종 문화가 국경을 두고 둘로 갈라진 몰도바라든지, 헝가리 문화가 더 우세한 루마니아의 트란실바니아 지방, 서로 정통성을 다투는 마케도니아(공화국) 대 마케도니아(그리스령)의 사례에서 볼 수 있듯이 동유럽의 문화 갈등은 언제 터질지 모를 화약고로서 여기저기 산재해 있는 실정이다.

이와 같은 인종적 갈등과 디아스포라의 문제보다 더 심각한 문화 갈등으로 사회 전반에 편재된 문화 정체성 문제를 들 수 있다. 흔히 사회의 이목은 이미 발생한 사건이나 표면화된 갈등에 집중되는데, 표면화 이전에 사회 전반에 존재하는 소리 없는 다수의 목소리는 사회 전체의 변화를 고려할 때 훨씬 중요할 수 있다. 이와 같은 아래로부터의 소리를 듣기 위해서 본 연구에서는 포스트사회주의의 국가 재건의 제도적 장치 너머에 있는 일반 사람들의 '아래로부터의' 인식과 일상적 실천이 사회 재건에 미치는 영향에 주목하고자 한다.

푸코가 『광기의 역사(*Madness and Civilization*)』(1961)를 발표한 이후, 사회 변화와 역사의 물줄기는 합리적 전략이나 위로부터의 권력 집행 결과가 아니라 사회 전체의 동원적이고 참여적인 실천의 결과로 형성된다는 새로운 시각이 각광을 받게 되었다. 푸코는 이 시각을 보다 이론화하고 구체화하면서 『감시와 처벌(*Discipline and Punish*)』(1975)에서 새로운 권력의 개념, 즉 작은 정치의 실례를 근대 범죄학의 형성 과정으로 보여 주고 있다. 푸코를 위시한 포스트구조주의 이론가들은 제도 정치와 합리성의 지식 체계 일체를 거대 담론으로 규정하면서 이것이 간과해 온 사회 전체 구성원들의 구체적이고 일상적인 실천에 주목하고 이를 복원하기 위한 새로운 시도들을 펼쳐 왔다.

다소 사변적이고 철학적 논쟁에 쏠린 포스트구조주의 이론이 구체적인 성과 혹은 방법론으로 성과를 보인 것으로는 민속지학을 들 수 있다. 푸코는 『지식의 고고학(*Archeology of Knowledge*)』(1974)에서 역사의 이면에 감춰진 민초들의 구체적 일상, 지식 체계가 세운 전문성의 영역을 넘어선 총체적 삶의 현장, 거대 담론의 일방적 도입이 아닌 개인 하나하나가 참여하는 의미 생성의 과정과 문화 실천의 과정을 조망하는데, 이것이 후학들에 의해 구체적인 방법론으로 자리 잡은 것이 포스트모던 민속지학이라고 할 수 있다. 클리포드(M. Clifford), 피셔(M. Fisher), 래비노(P. Rabinow) 등은 기존의 인류학과 사회학의 연구 경향을 비판하면서 현장인의 목소리를 연구 과정에서 부각하는 새로운 연구 방법을 포스트모던 민속지학이라 이름 붙였다. 이런 연구 경향은 미디어 연구에도 도입되어 몰리와 그로스버그 등 다양한 문화 연구자들이 시도하게 되었다.

이 장에서는 이런 연구 시각을 계승하여 동유럽의 정치사회 현실을 민속지학 연구를 통해 접근함으로써 작은 정치의 한 사례를 연구하고자 한다. 동유럽은 포스트사회주의 시기 전환의 과정을 거치면서 정치 제도와 사회 체제의 급격한 변화를 겪은 것은 물론이고 국제기구의 가이드라인과 서구 문화의 일방적 도입으로 사회 재건을 추진하여 왔다. 이와 같은 정치경제적 거대 담론들은 결코 합리성과 제도적 장치로만 이식되는 것이 아니고 그 안에 존재하는 일반 사람들의 삶을 변화시키고 재구조화 과정에서 탈골의 고통을 겪게 한다. 그 결과 사람들이 기대했던 성과를 내지 못하면서, 오히려 경제적 위기와 정치적 양극화, 문화 갈등과 항시적 위협을 심화하게 되었고, 이에 일반 국민이 혼란을 느끼고 저항을 하는 것은 당연한 수순이었다. 이제 지난 20년의 전환의 시기를 돌아보면서 암울한 미래와 심화되는 위기의 한복판에서 선 평범한 시민들은 그들의 일상에서 새로운 사회 재건의 요구를 하고 대안을 찾아 나서게 된 것이다.

일반인들이 요구하는 새로운 시대를 향한 사회 재건 프로젝트는 서구 제도의 표준을 일방적으로 도입하거나 자본주의 보편적 가치를 여과 없이 이입하는 것을 거부하면서 시작된다. 이미 서구적 제도화와 시장경제의 획일적 도입이 내부적으로 정치 부패와 경제 위기, 문화 갈등을 배태시킨 현실을 목도하게 되면서, 사람들이 이를 비판하고 새로운 공동체를 형성하기 위한 아래로부터의 요구가 팽배해지는 것은 필연적이었다. 사실 많은 국가 형성의 정통 이론가들이 아래로부터의 정통성과 정체성의 문제를 중요하게 인식한다. 국가 형성 이론의 기초를 확립한 벤딕스(Bendix 1964)도 제도적 차원보다 시민의식을 더 중요하게 인식했으며, 중세에서 근대 국가가 형성되는 과정에서 시민의식과 국가 정체성 확립 과정을 분석하는 데 가장 많은 지면을 할애했다. 일찍이 앤더슨(Anderson 1983)도 근대 국가가 정치적 이해관계로 제도화된 것을 '상상적 공동체'로 개념화하면서 아래로부터의 문화 공동체 형성의 중요성을 역설했다. 이같이 국가 형성 이론의 고전들이 문화 측면을 중시한 데 반해, 이 이론들이 실용화되고 제도화되면서 문화적 측면을 간과하고 제도 이입에만 치중한 결과물이 로칸(S. Rokkan)의 사회 재건 프로젝트이며 EU가 도입한 동유럽의 재구조화 사업이다.

일상생활에서 이루어지는 일반인들의 실천을 가장 적나라하게 엿볼 수 있는 것이 미디어 수용이며, 이를 통해 아래로부터의 사회 변화 동인을 설명하는 시도가 가능하다. 본 연구에서는 동유럽의 정치경제적 어려움과 문화적 갈등의 맥락 속에서 미디어 수용자들의 경험과 의견을 들어 봄으로써 사회 문제와 변화의 대안을 가늠해 보고자 했다. 그중에서도 지역적으로나 문화적으로나 멀고 먼 한국의 미디어와 대중문화에 심취하는 동유럽 미디어 수용자들의 팬덤 현상에 주목하여 사회 변화의 동인을 추적하고자 했다.

3. 동유럽의 한류 수용

최근 동유럽 국가에서는 한류가 확산되기 시작하면서 강력한 팬덤을 형성하고 있다. 특히 루마니아의 경우는 공중파 텔레비전에서의 한국 드라마 노출이 높을 뿐 아니라 한국 드라마가 외국 드라마 중 가장 높은 시청률을 기록하고 있을 만큼 인기가 높다.[1] 헝가리에서는 공중파 방송에서의 한국 미디어 노출이 루마니아보다는 적지만 하위문화 성격이 강한 팬 그룹이 확산되고 있다.

실제 동유럽에서 한국 미디어 수용에 대한 현장 조사를 수행하기

1 2013년 7월 현재, 루마니아 공중파 텔레비전은 9개 드라마를 동시다발적으로 방영하고 있다. 국영방송인 TVR1에서는 〈동이〉와 〈찍패〉를, 민영 방송인 EUFORIA에서는 〈청담동 앨리스〉, 〈메이퀸〉, 〈스캔들〉, 〈동안미녀〉를, National TV 채널에서는 〈무사 백동수〉, 〈대왕의 꿈〉, M24에서는 〈천추태후〉를 방영하고 있다. 한국 드라마 중 최고 시청률을 기록한 것은 〈주몽〉으로 5.1%를 기록한 바 있다. 한국에 비해 드라마 시청률이 낮은 루마니아에서 외국 드라마 중 최고 시청률 기록이다.

〈표 6-1〉 인터뷰 참여자

장소	10대	20대	30-40대	비고
부다페스트	A(여 15세) B(여 19세) C(여 15세) D(여 15세) E(여 15세) F(여 18세)	G(여 27세) H(여 23세) I(여 21세) J(여 26세) K(여 22세) L(여 25세) N(여 21세) O(여 22세) P(남 22세)	Q(여 44세)	헝가리
부쿠레슈티	1(여 19세) 2(여 17세) 3(여 15세)	0(여 20세) 4(여 23세) 5(여 28세) 6(여 23세) 7(여 23세)	8(여 37세) 9(여 43세) 10(여 38세) 11(여 34세) 20(여 37세)	루마니아
브라쇼브	12(여 17세) 13(여 17세) 14(여 15세) 15(여 18세) 16(여 17세)	17(여 28세) 18(여 20세) 19(여 20세)		루마니아
크라이오바	21(여 16세) 22(여 15세) 23(여 17세) 24(여 16세) 25(여 17세)	26(여 24세)	27(여 32세) 28(여 30세) 29(남 35세)	루마니아

위해 부다페스트에서 16명, 부쿠레슈티에서 13명, 브라쇼브에서 8명, 크라이오바에서 9명을 대상으로 심층 인터뷰와 참여 관찰을 실시했다.

〈표 6-1〉은 인터뷰 참여자를 간단한 표로 정리한 것으로, 신분을 노출하지 않기 위해 이름은 기호로 표시하고 괄호 안에 성별과 나이를 표시했다. 인터뷰 참여자들은 각 도시의 대표적인 한국 미디어 팬클럽 성원 중에서 자발적으로 연구에 참여한 사람들이다. 본격적인 연구 시작 전에 한국에 거주하는 헝가리와 루마니아 한류 팬을 대상으로 사전

조사를 했으며 개별 면담과 함께 이들의 도움으로 현지 팬클럽 페이스북에 공고를 내어 참여자를 모집했다. 이 지역은 한류 팬클럽 활동이 활발하고 매일 페이스북을 통해 채팅으로 만나는 관계를 유지하고 있기 때문에 성원들이 자발적으로 인터뷰에 참여 신청을 해 왔다. 현지 인터뷰 스케줄은 부다페스트에서는 한국문화원의 도움으로, 루마니아에서는 부쿠레슈티 국립대학의 도움으로 일정을 짤 수 있었다. 연구에 참여한 성원별로 연구 참여의 동기와 기회에 차이가 있었지만 모두 팬클럽에 적극적으로 참여하는 한류 미디어 팬들이었다. 현지에서 〈표 6-1〉에 제시된 참여자들 외에도 많은 사람을 만났는데, 때로는 언어의 문제로, 때로는 활동의 차이로 표의 참여자들로 축약하게 되었다.

현지 조사 절차는 그룹 인터뷰와 개별 인터뷰로 진행했다. 먼저 그룹별로 만나 인터뷰 전에 인구학적 정보와 일반 미디어 수용 양식에 대한 설문조사를 실시했다. 이후 그룹별 심층 인터뷰를 비구조화된 방식으로 2시간가량 진행했다. 부다페스트 그룹 인터뷰에서는 헝가리어를 영어로 통역하는 동시통역이 수반되었고, 그 외 지역에서는 모두 영어로 연구자가 단독 진행했다. 그룹 인터뷰 이후 따로 날짜를 잡아 성원별로 개인 인터뷰를 진행했다. 1회에 평균 1시간 정도 3-4회 면담을 가졌고 도시별로 평균 10일 정도 인터뷰 시간이 소요되었으며, 공식 인터뷰 외에 다양한 비공식 모임을 가지고 의견을 경청하거나 그들끼리의 대화를 관찰하기도 했다.[2] 개별 인터뷰와 비공식 모임은 영어

2 비공식 모임에서는 식사나 차를 마시며 자유로운 대화를 나누었으며, 참여자들이 한국에 대한 다양한 질문들과 궁금증들을 물어 오기도 했다. 브라쇼브에서는 팬클럽 활동의 일환으로 한류 캠프가 개최되었으며, 연구자가 참가자들과 일주일간 숙식을 같이하면서 심도 있는 교류의 시간을 가졌다. 캠프에서는 그들의 요청에 의해 연구자가 한국 음식 조리 시연이나 한류 관련 강연을 하기도 했다. 루마니아 최고의 관광 도시인 브라쇼브에서는 캠프 기

로 진행했으며, H와 I만 개별 인터뷰 시 통역이 대동했다.[3]

현지 심층 인터뷰와 비공식 교류는 2개월 동안 이루어졌고 이후 온라인을 통한 교류가 6개월 동안 계속되었다. 온라인 교류는 동유럽 팬들이 페이스북을 통해 매일 교류하는 내용을 주로 참여 관찰하는 방식으로 진행되었다. 페이스북 외에 일대일 이메일 교류도 지속되었는데, 연구자가 보충 질문이 있는 경우와 연구 참여자들이 질문해 오거나 안부를 묻는 내용이 포함되었다. 가장 많은 질문은 한국 유학과 여행에 관한 것이었으며 그 외 개인적인 문제나 감성적인 글을 전해 오는 경우도 종종 있었다.

1) 한국 미디어의 인기와 동유럽 팬덤

한류가 세계로 확대되면서 한류 팬층도 아시아에서 구미 제국과 제3세계까지 확대되고 있다. 세계 한류 팬들의 가장 큰 특징은 열성과 집중력에 있을 것이다. 아시아를 비롯한 많은 세계의 한류 팬들은 미디어 이용뿐 아니라 팬클럽 활동이나 한국 방문 등 그들이 좋아하는 스타에 대한 충성도가 높고 한국 미디어에 대한 열성도도 높게 나타난다. 동

간 후에도 참여자들과 함께 야외 행사와 관광지 방문의 시간을 갖기도 했다. 루마니아 남부 교육도시인 크라이오바에서는 대학에서 세미나를 진행하고 한류 팬들과 토론의 시간을 가졌다. 10대 팬들도 세미나에 참여하여 적극적인 관심을 표명했고, 식사와 차를 나누는 시간을 그룹별로 따로 가져 교류하기도 했다.

3 헝가리의 경우 공중파 텔레비전에서 자막을 허용하지 않고 더빙을 해야 하는 데 반해, 루마니아의 경우는 해외 프로그램이 모두 자막으로 방송된다. 한국 드라마도 한국어 음성에 루마니아 자막으로 방송되고 있었다. 이런 정책의 차이에 의해 두 국가 간에 영어 해독력의 차이가 나타남을 발견할 수 있었다.

유럽의 한류 팬들도 예외가 아니며, 본 연구에서 참여자들에 대한 설문조사에서 밝히고 있는 한국 미디어 이용 시간이 평균 5시간을 상회할 정도로 높은 열성도를 보이고 있다.

동유럽 한류 팬들이 다른 지역 팬들에 비해 특이한 점은 이들이 미디어를 즐기는 것 외에 집단 활동과 이벤트를 항시적으로 조직한다는 점을 들 수 있다. 이들은 한국 미디어를 즐기고 SNS를 통해 팬들 사이 교류를 확장하고 있을 뿐만 아니라 한국어 번역이나 한국 문화 소개, 한국어 교습 등 다양한 활동을 하면서 팬클럽 활동에 정성을 쏟고 있다.[4] 이 활동들은 모두 무보수 자원봉사 활동이며, 언어와 문화 차이를 극복하기 위한 자발적인 봉사로서 팬클럽을 유지하는 요인이다. 본 연구 참여자 중에도 팬클럽 활동을 위해 대학에서 한국 전공을 선택하거나 앞으로 선택하기를 원하는 10대가 다수 있었다. 헝가리 최고 명문대학인 국립대학에서 인문사회 분야 중 가장 경쟁률이 높은 전공도 한국 언어·문화 전공이며, 이는 한국 미디어의 인기에 의한 것이라고 이들은 말했다. 루마니아에서도 한국어를 전공하기 위해서는 최상위권 학습 집단에 들어야 하며, 대학 입학 경쟁률도 매우 높다는 사실을 들을 수 있었다. 한국어 전공자들은 팬클럽 활동에서 번역 등의 작업을 선도하며 한국 문화 알리기에 주력한다. 또 일반인을 대상으로 한국 문화 행사를 주관하여 민간 외교관의 일을 도맡아 하기도 한다.

동유럽 한류 팬클럽 활동의 가장 큰 특징은 조직력에 있다. 루마니아 한류 팬클럽의 절반은 정부에 등록된 공식 기관으로서 NGO로 분류된다. 이들은 공식 기관 자격으로 한국 대사관이나 기업 등으로부

4 크라이오바 한류 팬클럽은 성원 중 양복점을 하는 아버지의 도움으로 한복을 직접 만들어 시연하는 행사를 주최하기도 하고, 부쿠레슈티에서는 붓글씨 대회 등 한국 문화 행사를 열기도 했다.

터 스폰서를 받고 지속적인 활동을 유지한다. 경제 상황이 어려운 루마니아에서는 작은 후원을 받기 위해서도 서로 경쟁하고 심하면 다투는 경우까지 생긴다. 본 연구 인터뷰 과정 중에도 스폰서 문제로 눈물을 보이며 경쟁 팬클럽을 비난하는 사례를 접하기도 했다.

헝가리에서는 팬클럽을 NGO로 등록하는 사례는 없지만, 역시 조직력이 높은 편이었다. 팬클럽 중 가장 오래되고 활발한 집단은 3년 동안 댄스클럽을 조직해 왔고, 헝가리에서 케이팝이 전파되는 데 일조했다는 자부심을 내비치기도 했다. 이와 같이 동유럽 한류 팬클럽의 조직력이 높은 것은 공산주의 사회 경험이 어느 정도 작용하는 것으로 볼 수 있다. 루마니아 경우 공식적으로 등록하지 않으면 스폰서 등 공식 사업 지원 대상이 될 수 없다는 규정이 이를 말해 준다. 헝가리의 경우는 공식 기관 활동보다 하위문화 집단으로서의 성격이 높지만, 대규모 댄스클럽이나 공식 행사 등 조직력 높은 집단 활동을 보이는 공통점을 발견할 수 있다.

헝가리 연구 참여자 중 같은 팬클럽에 소속되지 않은 사람들도 케이팝 댄스파티에 대해 잘 알고 있었으며, 참여 경험을 말하기도 했다. 보통 댄스파티에는 150-200명이 모인다고 한다.

D: 한번은 케이팝 파티에서 한국 남자라고 소개한 사람이 나중에 알고 보니 몽골 남자였어요. (웃음) 그게 가장 웃기는 에피소드죠. 헝가리 여자들은 한국 남자를 좋아해요.

L: 케이팝 파티에서 한국 남자를 만나 사귄 적이 있어요. 주로 아시아 남자들이 와서 헝가리 여자를 픽업하는 곳이에요. 한번은 아시아 남자와 같이 춤추다 갑자기 키스하려고 해서 거절했어요. 이름도 모르고 방금 만났는데 말이에요.

헝가리에서는 10대를 포함하여 일상적으로 댄스클럽에 출입하고 이성 교제가 자유롭기 때문에 케이팝 파티 경험을 특별히 문제로 인식하는 분위기는 아니다. 특기할 점은 한국 남자를 이상형으로 찾는 경향이다. 이는 한국 드라마에 나타난 로맨틱하고 헌신적인 남자 주인공이나 케이팝 스타 같은 꽃미남을 한국 남자의 전형으로 믿고 이상형을 찾는 미디어 이미지의 영향을 보여 준다.

하지만 거듭된 인터뷰 결과 한류 팬들이 단순히 미디어 이미지의 영향으로 한국 남자를 이상형으로 삼는 것은 아니라는 점을 발견할 수 있었다. 그들은 미디어의 일방적 영향이 아니라 자신의 일상 속에서 각자 처한 환경과 삶의 스토리로 인해 한국 미디어와 스타를 이상화했다. 예를 들어 L의 경우, 부모님이 사고로 한날한시에 돌아가시고 형제도 집을 나가 혼자인 시기를 함께해 준 것이 한국 미디어였다고 했다. 한국 드라마를 보고 한국 노래를 들으면서 위로를 받고 새로운 희망을 품을 수 있었다는 대답이었다. P의 경우에는 여자 친구와 헤어져 우울증에 시달리며 온종일 집 안에만 있을 때 케이팝을 듣게 되면서 기운을 차릴 수 있었다는 응답을 했다.

N: 케이팝 팬 중에는 가족이나 친구 문제로 실의에 빠졌을 때 케이팝을 듣고 회복된 케이스가 많아요. 케이팝 팬 중에는 가정이 해체된 경우나 문제 청소년이 많거든요. 한국 스타들은 팬과의 교류가 많기 때문에 그들의 격려와 위로를 통해 에너지를 얻는 경우가 많지요.

F: 팬들은 네트워킹을 통해 서로 친구가 돼요.

M: 케이팝은 단순히 아이돌 음악이 아니라 어떻게 행동하고 살아야 하는지를 보여 줘요. 스타들이 롤모델이 되고, 팬들은 그들같이 되고 싶어 해요.

집단 인터뷰에서 인터뷰 참여자들은 케이팝의 영향력을 반영하는 그룹 다이내믹을 잘 보여 주고 있는데, 이들이 밝힌 대로 한류 팬은 단순히 취미가 아니고 그들의 일상적 삶 속에서 삶을 변화하고 지속하게 하는 의미를 찾는 활동이다. 팬들이 단순히 미디어의 일방적인 이미지에 조작되거나 비현실적인 이상을 꿈꾸는 것이 아니라 가장 구체적인 일상적 삶의 환경 속에서 의미를 만들어 나가고 있었다.

더 나아가 한국 미디어에 열중하는 것은 개인적인 선택일 뿐만 아니라 상호 네트워킹 때문이었다. 팬들은 미디어 수용 이외에 더 많은 시간을 채팅이나 정보 공유, 활동 조직 등 네트워킹에 할애하면서 팬심을 증폭시키고 있다. 한국 미디어 팬들은 가상공간에서 서로 친구가 되고 가족이 되면서 더욱 열중하게 되고 미디어 수용이 그들 삶의 중요한 부분을 차지하게 된다고 말한다. 이와 같은 미디어 수용자의 능동적 미디어 수용 양태와 소셜 네트워킹의 증가는 소셜 미디어 기술의 발전에 기인한 보편적인 현상이라고 할 수 있다. 과거 일방적 대중매체의 수동적 역할에만 그쳤던 수용자들은 이제 다매체 다채널 시대에 폭발적으로 넓어진 선택 폭으로 수용자들은 보다 적극적으로 행동할 수 있게 되었으며, 소셜 미디어의 발전으로 이제는 참여적인 미디어 수용이 가능한 시대가 되었다.

그러면 소셜 미디어의 보급 확대 중에서 유독 한국 미디어가 인기를 끌게 된 현상을 어떻게 설명할 수 있을까? 첫째 이유로는 한국의 IT 기술의 경쟁력과 미디어 산업의 발 빠른 전략을 들 수 있을 것이다. 위의 인터뷰에서도 지적되었듯이, 한국 스타들은 다른 나라 연예인보다 팬과의 교류가 많고 업계에서 때맞춰 제공하는 정보도 많기 때문에 소셜 미디어를 통해 항시 연결된 팬들을 결속시키고 네트워킹을 활발히 할 수 있게 한다. 최근 케이팝을 위시한 신한류가 세계적으로 확산되고 인기를 높인 데는 새로운 미디어 기술에 적응한 산업적 전략의 성공이 일차적으로 작용했다고 할 수 있다.

둘째, 동유럽 미디어 수용자들이 한국 미디어와 한국 문화에 열중하고 빠지는 이유로는 이국주의를 들 수 있다. 자국의 문화와 상이한 아시아 문화에 신비감을 느끼고 흥미를 느끼는 것은 이국주의의 작용이며 특히 드라마 중에 사극이 인기를 끄는 것도 이런 관점에서 설명이 가능할 것이다. 본 연구 참여자 중 다수가 한국 미디어 팬이 된 동기로 어린 시절 일본 만화영화에 심취하여 일본 프로그램을 찾다가 일본 미디어를 통해 한국 프로그램과 가수들을 알게 되었다는 것을 보편적으로 꼽았다. 일본 만화를 통해 익숙해진 동양 문화에 대한 신비감과 이국주의 정서가 한국 미디어 콘텐츠를 선호하게 하는 동인으로 작용한다는 점을 드러내는 부분이었다.

그러나 본 연구가 민속지학 방법으로 심층화될수록 전형적인 오리엔탈리즘과 문화 제국주의 산물로 나타나는 이국주의가 한국 미디어 팬들의 주요 동기는 아닌 것을 발견할 수 있었다. 동유럽 TV에 다양한 아시아 드라마와 프로그램이 방영되고 있지만 이것이 모두 성공을 거둔 것은 아니다. 중국 드라마나 터키, 인도 등 다양한 동양 문화권에서 수입된 텔레비전 프로그램이 자국 매체를 통해 방영되고 있지만 본 연구 참여자들은 별반 흥미를 나타내지 않았다. 현지 조사 당시 루마니아 국영방송에서 중국 드라마 〈삼국지〉를 방영하고 있었지만 연구 참여자들은 지루하다는 반응을 보였고, 해당 프로그램의 시청률도 낮았다. 또한 터키 방송이 동유럽 지역에서 오랜 기간 방영되고 있고 인기를 끈 적도 있었지만, 현재는 쇠퇴했고 본 연구 참여자들도 식상하다는 반응을 자주 보였다. 이와 같이 이국주의가 모든 동양 문화에 보편적으로 적용되지 않고 유독 한국 미디어에만 집중되는 것은 오리엔탈리즘 너머의 다른 정서가 주요하게 작용하기 때문일 것이다.

셋째, 유독 한국 문화에 심취하는 이유로 본 연구가 주목한 것은 동유럽 수용자들의 사회의식이며, 그들이 현실 문제에 대한 대안을 찾고 보다 나은 사회를 재건하기 위한 공동체적 관심의 발로로 한국 미디어를 수용한다는 점이다. 현재 동유럽에서 한국 미디어 콘텐츠의 인기가 부상하고 있는 것은 신기술에 적응력이 높은 엔터테인먼트 산업 전략과 이국주의만으로 환원될 수 없는 보다 심층적인 원인이 작용한 결과이며, 이는 사회 구성원들이 공동으로 문화 실천에 가담한 결과로 보인다. 근대화 과정에서 사회주의와 자본주의를 모두 경험하면서 역사적 격랑에 휘말렸던 포스트사회주의 국가 구성원들은 이제 다시 민생의 피폐와 불투명한 미래를 마주한 시점에 새로운 대안을 찾고 있는 것이다. 이것이 물론 조직적 정치 활동이나 사회 운동으로 나타나는 것은 아니지만, 미디어 수용과 팬 활동이라는 가장 일상적인 아래로부터의 실천 속에 사회 변화와 재건의 새로운 지평을 열고자 하는 열망이 담겨 있다고 할 수 있다.

2) 미디어 수용과 사회 재건의 문화적 실천

동유럽 한류 팬들에 대한 본 연구의 인터뷰 과정에서 가장 빈도 높게 제기된 문제는 사실 한국 미디어 자체에 관한 것이 아니고, 자국 미디어에 대한 불만과 비판이었다. 헝가리와 루마니아의 한류 팬들은 자신들이 좋아하는 방송 프로그램이나 스타를 말하기에 앞서 자국 방송에 대한 비판점을 신랄하게 열거했다. 인터뷰 참가자들이 가장 자주 언급한 자국 방송의 부정적 성격을 키워드로 정리하면 '천박함', '비현실성', '저질'로 요약할 수 있다.

인터뷰가 거듭될수록 자국 방송에 대한 비판은 기실 서구 문화 영향에 대한 비판으로 귀결됨을 발견할 수 있었다.

G: 헝가리 텔레비전은 뉴스도 지루하고 폭력적이야.

B: 6시 메인 뉴스도 모두 피가 낭자하고 살인, 폭력에 관한 게 전부야.

C: 노래도 모두 섹스, 마약 파티 등등.

A: 미국 프로그램도 쓰레기 같은 것만 내보내지. 미국에서도 인기 없는 거.

헝가리 집단 인터뷰에서 격앙된 어조로 전개된 자국 방송에 대한 비판과 서구 문화 영향에 대한 경계는 루마니아 그룹 인터뷰에서도 한층 강도 높게 나타났다. 루마니아 3개 도시 집단 인터뷰에서는 지역과 연령을 불문하고 유사한 비판이 전개되었다.

12: 루마니아 드라마는 값싼 이야기밖에 없어.

15: 상상력이라고는 없는 이야기들이야.

17: 바보 같은 스토리, 테러리스트가 나타나 납치하고, 여자가 미쳐서 울부짖고…. 하나같이 똑같아.

29: 루마니아 방송은 서구 방송을 모방하고 있어요.

27: 우리 전통이나 과거, 역사에 대한 방송은 없어요. 우리 애들은 우리나라에 대해서 알 수가 없어요.

26: 모두 얄팍한 것만 보고 있어요. 젊은 여자가 돈 때문에 나이 든 사람과 결혼하는 그런 풍조를 방송이 부추기는 것 같아요.

29: 텔레비전은 젊은 세대에게 나쁜 모델을 보여 주고, 미디어 때문에 교육이 쇠퇴하고 있어요.

27: 방송은 나쁜 가십거리만 보여 주죠.

26: 그게 우리 국가 스포츠죠…. 사람들은 TVR1도 믿지 않아요. 정부가 통제하는 미디어니까.

헝가리와 루마니아에서 연구 참여자들이 제기하는 자국 방송에 대한 비판은 과거 20년 동안 체제 변화 과정에서 도탄에 시달리게 된 일상에 대한 불만과 맥을 같이한다. 1989년 동구의 붕괴 이후 동유럽 지역은 빠르게 서구의 시스템을 도입하고 시장경제로의 전환을 도모해 왔다. 특히 헝가리와 루마니아같이 일찍이 EU에 일원이 된 국가에서는 EU 가이드라인에 맞춰 서구 자본주의로의 체제 변화가 급격하게 이루어졌다. 동구 시절 상대적으로 자유주의 시스템을 차용해 온 헝가리의 경우와 차우셰스쿠의 일인 독재 체제에 신음해 온 루마니아의 경우 내적 조건과 전환의 속도, 적응력이 다를 수밖에 없지만, 서유럽 모델은 일률적으로 동유럽 전역에 유입되었다. 전환의 20년을 넘기는 현 시점에 동유럽 각국은 공통으로 경제사회적 문제에 시달리고 있다. 경제 침체로 마이너스 성장률을 보이고 있고, 실업률은 동유럽 시절 제로에서 두 자릿수로 급격히 증가했으며 치솟는 물가로 신음하고 있다(Czepzynski 2008; Slay 2000).

최근 유럽발 경제 위기는 가뜩이나 경제적 침체에 시달리고 있는 이들 동유럽 국가들에게는 더 견디기 어려운 시련으로 다가온다. 이들 국가는 현재의 위기를 타개하기 위해 체제 전환의 20년을 다시 돌아보고 대안을 모색하는 중이며, 국민들도 스스로 다양한 방식을 통해 길을 찾고자 노력을 기울이고 있다. 일반 국민의 일상적인 미디어 수용은 이런 정서를 보여 주는 가장 비근한 실천이 될 수 있으며, 오늘날 한국 미디어에 열성적인 동유럽 팬들의 반응에는 이와 같은 사회적 의식과 집단적 열망이 반영되고 있는 것으로 보인다. 이들은 한국 미디어를 자국 방송과 서구 문화의 영향에 대한 하나의 대안으로 인식하고 있으며 그들이 근대화 과정에서 경험하고 실패했다고 느끼는 동구식과 서구식 발전 양쪽 모두에 대한 새로운 대안으로 한국적 모델을 추구하고 있는 것으로 보인다.

연구 참여자들은 한국이 세계에서 가장 빠른 경제성장을 이룬 경제 대국이면서 동시에 미디어에서 보이는 대로 전통과 문화를 균형적으로 발전시키고 있는 이상적인 모델이라고 보는 시각이 팽배했다. 동유럽의 한국 미디어 팬들이 한국 문화의 가장 큰 장점이라고 공통으로 지적하는 것도 한국 미디어가 보이는 예절(respect)과 전통이었다.

A: 헝가리는 한국인 같은 매너가 없고 서로 존중하지 않죠.

G: 우리(한류 팬)끼리는 한국식 인사를 해요. 한국식 예절이 우리끼리 통용돼요.

H: 한국은 우리가 따라야 하는 많은 좋은 가치가 있어요.

Q: 우리는 존중을 상실했고, 그게 가장 최악의 사태죠. 제 학창시절에는 삶의 중요한 가치를 배웠지만 이제 학교에서는 그런 걸 가르치지 않아요. 사회가 그렇게 변했고, 그건 수치예요.

25: 한국 드라마는 배움의 과정이에요. 클럽 가서 술 마시거나 남자 집에나 가는 것보다 더 흥미 있는 일이죠. 우리가 동물도 아니고, 가치 있게 사는 법을 배워야죠.

23: 한국은 서로 존중하잖아요.

21: 여기서는 남사가 여사 좋아하면 그냥 만지고…. 로맨틱하지가 않아요. 한국 텔레비전을 보면 남자가 여자를 존중하는 것 같아요.

23: 그게 진정한 사랑이죠.

25: 나이 더 든 사람을 존중해서 언니, 오빠라고 부르고요.

21: 우리는 좀 더 품위 있는 사람들을 보고 싶어요.

위와 같이 양국의 집단 인터뷰에서 공통으로 한국 미디어에 대한 칭송이 이어졌는데, 국적과 연령이 달라도 한류 팬들이 최고로 치는 것은 하나같이 한국 문화가 보이는 예의와 전통적 가치로 귀착된다. 본 연구의 주 참여 계층인 청소년의 경우도 전통과 예의를 중시하는 점에서는 예외가 없었다.

이와 같이 예의와 전통을 중시하는 경향은 과거에 대한 추억과 향수로 이어지기 일쑤였는데, 이는 과거 공산주의 시절에 대한 아이러니한 반응으로 연결되었다.

G: 헝가리도 예전에는 전통과 존중이 있는 사회였죠. 가족을 중요시하고 잔치 음식을 나누는 문화 같은 것. 그러나 이제는 달라졌고, 그중에서도 부다페스트가 최악인 것 같아요.

A: 예전에 헝가리 사람들도 한국 사람처럼 예절이 발랐지만 이제는 무례하고 미국인처럼 되었어요. 우리 2천 년의 역사를 200년 미국 역사와 바꾼 것이죠.

Q: 내가 어렸을 때는 좋았어요. 엄마가 매일 저녁밥을 해 주고…. 12시간 노동을 할 필요도 없고 모두 일자리가 있었고 안정적이었죠. 많은 사람이 과거를 그리워해요. 과거 시스템이 아니라 우리가 살았던 삶을.

7: 우리 부모 세대는 더 여유가 있었다. 전통 음식을 먹고…. 이제 경제적 안정성이 없고, 시간이 없어요.

4: 부모는 자식을 돌볼 시간이 없고 직업을 찾기도 어려워요. 우리 전통은 잃어버렸죠. 모두 외국으로 일자리 찾아 떠나려 해요.

25: 혁명 전에는 빚도 없었어요. 부모님한테도 그런 말을 들었고 텔레비전에도 나왔고, 무슨 비밀도 아니에요. 부모님은 과거가 더 낫다고, 부자도 가난한 사람도 없었다고 말씀하세요.

개인 인터뷰에서 연구에 참여한 팬들이 말하는 위의 진술은 대부분 과거를 그리워하는 향수를 담고 있는데 특히 과거 공산주의를 실제 경험하지 못한 청소년들이 이와 같은 향수의 감정을 보이는 것은 의아함을 자아내게 한다. 공산주의 치하에서 독재 체제를 경험하고 자유를 획득하기 위해 목숨을 건 투쟁을 펼쳤던 동유럽의 현대사를 상기할 때 인터뷰에서 보이는 과거에 대한 향수병은 이율배반적이라 아니할 수 없다.

그러나 연구 참여자들이 보이는 과거에 대한 평가와 향수는 결코 과거로 돌아가고 싶어 하거나 사회주의 체제를 우월시하는 것과는 거리가 멀다는 사실을 발견할 수 있다. 이들이 보이는 과거에 대한 그리움은 과거 경험과 기억에서 나오는 것이 아니고 현재 사회 시스템에 대한 불만과 새로운 삶에 대한 욕망에서 나온 것이다. 라캉의 정신분석학을 활용한 포스트식민주의 이론가들이 지적하듯이 기억은 결코 과거의 재생이 아니다. 포스트식민주의 원주민들이 보이는 이중성과 혼종성은 과거의 현실을 억압하고 현재의 욕망을 투사한 선택적 기억에서 나온 것이다(Bhaba 1994; Gandhi 1998). 이와 유사하게 포스트사회주의 국민들이 보이는 향수도 과거 자체에 대한 경험과 기억을 반영한 것이라기보다 현재의 욕망을 투사한 이중적이고 복합적인 감정인 것이다. 차이가 있다면 포스트식민주의에는 제국주의 권력이라는 애증의 대상이 뚜렷하게 있는 반면, 포스트사회주의 국민들의 불만의 대상은 뚜렷하지가 않고 분산적이고 복합적이라는 것이다.

사회심리적 차원에서 포스트사회주의 국가의 일반 사람들이 느끼는 과거의 기억과 향수의 감정은 지난 20년 급격한 사회 전환의 과정에서 그들이 잃어버린 정체성을 되찾고자 하는 현재의 욕망을 반영한다고 볼 수 있다. 한국 미디어에서 드라마나 대중음악을 통해 묘사하는 휴머니즘이나 전통 가치는 한국과 같이 경제발전과 근대화를 고도로 추진하면서도 문화 전통을 유지하고 정체성을 회복할 수 있다는 가능성을 엿보게 하는 것이다. 동유럽에서 지난 20년간 일방적으로 추진했던 서구화의 결과 고유의 정체성을 상실하고도 자본주의적 성공과 발전을 이루지 못한 이들의 회한과 비판은 새로운 대안을 요구하게 되고, 이런 열망이 과거 향수의 형태로 나타난 것이라 해석할 수 있을 것이다.

연구 참여자들이 과거 지향을 보이고 향수 어린 말을 하는 것은 이들이 복고주의나 보수 성향을 가지고 있어서도 아니고 사회주의 사상에 동조해서도 아니다. 청소년은 물론 중년의 참여자들도 개인적 성향에 있어서는 오히려 새로운 것을 지향하는 경향을 보였고 자국의 전통문화나 관습에 대해서 특별히 관심을 가진 것은 아니었다. 이들 대부분은 사회주의 체제에 대해서도 비판적인 시각을 주로 보였으며, 현재의 문제, 특히 정치 부패나 무능은 사회주의 잔재에서 나왔다는 시각을 자주 드러냈다. 연구 참여자들의 반응을 종합해 볼 때, 이들이 한국 미디어를 접하면서 느끼는 향수가 과거를 숭상하고 사회주의 시절로 돌아가기를 원하는 것은 아니라는 점은 분명하다. 이들이 보이는 향수와 과거에 대한 동경은 현재의 문제를 비판하고 새로운 대안을 찾는 현재적 욕망의 표현이라고 할 수 있다.

즉 동유럽의 한류 팬들이 한국 방송과 대중문화의 가장 큰 장점으로 전통과 예절을 꼽는 이유는 과거로 돌아가기를 원해서가 아니고 현재 그들 사회에서 벌어지고 있는 문제에 대한 대안으로 보기 때문이다. 정치적 부패와 사기, 비효율적인 경제활동, 쾌락으로 전락한 남녀관계와 피폐한 가족 문제 등 연구 참여자들이 말하는 문제들은 사적 영역과 공적 영역 모두에서 견디기 힘든 현실적 고통이었고, 이들은 그에 대해 토로하며 새로운 발전과 대안의 가능성으로 한국 미디어에 기대하고 이에 몰두하고 있었다. 기초 생활을 유지하기 위해 12시간을 노동해야 하고, 그런 일자리도 없어 가족을 뒤로하고 외국에서 일자리를 구해야 하는 이산가족의 현실은 현재 동유럽 청소년 문제의 주원인으로 작용한다. 젊은이들은 대학을 졸업해도 일자리를 구할 수 없고, 운 좋게 구했다고 해도 한 달 평균 200유로(한화 30만 원)[5]의 월급을 받고 치솟는 물가 속에서 생계를 유지하기도 어려운 현실적 좌절을 연구 과정에서 자주 토로했다. 이런 현실의 문제를 타개하기 위해 과거에서 교훈을 찾고 새로운 시스템을 희구하는 것은 당연한 수순이라 할 법했다.

한류 팬들이 사회 재건의 동기로 한국 미디어 콘텐츠를 선호한다고 해서 객관적인 지식과 이성적 판단으로만 미디어를 대하는 것은 물론 아니다. 감성적으로 높은 몰입도를 보이고 미디어가 주는 즐거움을 만끽하고 있다는 점에서 이들의 수용 패턴은 일반 미디어 수용자들과 차이가 없다. 연구 참여자 중 지식인층에 속하는 박사과정 학생 20과 방송 기자인 11을 포함해 대부분의 한류 팬은 한류에 '중독'되었다는 말을 자주 썼다.

20: 한국 드라마는 우정과 사랑 등 보편적 가치를 모던하게 잘 표현해요. 여성 캐릭터들은 강하면서 여성적이고, 남자들은 강하지만 마초적이지 않고 감성적이고 충직해요. 한국 드라마는 내게 마약 같아요. 한번 보기 시작하면 중독되어 '이제 논문도 써야 하니 그만 봐야지' 하면서도 빠져나오지 못하지요.

11: 내가 처음 본 한국 드라마는 〈김수로〉인데 참 놀라웠어요. 단순 노

5 이는 연구 참여자들이 대졸 신입사원의 월급 수준이라고 말한 금액이다. 예를 들어 본 연구 참여자 중 29는 15년 경력의 교사인데, 한 달 월급이 350유로(한화 50만 원)라고 했다. 인터뷰 중 29는 "내 월급이 350유로인데 아이들은 800유로짜리 스마트폰을 사달라고 한다. 그게 어떻게 가능한가? 근데 부모들은 어떻게든 사 주려 한다"고 하기도 했다.

동자가 검을 만들면서 부족을 결속하고 공동체를 만들어 가는 과정이 아름다운 이야기였습니다. 우리는 혁명 후 많은 일을 겪었지만, 좋은 모델이 없었어요. 한국 드라마는 국가로서나 집단으로서나 강한 자신감(self-trust)을 보여 줘요. 루마니아도 그런 자신감을 다시 얻으려고 노력하는 중이라고 생각합니다.

위의 개인 인터뷰에서 20과 11이 밝혔듯이 동유럽 한류 팬들은 한국 미디어에 감정적으로 열중하는 가운데서 그들의 사회적 관심과 심리적이고 문화적 실천의 과정을 노정하고 있다. 청소년 참여자들도 한국 미디어 콘텐츠가 그리는 문화 정체성과 민족주의적 측면을 높이 평가하는 진술을 자주 하고 있다.

흔히 한국 미디어가 보이는 민족주의적 측면은 이데올로기 문제를 발생시키고 주변국과의 마찰을 빚기도 한다. 이 책 3장에서 언급했듯이, 한국 역사드라마에 나타난 중국인과 일본인에 대한 편견은 일부 팬들의 등을 돌리게도 하고 때로 반한류 정서를 일으키는 요소가 되기도 했다. 하지만 동유럽의 한류 팬들은 그들이 처한 사회 상황에서 한국 미디어의 이데올로기적 측면, 민족주의 경향을 오히려 높이 평가하는 해석의 경향을 보인다. 정치적으로 부패하고 피폐한 삶의 환경 가운데 국가에 대한 자부심이 땅에 떨어진 상황에서 국가의 자긍심을 되찾고 잃어버린 국가 정체성을 회복하고자 하는 욕망은 한국 미디어에 대한 높은 몰입과 중독 증상으로까지 나타나고 있다.

3) 한류 팬의 코리안 드림과 아시아적 정체성

연구 과정에서 접한 가장 놀라운 지점은 동유럽 팬들이 보이는 코리안 드림이었다. 특히 청소년 팬들은 자신의 미래를 한국에 모두 거는 코리안 드림의 의지를 자주 표명했다. 루마니아의 경우 연구에 참여한 15-20세 청소년 중 2명을 제외한 13명이 모두 한국에 가서 한국 남자와 결혼해 살고 싶다는 희망을 인터뷰 중에 밝혔다. 헝가리 팬들은 결혼에 대한 언급은 적었지만 한국에 가서 일하며 살고 싶다는 말을 많이 했다. 비공식 회동에서도 한류 팬들은 한국 이주나 결혼의 가능성, 또 그에 장애가 되는 요소는 무엇일지에 대해 자주 물어 오기도 했다.

미디어 이미지만을 보고 미래를 계획하고 인생의 중요한 결정을 하려는 이들 한류 팬들의 반응은 위험해 보이기도 하고, 전통 미디어 이론이 주장하는 수용자의 수동성을 증명하는 것으로 치부될 수도 있다. 하지만 거듭된 인터뷰 결과 동유럽의 한류 팬들이 미디어 이미지에 일방적으로 영향을 받거나 현실과 이미지를 혼동한 결과 코리안 드림을 추구하는 것은 아니라는 것을 알 수 있었다. 첫째, 이들 한류 팬들은 한국 방송과 케이팝을 즐겨 보고 들을 뿐만 아니라 팬클럽에서 많은 시간을 상호 교류하면서 메시지를 해석하고 의미를 해석하는 적극적인 수용자들이다. 이들은 하루 평균 5시간 한국 미디어 수용에 시간을 할애하며, 이보다 더 많은 시간을 교류와 팬사이트에서 자원봉사하는 작업에 할애한다. 단순히 미디어를 시청할 뿐 아니라 내용을 번역하고 평가하며 상호 네트워킹하는 능동적 수용자들이다. 한류의 성공은 바로 팬들의 네트워킹에 의한 것이며, 그들은 미디어 메시지를 그대로 받아들이는 것이 아니라 팬 커뮤니티에서 상호 교류를 통해 의미를 새롭게 창조하고 확산시키는 역할을 하는 적극적 수용자들인 것이다.

둘째, 동유럽 한류 팬들은 미디어 이미지를 현실로 믿고 현실과 이미지를 혼동하는 비현실적 수용자가 아니다. 그들은 많은 시간을 미디어에 할애하는 만큼 한국에 대한 정보도 많이 찾아보아서 알고 있다. 한류 팬들이 가지고 있는 한국에 대한 정보는 자신들이 좋아하는 스타에 대한 정보뿐 아니라 한국 사회 전반에 대한 정보에 이르기까지 광범위하다. 현재 한국 사회가 미디어에 그려지는 것같이 이상적인 사회가 아니고, 세계 최고의 자살률과 이혼율을 기록하고 있으며, OECD 최저의 행복지수와 출산율을 기록할 만큼 어려운 사회라는 사실도 인지하고 있다. 특히 한국의 유명 스타들이 자살하는 사례가 많기 때문에, 높은 자살률 자체만이 아니라 자살의 원인이 되는 한국 사회의 문제에 대해서까지 이들은 상당히 인지하고 있다. 또한 한류 팬 중에는 한국에 대한 관심으로 한국인들과 펜팔을 하는 사람이 많기 때문에 한국의 청소년들이 얼마나 입시지옥에 시달리는지 알고 있고, 본 연구 과정에도 한국 청소년과 비교해 본국 청소년들이 공부 스트레스 없는 삶을 산다는 설명을 하기도 했다.

나아가 이들은 한국 사회가 외국인에 대해 갖는 편견과 차별에 관해서 매우 예민하게 인식하고 있는 것으로 나타났다. 이에 대한 팬들 간의 토론이 많이 벌어지기 때문에 과장된 편견의 사례를 일반화하는 경향을 보이기도 했다. 또한 여성 팬들이 대부분인 본 연구 참여자들은 미디어에 자주 등장하는 국제결혼과 한국의 '시집살이'에 대한 염려를 자주 전해 왔다. 한국 사회를 직접 경험하지 못한 동유럽 한류 팬들이 한국 현실을 설사 정확하게 인식하지는 못한다 할지라도, 그들이 미디어에 비친 이미지를 그대로 받아들여 한국을 이상화하고 현실과 이미지를 혼동하여 코리안 드림을 꿈꾸는 것은 아니라는 점은 분명히 확인할 수 있다.

결국 동유럽의 한류 팬들이 보이는 코리안 드림은 미디어에 의해 좌지우지되는 수동성이나 현실과 미디어 이미지를 혼동하는 비현실성에서 기인하는 것이 아닌 그들이 가진 현실에 대한 문제의식과 미래의 새로운 희망을 향한 심리적 욕망을 반영한 것이라 할 수 있다.

A: 한국이 완벽한 사회는 아니겠지만 그곳의 최악의 문제가 여기서는 보통일 거예요. 한국 가서 살고 싶어요.

25: 내가 케이팝을 좋아하는 것은 열심히 훈련하고 완벽한 무대를 위해 노력하는 모습 때문이지요. 여기서는 노력하는 모습을 별로 높이 평가하지 않고 그래 봤자 미래도 없어요. 나는 항상 노력하고 공부도 열심히 하는데…. 내 최대 고민은 한국에 갈 기회가 없을까 하는 것이에요.

24: 중학교부터 나쁜 친구를 사귀어서 매일 클럽 가고, 담배 피우고 하다 보니까 많이 아팠어요. 루마니아에서는 그런 걸 쿨하다고 해요. 몸이 아프면서 집에서 종일 한국 드라마를 보게 되었고, 존중하는 법을 배우면서 내가 변하게 되었어요. 〈대장금〉을 엄마와 본 것이 엄마와 함께한 최초의 일이에요. 예전엔 엄마한테 소리만 지르고 했는데…. 이제는 존중하고 사이가 좋아요.

8: 루마니아에서는 훔치고 죽이고 하는 게 다반사죠. 미디어로도 정부가 부패한 모습만 보면서 사람들이 '나는 왜 그러면 안 돼?' 하게 돼요. 여기서 사람들은 인사하듯이 욕을 서로 해 대고 가족적 가치도 없어요. 〈주몽〉을 보면서, 부끄러운 짓이나 과도한 노출, 나쁜 말도 없고 체면과 존중을 중요시하는 모습을 보면서 많이 배웠어요.

4: 삼성을 방문할 기회가 있었는데, 그 규모와 직원을 존중하는 모습에 깊은 인상을 받고 '이런 데서 일할 수 있다면' 싶었어요. 여기는 그런 기업이 없어요. 한류에 관심이 있어 대학에서 한국 문화를 전공하게 되었는데, 꼭 미래를 위해 선택한 건 아니고요. 어차피 여기서는 직업을 구하기 어렵기 때문에 전공을 택할 때 필요한 것보다 좋아하는 것을 하는 경향이 있어요.

개인 인터뷰에서 심도 있는 관계 형성 후 내비친 위와 같은 내밀한 진술은 한류 팬들이 한국 미디어에 열광하는 데 그치지 않고 한국 사회를 동경하고 코리안 드림을 꿈꾸는 것은 미디어에 의한 조작이나 맹목적 추종이 아니라 각자 처한 지난한 현실을 살아 내면서 희망과 탈출구를 찾는, 지극히 현실적인 대책의 모색이라는 것을 시사해 준다. 생계를 위협하는 경제 문제와 파괴된 사회 가치에 더하여 범죄와 부패가 일상화된 삶의 환경 속에서 이들은 좌절과 문란에 자신을 내맡기기보다 새로운 희망의 가능성을 한국 미디어에서 찾고 있는 것이다. 이들에게 미디어는 단순히 오락거리나 정보와 지식의 도구가 아니라 절박한 현실에서 희망을 지탱해 주는 삶의 실천 장이다. 현실의 벽에 부딪혀 24의 경우처럼 때로 방황하거나 8처럼 히스테릭한 자포자기를 보이기도 했지만, 희망의 끈을 놓지 않고 변화의 가능성을 찾고자 하는 현실적 판단에서 이들은 코리안 드림을 키워 가는 것이다. 이들의 꿈은 현실 인식과 현실 비판에서 출발한 것이며, 맹목적 추종이 아니라 미디어에 구체적으로 체현된 가치에 기반을 둔 문화 실천이었다.

동유럽의 한류 팬들이 꿈꾸는 코리안 드림은 폭압적인 동유럽의 사회주의 역사 경험과 개방 후 뼈를 깎는 서구적 재구조화 과정에서 만연해진 사회 문제를 뛰어넘을 제3의 대안을 찾고자 하는 민초들의 욕망이며 사회 재건의 모델이기도 하다. 이들은 동유럽이나 서유럽과는 다른 제3의 가치를 코리안 드림에서 찾고 있으며, 아시아적 전통과 경제적 발전을 균형 있게 유지한 제3의 모델로 희망하고 있는 것이다. 여기서 아시아적 정체성은 지리적이거나 역사적인 아시아가 아닌 개념과 대안으로서의 아시아이며, 그들이 사회주의와 자본주의 발전 과정에서 상실한 그들 자신의 정체성이자 욕망으로서의 기억이기도 하다. 이들 팬은 한국 드라마와 케이팝에 탐닉하면서, 미디어에 묘사된 아시아적 정서와 문화 가치에서 그들의 현실적 문제를 해결할 희망의 메시지를 읽고, 이에 자신의 정체성을 동화시켜 가는 것이다.

4. 소결

포스트사회주의 국가들은 지역을 불문하고 공통으로 사회 재건을 위한 대안을 찾는 모습을 보인다. 동구권의 몰락 이후 자본주의 체제를 전면적으로 도입한 뒤 발전에 성공하지 못하고 현재 경제 위기를 맞은 동유럽은 물론, 세계의 슈퍼파워로 새롭게 떠오르고 있는 초강국 중국의 경우도 예외가 아니다. 이외 아시아와 아프리카의 크고 작은 나라들도 포스트사회주의 국가들은 서구 시장경제가 근대화의 유일한 길인지에 대해서 의문과 경계를 멈추지 않고 사회 재건의 방안을 찾는 모습이다. 이는 앞으로 통일 후 북한에도 나타나리라 예견할 수 있는 현상으로 우리 사회가 관심을 가져야 할 문제이다. 포스트사회주의 국가들은 근대화의 역사 속에서 공산주의와 자본주의를 경험하면서, 양쪽 모두에서 잃어버린 문화 정체성을 회복하고 싶어 한다. 이들은 보다 나은 미래와 사회 재건을 위해 제3의 대안 모델을 추구하고 있는 것이다. 미디어는 이런 사회 구성원들의 공통적인 문화 실천의 장에서 가장 일상적이며 평범한 방식으로 이들의 집단적 욕망과 기대를 보여주고 담아내는 역할을 하게 된다.

동유럽에서 한류가 갑자기 부상하고 열성적인 하위문화를 형성한 것은 포스트사회주의 국가에서 일고 있는 아래로부터의 사회 재건의 열망과 맥을 같이하고 있다. 비록 양적으로는 동유럽에서의 한류 확산이 동아시아에 비해 크지 않고, 동유럽의 경제 문제를 감안할 때 한류의 산업적 효과는 제한적일 수밖에 없지만 사회정치적으로 동유럽 한류가 보이는 함의는 여느 지역 못지않게 중요하다. 이는 포스트사회주의 국가들이 갖는 정치적 중요성과 함께, 세계 권력을 재구도화하려는 일반 국민들의 요구라는 아래로부터의 열망을 나타내기 때문이다. 이미 쇠락한 동유럽 사회주의 체제는 물론이고 개방 이후 발전과 근대화의 절대 모델로 추종해 온 서구 자본주의에도 실패하고 많은 부작용에 시달리면서 제3의 모델을 모색하는 와중에 한류가 주목받게 된 것이다. 동유럽의 한류 팬들이 추구하는 새로운 대안으로서의 한류는 아시아적 가치의 발로이며, 잃어버린 도덕성과 문화 정체성을 회복할 새로운 개념으로서의 아시아성을 의미한다.

헝가리와 루마니아 한류 팬들을 대상으로 한 민속지학적 연구에서 이들이 꼽는 한국 미디어의 장점은 예절과 전통이 모던한 환경 속에 유지되고 있다는 점이다. 일본이나 중국 한류 팬들의 반응과 마찬가지로 가족의 가치를 최고로 하고 로맨틱한 남자가 지고지순한 사랑을 펼치는 것에 열광하는 데는 동유럽의 팬들도 차이가 없었다(이수연 2008; 홍석경 2013). 일본의 팬들이 한국 드라마를 보고 향수를 느끼는 것처럼 동유럽의 팬들도 과거를 추억하고 그리워하는 공통점을 보이고 있다. 동유럽의 청소년들이 케이팝에 열광하는 것도 꽃미남과 음악성이라는 표면적 외에 미디어를 통해 공개되는 케이팝 스타들의 피나는 노력의 모습과 다양한 팬서비스에서 위로와 격려를 받는다는 점 또한 다른 지역에서도 공통으로 나타나는 면이다(박성현 외 2013; 윤선희 2009). 이와 같이 아시아 팬들이 한류에서 아시아적 가치를 찾는 것처럼 동유럽의 한류 팬들도 그들이 인식하는 아시아적 가치를 희구하고, 그로부터 그들이 잃어버린 문화 정체성을 회복하고 현실의 어려움을 극복할 대안을 찾는 것이다.

더 나아가 동유럽의 한류 수용이 보이는 특징은 동유럽 팬들은 다른 지역에 비해 강한 사회의식과 정치적 동기를 보이고 있다는 점이다. 동유럽 수용자들은 한국 드라마에 나타난 가족적 희생과 인간관계의 정, 어른에 대한 공경과 전통 가치를 곧 자국 사회 비판의 준거점으로 삼고 서구 문화 도입으로 상실한 자기 문화 정체성을 상기시키는 동인으로 본다. 이들은 한국 드라마나 예능 프로그램을 보면서 자본주의와 다른 아시아적 가치를 추구하면서도 동시에 물적 발전의 성공도 달성할 새로운 가능성을 찾고자 하는 것이다. 동유럽 한류 팬들이 한국 미디어에 열광하는 것은 세계에서 가장 빠른 경제 성장을 이루고 디지털 기술을 선도하며 모던한 이미지를 전파하는 국가 이미지와 함께 한국 미디어가 그리는 아시아적 가치가 이들에게 어필했기 때문이다. 여기서 한류에 대한 애호는 동유럽이 근대화 과정에서 공산주의와 자본주의를 경험하면서 추진해 왔던 근대 사회 건설이 겉으로는 서유럽과 동일한 시스템을 가져왔지만 내면적으로는 만연한 사회문제를 배태하고 있는 것에 대한 아래로부터의 비판이고, 대안의 모색이다. 유럽발 위기가 유럽의 가장 약한 고리인 동유럽에 그 어느 곳보다 심각한 사회문제를 야기하면서 새로운 모델을 추구하기 위한 사람들의 욕구는 그만큼 커지게 되었다. 이들의 한국 미디어 수용은 심리적 충족감과 지식 정보 획득의 차원을 넘어 자신의 전체 삶을 건 코리안 드림으로까지 발전하고 있는 것이다.

동유럽에 부는 한류가 환상으로서의 코리안 드림 혹은 한때에 유행에 그칠 추세나 오리엔탈리즘 정도로 치부될 수도 있다. 하지만 과거 20년 서구 제도와 문화의 무분별한 도입으로 시행착오를 겪고 있는 동유럽 시민의 입장에서 자본주의와 사회주의를 넘어선 새로운 대안을 찾는 일은 절실하며 한때의 환상이나 이국주의로 환원될 수 없는 현실적 문제이다. 이는 위로부터의 제도적 실패를 몸으로 겪고 있는 일반인들이 요구하는 아래로부터의 대안이며, 일상 속에서 새로운 사회를 건설하기 위한 문화적 실천의 수행이라 볼 수 있다. 동유럽의 한국 미디어 수용이 반영하고 있는 사회문화적 실천이 현실적 힘으로 부상할 수 있을지, 또 한국 미디어가 현실적으로 세계 패권 구도와 자본주의 체제에 대한 제3의 모델이 될 수 있는지는 또 다른 연구 주제이다. 한국 사회가 결코 이상적 사회와는 거리가 멀고 한국 미디어 또한 문화 정체성과 이데올로기의 심각한 문제를 내포하고 있다는 것이 사실이더라도 이것이 미디어 수용자들의 현실 인식과 희망의 요구를 위축시킬 수는 없다. 동유럽의 미디어 수용자들은 한국 미디어를 통해 아래로부터의 진정한 사회 재건의 요구를 외치고 있으며 새 희망의 가능성을 아시아적 발전이라는 제3의 모델에서 찾고 있는 것이다.

제7장 북한의 한류와 사회 변화

1. 서론

최근 북한 문제는 우리 사회뿐 아니라 전 세계적으로 가장 관심을 불러일으키는 이슈 중 하나이다. 군사 위협과 평화적 대화 사이를 널뛰면서 하루가 다르게 전개되는 북한 관계는 전 세계의 주목을 불러일으키고 있다. 북한의 연이은 핵 개발과 실험은 당장이라도 세계대전으로 번질 것 같은 일촉즉발의 위기를 불러일으키다가 2018년 이후 전면적으로 사태가 역전되어 올림픽에 남북 단일팀이 입장해 세계 평화의 구호를 외치고, 남북·북미·북중 정상회담이 연이어 열리고 있다. 이처럼 하루가 다르게 파격이 잇따르는 북한의 행보에 대해 전 세계 언론이 수복하고 있으며 많은 분석과 다양한 해석이 나오고 있다.

북한에 대한 큰 관심과 다양한 분석에도 불구하고 북한에 대해 정확한 예측이 불가능한 데에는 북한 사회의 폐쇄성이라는 특징만큼이나 북한에 대한 일반적인 고정관념도 크게 작용한다. 북한 사회에 관한 대개의 이미지는 일인 독재에 의해 철저히 동세되고 전 국민이 군사적으로 동원되며 호전적 태도로 일관한다는 것이다. 외부에 노출이 극히 제한된 상태에서 북한에 대한 뉴스가 나올 때마다 미디어를 통해 거듭 등장하는 북한의 자료 화면이 이런 이미지를 지속적으로 강화한다. 북한 사회를 바라볼 수 있는 시야의 한계로 인해 정치적·경제적·사회적·문화적으로 다양한 층위를 제대로 파악하기는 극히 어려운 상황이다. 현재 북한에 관한 우리 사회와 세계적 차원의 담론에서 북한 내면적 변화, 즉 북한의 일상적 문화에 관심을 기울이는 논의는 극히 적다. 이는 북한 사회에 대한 수많은 연구에도 예외가 아니며, 문화적·사회적으로 북한의 다양한 측면을 연구한다고 하면서도 정치적·이데올로기적 연속성 속에서 정책적 목적으로 연구를 한정하고 있는 실상이다.

이 장에서는 미디어와 한류를 중심으로 북한 사회의 문화적 일상성을 조망하고 그것이 북한 사회의 변화에서 갖는 함의가 무엇인지 살펴보려 한다. 북한 사람들의 일상적 문화를 보는 이유는 이를 통해 북한 사회의 변화를 단면적으로 볼 수 있기 때문이다. 흔히 거시적이고 구조적인 문제를 규명하는 것이 사회 변화를 분석하는 최선의 길이라 생각하기 쉽지만, 북한과 같이 폐쇄적이고 정태적인 사회에서 정치적이고 이데올로기적 변화는 체제 전복이 일어나기 이전에는 크게 기대할 수 없는 부분이다. 현재 북한 연구가 정치와 권력층에 초점을 맞추다 보니 소극적 징후에서 의미를 찾고 여러 가지 해석을 시도하는 단계에 그쳐 아래로부터의 근본적인 변화를 파악하는 데 한계가 있다.

본 연구에서는 북한 사회의 변화를 문화적 일상성에서 찾아보기 위해 청소년의 미디어 수용 양태를 보고자 한다. 청소년은 어느 사회나 권력의 변방에 거하는 마이너리티, 즉 힘을 가지지 못한 피보호 계층 혹은 피지배 계층에 속하지만 그로 인해 기존 사회에 가장 저항적인 문화를 형성하는 담론 구성체를 형성하기도 한다. 한국 사회에서도 예컨대 교실 붕괴 등 청소년 문제가 부각되고 있지만, 이는 단순히 청소년의 문제가 아니라 심각한 사회구조적 문제가 사회 약자인 청소년을 통해 드러난 것이라고 할 수 있다. 북한의 경우도 청소년 문제는 북한 사회의 환부를 드러내 주는 지표이며, 청소년 문화가 보이는 저항성과 변화의 바람은 북한 사회의 미래 변화를 예측하게 하는 하나의 기준이 될 수 있다.

또한 북한 사회에서 미디어 시청, 특히 금지된 한국 미디어 시청은 이미 공공연한 비밀이 될 정도로 확산되어 있다. 북한 청소년을 위시한 주민들은 법적으로 구속되거나 감옥에 갈 각오를 하면서도 한국 미디어를 시청하고 있다. 이는 북한 사회에 이미 불고 있는 변화의 바람을 나타내고 있으며, 정치적 권력에 저항하는 총체적인 지각 변동을 미디어 시청이라는 일상적 생활 패턴을 통해 예고하고 있는 것이다.

북한 사회의 미디어 시청이 아래로부터의 사회적 변화를 가늠하는 지표가 된다는 것은 이론적 차원에서도 의미가 깊다. 본 연구는 북한 청소년 문화에서 미디어 시청이 가지는 의미에 문화 연구의 성과들, 특히 푸코를 중심으로 한 소위 포스트구조주의 이론을 통해 접근하고자 한다. 혹자는 북한과 같이 명시적 폭압과 독재 권력이 판치는 사회를 분석하는 데 포스트구조주의 이론보다 전통 이론이 유효하다는 입장을 제기할 수 있다. 그러나 북한 사회도 더 큰 세계적 변화의 물고를 피해 갈 수는 없는 세계의 한 단위로서 포스트모던한 문화 영향에서 완전히 고립될 수는 없다. 더 나아가 북한 사회의 변화를 타진하기 위해 아래로부터의 일상적이고 미시적 차원의 변화를 설명할 수 있는 포스트구조주의 이론은 어느 것보다 유용하다고 할 수 있다. 3대째 이어지는 일당, 일인 독재의 북한 정권에 의해 내부적 변화가 철저히 비밀에 부쳐지는 현실에서, 정치경제적이고 구조적인 변화의 노출은 극히 제한적일 수밖에 없다. 오히려 미시적이고 일상적인 생활양식을 살펴봄으로써 북한 사회 내부의 변화를 가장 잘 파악할 수 있다는 점에서 미시적 일상 문화에 천착한 포스트구조주의 이론의 적합성은 거듭 강조해도 지나치지 않을 것이다.

북한에 일고 있는 한류의 바람은 단순히 주민들의 문화 취향을 드러내는 것만이 아니라 북한 사회 내부에 불고 있는 변화와 새로운 사회 건설의 희망을 나타내고 있다. 북한 사회가 이미 패망한 사회주의 체제에서 유례를 찾을 수 없는 교조적 체제를 지탱하고 있지만, 이미 내부에서는 포스트사회주의 사회를 대비하는 아래로부터의 열망을 보여 주고 있다. 이와 같은 열망이 아니라면, 발각될 경우 혹독한 수용소 생활을 해야 하고 최악의 경우 사형까지 당할 수 있는 위험을 감수하면서 한국 미디어를 시청하는 북한 사람들의 동기를 설명하기 어려울 것이다. 북한의 한류는 북한 내부의 변화와 북한 주민들의 욕망을 엿볼 수 있는 가장 적나라한 문화 운동으로 볼 수 있다.

2. 북한 연구의 이데올로기적 한계

우리 사회에서 북한은 현실적 필요성에 따라 정치, 사회, 군사, 경제, 문화 등 다양한 분야에서 연구되어 왔다. 남북 분단의 현실에서 북한에 대한 경계와 파악은 국가 생존의 문제이기도 했다. 대체로 현실적 필요성과 학문적 동기에서 북한 연구가 진행되어 왔지만, 현장 데이터가 부족하며 다수 문헌이 대외비로 처리되어 연구 자료 또한 부족하고 축적적 연구가 어렵다는 현실은 북한 연구의 한계이다. 이와 더불어 북한에 대한 한국 사회의 정치적·이데올로기적 이해관계는 북한 연구를 일정한 이념의 하위 수준에 머무르게 하는 결정적 한계를 부여한다.

북한 연구가 지닌 한계에 새로운 돌파구가 생긴 계기는 90년대 말 이후 남북 교류의 확대였다. 특히 2000년대에 들어서면서 탈북자들이 속속 우리 사회에 유입되기 시작하면서 연구는 새로운 전기를 맞았다. 미디어 관련해서는 남북의 교류가 90년대 말 서서히 이루어지기 시작했고 북한 미디어에 대한 관심과 더불어 통일 후를 대비한 미디어 교류에 대한 본격적인 연구가 이때부터 출발했다. 북한 관련 미디어 연구는 2000년 남북 정상회담을 계기로 방송 교류를 위한 정책적 연구가 주를 이루고 있다(김용호 2000; 이우승 2000). 이전에 간헐적으로 진행되던 미디어 연구가 주로 북한 신문을 텍스트로 하여 북한 언론의 특이성을 보고하는 수준에 그쳤다면, 남북 방송 교류가 정치적으로 제안되면서 독일의 통일 이전 방송 교류를 모델로 하여 그 정책적 모색과 통일을 준비하는 방송의 역할이 강조되었다.

이후 북한 이탈 주민이 한국에 거주하기 시작하면서 이들을 통해 북한의 실상을 더 구체적으로 파악하게 되었고, 미디어 연구에도 보다 현실적이고 학문적인 연구가 시도되기도 했다(성숙희 2008; 이민규·우형진 2004; 이주철 2003; 이창현 2000). 다양한 연구 방법론이 동원되어 북한 이탈 주민의 미디어 이용에 대한 실증 연구가 진행되었지만 그 대부분은 북한 이탈 주민을 통일 후 문제를 진단하고 해결책을 모색하기 위한 샘플로 삼아 미디어를 통한 사회 적응 문제를 주로 다루었다. 이들 연구는 북한 문제와 북한 이탈 주민들을 파악하는 데 일보 진전하기는 했지만, 기본적으로 이전 연구의 정책적 관심과 맥을 같이하고 있어 북한 사회와 문화의 다층적·심층적 측면을 알기에는 부족함이 있나. 한편, 북한 문화에 대한 일반 연구 또한 정치적 편향성과 경직성을 넘어서지 못하고 있다. 대개의 북한 문화 연구는 명시적으로 북한에는 대중문화가 부재하거나, 있더라도 일인 독재에 일방적으로 이용되는 도구라고 전제하고 있다(오양열 외 2004; 임순희 2000). 문학과 예술 전반, 또 때로는 종교까지도 일인 독재의 정치적 목적으로 파괴되기도 부활되기도 한다는 것이 북한 문화 연구들의 일관된 서술이다.

북한 연구자들이 주목한 것은 일반적인 공산주의 사회 양상과 다른 북한만의 특이한 문화 예술의 발전 양상이며 특히 김정일 정권에서 부상한 선군 사상에 의거한 문화 활동이다. 90년대 중반 이후 북한은 극심한 경제난을 겪으면서 '고난의 행군'을 사상적으로 교육하고 선군정치의 도구로 문화와 예술 활동을 적극 활용했다(정철현 2008). 특히 "인민의 아편"으로 공산주의에서 폄하해 왔던 종교가 북한 사회에서 사실상 용인되고 통제가 느슨해진 것도 선군정치와 맥을 같이한다고 보고 있다(하종필 2003). 이와 같이 북한 연구에서 문화는 정치와 정권의 하위 개념이자 일방적인 이용 대상으로 보고되고 있다.

북한 청소년에 대한 몇 안 되는 연구 또한 예외가 아니다. 이들 연구에서는 북한 청소년의 정체성과 문화가 주체사상을 중심으로 형성되었다고 보고 북한 사회의 정치권력 아래 청소년의 문화적 위상을 자리매김하고 있다(길은배 2002; 도홍렬 1994; 이기춘 외 2001). 최근의 경향에서는 북한 이탈 청소년의 중심으로 실증 조사를 하는 연구가 증가하고 있으나, 주로 이들의 한국 사회 적응 과정에 초점을 두면서 폐쇄적이고 억압적인 북한 문화를 가정하고 여기서 자란 일탈적 주체로 청소년을 가정하고 연구를 진행하는 경향에서 여전히 벗어나지 못하고 있다(김윤나 2008; 전우택·윤덕용·엄진섭 2004).

북한 사회가 폐쇄적이고 억압적인 사회라는 것은 누구도 부정할 수 없는 사실이다. 일당, 일인 독재에 의한 철저한 통제 사회이고 만성적 군사동원 체제로 인권과 문화의 독립적 발전을 기대하기 어려운 사회이기도 하다. 그러나 인간이 사는 사회가 억압적 권력에 의해 일방적으로만 주도될 수 없다. 푸코는 『감시와 처벌』에서 근대 범죄학이 범죄를 구성하는 담론적 권력 실천의 기반이 된다는 점을 강조하기 위해 적나라한 육체적 고문과 단두대 처형 장면을 묘사하면서 책의 서문을 열고 있다. 선혈이 낭자하고 구경꾼들이 욕설을 퍼붓는 전근대적 범죄의 처벌은 푸코가 볼 때 오히려 권력의 빈틈을 보이고 저항과 반대를 쉽게 모의하여 권력의 그물망을 빠져나가기 쉽게 하는 비효율적 체계이기도 하다. 이에 비해 정교한 근대 범죄학은 누구도 빠져나갈 수 없게 미시적 권력으로 그물망을 좁혀 오고, 반대를 꿈꾸지 못하게 하는 정당성과 동의를 통해 새로운 권력을 공고히 한다는 것이 푸코의 시각이다. 이런 시각으로 북한을 진단한다면 북한 사회가 일인 독재를 통해 기획하는 물샐틈없는 철저한 통제와 억압은 오히려 전근대적 처벌과 유사하게 사회 전반의 총체적 권력을 성공리에 완수할 수 없게 하는, 구멍이 숭숭 뚫린 권력의 그물망에 그칠 수 있다. 푸코의 이론 틀대로라면, 북한 정치권력이 획책하는 억압적 권력은 오히려 비통제의 알리바이를 형성하고 저항과 반대를 쉽게 모의하게 하여 가장 비효율적인 권력의 실체를 드러낸다고 볼 수 있을 것이다.

이런 의미에서 권력 작용을 파악하기 위해서는 단순히 상부구조로서의 제도적 장치만이 아니라, 내부 사람들의 일상적 실천을 면밀하게 살펴보아야 할 것이다. 여기서 포스트구조주의 이론적인 접근은 북한 사회 내부의 변화를 일상적 현실로 노출하는 계기를 마련할 수 있다. 기존의 북한 연구가 공통으로 보이는 문제점은 정치권력과 이데올로기에 의해 구조화된 담론으로서의 '북한'을 선제하고 연구의 발견을 제한한다는 점이다. 정치 연구뿐 아니라 앞서 논의했던 북한의 문화 연구, 미디어 연구, 청소년 연구, 일상생활 연구가 모두 실제 일상적 실천으로서의 문화를 탐구하지 못하고 정치적·경제적 파생물로서의 문화 현상을 기록하고 있다는 점에 대해서도 이런 관점에서 문제를 제기할 수 있다.

기존 북한 연구의 맹점을 보완하고 현실적 변화를 파악하기 위해서는 단순히 새로운 연구 문제를 소개하고, 실증적 자료를 보충하는 것으로 끝나지 않을 것이다. 북한 연구가 기반을 두고 있는 지식/권력의 맥락을 총체적으로 해체하고, 새로운 인식론으로 감춰진 모습과 목소리를 학문적 담론으로 끌어내는 과정이 선행되어야 한다. 이것이 북한 연구에 부재한 '문화성'을 회복하기 위해 푸코를 위시한 포스트구조주의적 이론 틀을 도입하고자 하는 이유이다. 푸코가 말하듯 혁명의 시대에는 거대 담론의 동원과 거대 담론의 저항이 서로 격돌하여 구조적 변화를 달성하지만, 포스트 근대의 시대에는 거대 담론이 해체되고 미시적 권력 생성과 문화적 저항이 변화의 동인이 된다. 북한 사회와 같이 근대화에 뒤처지고 글로벌화의 최변방에 위치한 공간에서도 사회의 변화는 문화적 저항으로서 미시적으로 일어난다는 사실을 여기서 발견할 수 있다.

3. 북한 청소년의 한국 미디어 시청

이 장에서는 북한 사회에 아래로부터 일고 있는 변화의 조짐을 살펴보기 위해 사회 권력에서 마이너리티이면서 미래를 향한 역동성을 포착할 수 있는 대상으로 청소년의 일상을 조사했다. 특히 북한 청소년의 미디어 시청에 대해 살펴봄으로써 도저히 그 속을 내보이지 않을 것 같은 정태적이고 폐쇄적인 북한 사회의 변화를 세밀하고 장기적인 시각에서 추적하고자 했다. 구조적이고 거시적인 차원에서 단일화되고 정태적으로 보이는 북한 사회에서도 사실상 미시적 차원에서 변화가 일어나고 있으며 이는 주체들의 일상 경험을 통해 스스로 노출될 수 있다. 이는 전통 북한 연구가 기반으로 하고 있는 이데올로기적 시각이 놓치고 있는 일상 문화를 되살려 보는 것으로, 전통 연구의 지식/권력을 해체하고 새로운 시각을 도입하여 현실적이고 장기적인 사회 변화에 주목한다는 데서 의의를 가진다.

북한 청소년을 직접 조사하는 데 한계가 있어 한국 사회에 거주하는 북한 이탈 청소년을 대상으로 북한 사회의 상황을 조사하는 간접적 방식을 채택하고 있다는 점은 연구의 한계로 지적받을 수 있다. 조사 참여자는 대안학교 학생으로서, 해당 학교는 북한 이탈 주민이 집단적으로 가장 많이 모인 곳이기도 하다. 대안학교인 A학교는 탈북자들의 필수 코스인 하나원 교육 이후 희망자에 한해 10-20대를 대상으로 중등교육을 실시하는 기관이다. 이곳은 기숙학교 형식으로 집단생활을 하며 국고 보조로 운영되고 있다. A학교의 특성상 철저한 보안과 학생 보호에 만전을 기하기 위해 일반인의 접근이 금지되어 있다. 학생 중 일부는 북에 가족을 두고 온 경우도 있어 신분이 노출될 경우 북의 가족에게 위협이 될 수도 있기 때문이다.

본 연구를 위한 사전 조사로서 A학교 전교생을 대상으로 북한에서의 한국 미디어 시청 형태를 조사했다. 설문조사 결과 북한에서 한국 미디어를 시청한 경험이 60%에 육박할 정도로 북한 젊은이들 사이에서 한국 미디어는 공공연하게 퍼져 있다는 놀라운 사실을 알게 되었다. 특히 시청 빈도 면에서 '보고 싶을 때마다 본다'는 응답이 높게 나온 결과가 언론을 통해 보도되면서 세상을 놀라게 하기도 했다. 이전에도 북한 주민들이 남한의 미디어를 몰래 본다는 사실이 언론을 통해 알려지기 시작했지만, 이와 같이 대단위로 일상적으로 보고 있다는 것을 집단적으로 증명한 것은 본 연구가 처음이다. 미디어 면에서 TV를 통해 본다는 답변은 15명으로 상대적으로 낮은 데 반해 비디오를 통해 방송 프로그램이나 영화를 본다는 답변이 많게 나왔다. 본 연구가 처음 실시된 2010년 남한 미디어 시청이 60%이었던 데 비해, 최근 탈북자를 대상으로 해마다 실시한 설문조사에서 남한 미디어 시청 경험은 85%로 늘어났다(김동완 2014). 또한 북한 거주 주민을 대상으로 한 설문조사에서도 비슷한 분포가 나타나고 있다(강동안·박정란 2014).

그러면 북한 청소년들이 북한 사회에서 위법성의 부담과 처벌의 위협을 감수하면서 한국 미디어를 보는 이유는 무엇일까? 문화 연구의 시각에서는 미디어 시청에 단순한 이용 충족의 의식적 동기보다 깊은 원인이 작용한다고 보는데, 북한 사회의 특수성 속에서 이는 더 극적으로 작용할 것이다. 현재 국내 미디어 수용자 연구나 국제적 한류 미디어 수용에 대한 많은 논의가 문화 연구의 성과들을 적용하여 심층적 의미 해석과 무의식적 심리에 대한 분석이 이루어지기 시작했는데, 북한 주민들의 한국 미디어 시청도 이런 맥락에서 고찰해 볼 수 있을 것이다. 북한의 경우 극한적 현실 가운데서 미디어 시청마저 치열하게 이루어진다는 점에서 다른 사회와 차이를 보이며, 이는 이론적 차원에서도 많은 시사점을 던져 준다.

본 연구에서는 북한 청소년의 한국 미디어 수용 동기와 문화적 맥락을 이해하기 위해 A학교 학생 중 북한 거주 시 한국 미디어 시청 경험이 있고, 본인이 자발적으로 참여하고자 한 학생을 대상으로 심층 인터뷰를 실시했다. 인터뷰 기간은 2010년 4월부터 7월까지 4개월이었으며 전교생을 대상으로 한 설문조사와 이후 표집된 대상을 중심으로 개인 인터뷰와 집단 인터뷰를 실시했다. 그 외 학교에서 참여 관찰과 교사 인터뷰가 보완 자료를 위해 실시되었다. 심층 인터뷰는 비구조화된 인터뷰 방식으로 인터뷰 진행자의 개입은 최소로 제한하고 질문도 먼저 제기하지 않았다. "북한에서 어떻게 지냈는지 들려주세요"와 같은 광범위한 대화 트기로 질문을 국한하고, 철저히 듣기 위주로 진행했다. 인터뷰 내용에 대해서는 기록과 녹음을 병행했으며, 녹음은 사전에 양해를 구하고 동의를 한 경우에 한해 실시했는데 전원이 동의했다.

인터뷰 대상자는 한국에 온 지 4년이 지나지 않은 학생으로 제한했다. 북한에서의 청소년 생활에 중점을 준 연구이기 때문이었다. 비구조화된 인터뷰 방식이지만 학생들은 별로 어색함이 없이 의견을 활발하게 개진했으며, 개인 신상의 문제까지 거리낌 없이 토로하는 양상

〈표 7-1〉 인터뷰 대상자

	나이	출신지	가족	남한 거주 시작 시기	북한에서의 남한 미디어 시청 시간
남 1	17	황해도	부, 모, 누나 1	2007년	주 1시간
남 2	17	함경남도	부, 모, 남동생 1	2006년	주 10시간
남 3	19	함경북도	부, 모	2007년	주 3시간
여 1	18	황해도	모	2006년	주 7시간
여 2	21	양강도	모, 여동생 1	2008년	주 2시간
여 3	19	함경북도	모	2008년	주 2시간

을 보이기도 했다. 상대적으로 인터뷰 진행에 라포가 형성되는 데 오랜 시간이 걸리지 않았으며, 후속 인터뷰에 자발적으로 참여 의사를 표현하기도 했다. 필자가 보기에 언어 습관이나 겉모습, 행동 방식도 일반 한국 청소년과 큰 차이가 나지 않았고, 일반적으로 한국 청소년보다 나이가 많은 사람들이었기 때문인지 인터뷰 적응력이 상대적으로 높게 나타났다.

1) 북한 청소년의 놀이 문화

극히 폐쇄적인 북한 사회에서 과연 문화생활이 허락될까 의문을 가질 수 있지만, 다른 여느 사회와 마찬가지로 청소년은 사회적 생산 이전의 계층으로 자신이 위치한 사회적 입장에서 하위문화를 형성하며 특유한 놀이 문화를 영유하고 있다는 것을 발견할 수 있다.

> 남 2: 북한에서는 노는 것밖에 없어요. 축구 하고, 뛰어놀고, 패싸움, 돌까기…. 북한은 무조건 운동이에요. 컴퓨터나 이런 거 없고 무조건 체력으로 노는 거. 거기는 공부 잘한다고 성공할 수 있는 그런 건

아니고…. 어른들도 그냥 그거죠, 건강해라. '뭐 해라' 하는 거 없고, 아빠 직업 비슷하게 따라가면 돼요. 먹을 걱정만 없으면 북한은 아이들의 천국이에요.

남 1: 북한에서 학생들은 별다른 관심 없고 노는 거 제일 좋아해요. 거기는 옛날처럼 신분제라는 게 있어요. 돈이 없으면 높이 올라갈 수 없어요. 집에 돈이 없으면 부모들이 아예 기대를 안 해요. 공부해라 그런 얘기 안 하고. 그냥 힘을 키운다든지, 농사짓는 집에서는 농사에 집중하게 한다든지. 공부시키는 애들은 잘사는 집이라고 봐야 해요.

남 3: 애들이 좋아하는 건 노는 거죠. 볼 차기, 술래잡기. 저는 중국에 왔다 갔다 하느라 학교 못 다녔어요, 소학교만 나오고. 동네 형들하고 수영하러 가고. 변압기 같은 거 손으로 만들고. 나중에 중국에서 갖고 온 게임하고.

여 1: 북한에 있을 때 먹는 것도 좋아하고, 음악 듣기 좋아하고 여기저기 쇼핑하러 많이 가고. 옷에 관심 많아서 애들끼리 옷 바꿔 입기도 하고요. 저녁에 '오락회'라는 것이 있어요. 노래하고 춤추고, 옆에 기타 치는 사람도 있고. 그걸 제일 많이 했어요. 남자들도 있고. 오빠들 모여서 같이 놀고. 자주 그랬던 거 같아요…. 틀에 갇혀 있고 싶지 않아서 여행 삼아 많이 다녔어요. 여행 다니는 거 돈만 있으면 자유로워요. 통행증이라는 게 있는데, 돈만 주면 끊고 잘 다닐 수 있어요. 어릴 때는 부모랑 다니고, 커서는 혼자서도 다니고.

여 2: 북한 학교 다닐 때 제일 관심 갔던 건 연애 같은 거. (웃음) 쪽지 같은 거 날리고. 선물, 손수건이나 거울 주고 좋다는 말 하고. 여기처럼 데이트할 데가 없으니까, 다리 밑에서 만나고, 아파트 골목에서 저녁 어두울 때 만나서 얘기하고.

여 3: 저는 아빠가 일찍 돌아가셔서 별로 뭐 해 달라는 것도 없고 노는 것도 별로 없었어요. DVD로 한국 영화 보는 게 낙이고. 친구들과 바닷가 가서 노는 거 재미있었고. 학교에서 단체 소풍 갔을 때 좋았던 것 같아요.

통상 폐쇄적이고 억압적인 북한과 같은 사회에서 어린이, 청소년들은 기계적으로 성장하여 일인 독재 체제의 부품같이 될 것이라 상상하지만, 북한 사회의 청소년들도 제한된 한계 내에서 그들의 문화를 형성하고 놀이를 통해 그들의 일상적 즐거움을 느끼고 있다는 것을 인터뷰를 통해 알 수 있다. 여느 사회의 청소년과 마찬가지로 이들은 놀이와 이성 교제, 친구들과 어울리는 것을 즐기고, 패싸움이나 여행, 연애 등 다양한 양식으로 일상 속에서 즐거움을 시도한다. 이런 행위들이 북한 사회에서 금지되기도 하고 장애가 많지만 청소년들은 위법이나 뇌물, 몰래 하기 등 그들만의 방식으로 원하는 것을 즐기며, 일상 속에서 기성의 가치와 권력에 의식적이든 무의식적이든 저항하는 하위문화를 형성하는 것이다. 푸코적 시각에서, 미시적 권력 생성에 주체가 되는 일상적 실천의 중요성이라 할 수 있다. 북한 청소년들의 놀이 문화를, 피스크(Fiske 1989)를 위시한 포스트모던 미디어 연구자들이 전제한 일상의 즐거움의 문제로 보기에는 그들 일상에 드리운 권력의 구속이 지나치게 잔인한 것도 사실이다. 그러니 여기서 초점은 일상의 주체가 구속의 한계 내에서 자발적 참여에 의해 저항 문화를 형성한다는 점이다. 이것이 푸코의 원전으로 돌아가 권력의 폭압과 생성의 두 얼굴을 북한 청소년의 일상 문화에서 관찰하고 현실 변화의 움직임에 귀 기울여야 하는 이유이다.

북한 사회의 굶주림과 물자·인프라 부족이라는 경제적 문제, 사회 유동성이 낮고 부패 지수가 높은 사회적 문제, 정치적 독재 체제의 문제 등을 청소년들도 몸으로 체득하고 인식하고 있지만, 이것이 좌절이나 순응으로만 이어지는 것이 아니라 현실의 한계 내에서 그들의 여유 공간을 찾아 신나는 놀이 문화로 탈바꿈시키고 있다는 것을 알 수 있다. 인터뷰에서 남 2가 먹을 것만 있으면 '북한은 아이들의 천국'이라고 묘사하고 있는 것처럼 현실 권력의 변방에서 청소년들은 또래끼리의 생활 세계를 다방면으로 만들어 가는 것이다.

북한의 특수한 환경에서 한국 미디어 시청은 여 3이 말하듯이 '현실의 낙'이며 가장 저항적인 즐거움을 주는 동인이라고 할 수 있다. 미래에 대한 계획이나 투자에 큰 관심을 두기 어려운 환경에서 청소년들은 공부나 진로에 대한 부담 없이 현재를 즐기는 것에 관심을 가지며 이것이 놀이 문화로 형성된다. 한국 미디어 시청에는 큰 위험부담이 있지만, 그럼에도 현실의 문제를 극복하기 위한 즐거운 수단으로 한국 미디어를 불법 시청하게 된다. 북한 사회와 같이 항시적인 억압과 폭력이 상존하는 사회에서는 미디어 시청과 같은 일상적 행위도 감금과 처벌의 위험부담을 질 만큼 중요한 저항의 행위가 되는 것이다.

2) 철의 장막 속 아래로부터의 개방

폐쇄적인 북한 사회도 점점 개방되는 지구촌의 물꼬를 완전히 피해 가지는 못한다. 정치적 폐쇄성을 유지하고 위로부터의 철저한 통제를 시도하고 있지만, 아래로부터는 개방의 물꼬가 이미 뚫리고 있다. 특히 미디어 상황은 이를 반영하고 있으며 북한에서 금지하고 있는 한국 미디어, 서양 미디어가 사회 전반에 널리 퍼져 있다는 사실은 이를 말해준다. 본 연구의 조사 결과가 북한 이탈 청소년이라는 특수 계층을 대상으로 했다는 점을 고려하더라도 북한에 거주할 당시 광범위하게 한국 미디어를 시청했다는 이들의 경험은 북한 사회의 변화를 짐작할 수 있게 한다.

남 1: 북한에는 전기가 없으니까, 컴퓨터가 없어요. 근데 여기는 PC방 같은 게 있죠. 개인이 집에 차린 게임방이 있는데 소학년 4학년 때 많이 다녔어요. 거기 주로 오는 사람들이 있어서 친해지고 같이 놀 수 있고. 한마디로 불량(배)이지요… 북한 텔레비전보다 한국 텔레비전을 더 많이 봤는데…. 북한은 전파가 약하고, 한국 게 더 세서 잘 나왔어요.

남 2: 텔레비전은 북한 텔레비전 안테나 조절해 갖고 보고, 한국 거 볼 때만 하루 4시간 정도 봤죠. 북한 것만 볼 때는 2시간 정도? 별로 안 봤어요. 비디오는 종일 재미있게 볼 때도 있고. 중국에서 넘어와요. 북한 장사꾼들이 몰래 물어보면 팔고 그래요. 저 사람들은 한국 비디오 본다, 그런 거 다 알아요. 사람들이 한국 방송 보고 (서로) 얘기하지는 않아요. 잡히면 큰일 나니까.

여 1: '녹화기'로 외국 것도 많이 봐요. 한국 거, 미국 거 몰래 보고, 소련 것, 인도 것도 많이 봤어요. 그건 숨기지 않아도 되니까. 중국에서 밀수해서 몰래 아는 사람들끼리 살짝살짝 보고. 주위의 3분의 2는 거의 한국 방송 보는 것 같아요. 성별 따질 것 없이 다 보고, 애들이 더 많이 보고 어른들도 같이 보고. 북쪽으로 올라갈수록 더 많이 보긴 하더라고요. 아래쪽은 2004년부터 많이 봤고요, 북쪽 올라가서는 더 많이 봤어요. 같이 보긴 해도 서로 진지하게 감상 얘기 안 해요. 조심도 해야 하니까.

여 2: 저희는 가깝다 보니 중국 채널이 진짜 잘 잡히거든요. 연선(국경 인접 지역)에 있는 사람들은 거의 (한국방송) 보는 것 같아요. 그전에는 DVD로 보고. 친구들하고는 〈가을동화〉 봤어요. 친구 집 갔나가. 처음에는 한국말 잘 못 알아듣고, 저게 무슨 말이냐 그런 얘기 주고받고. 또 노래 같은 거 따라 하고, 한국식으로 노래 부르려고 하는 애들도 있어요. 〈가을동화〉에서 송혜교 보고 매직 머리 유행하기도 하고. 오락회에서 남자애들이 춤도 따라 하려고 그랬어요. 서로 얘기는 잘 안 하지만 한국식 따라 하는 거 보면 '재는 좀 봤네' 속으로 그러고.

여 3: 한국 DVD는 많이 개방된 것 같아요. 중국에서 오거든요. 우리는 어른 아이 할 것 없이 한번 보면 열 명 넘게 다 봐요, 창문 가리고. 단속 나오면 얼른 감추고. 시장에 테이프 파는 데가 있어요. 몰래 숨겨 팔거나 빌려주고. 비싸지는 않았던 것 같아요. 〈타이타닉〉 재미있었어요. 타이타닉 갈라진 1912년이 김일성 생일이라 거기서는 제목이 1912였어요…. 전기가 없으니까 많이는 못 봐요.

인터뷰 과정에서 북한 이탈 청소년은 금지된 한국 미디어와 외국 미디어에 대한 노출 정도가 상당히 높은 것으로 나타났다. 비단 북한 이탈 청소년뿐 아니라 그들 주위의 많은 사람이 한국 미디어 노출이 크다는 증언을 하고 있어 이것이 일반 주민들 사이에서도 보편적인 현실임을 보여 준다. 청소년 또래에 맞게 한국 미디어의 영향으로 패션이나 스타일이 모방과 유행의 대상이 될 만큼 한국 미디어의 영향을 많이 받고 있는 것으로 나타났다. 〈가을동화〉 같은 한류 드라마에 대한 언급이 많았고, 송혜교를 비롯한 한류 스타들에 대한 인지도가 북한 사회 거주 당시부터 상당히 높았다고 진술하기도 했다. 한국 미디어의 영향은 청소년의 놀이 문화에 유입되어 북한 청소년들 사이에 많은 사교모임에서 공유되고 노래와 춤을 따라 하는 문화 코드가 유행하기도 한다. 현실적 위험성 때문에 한국 미디어에 대해 대놓고 말하고 토론하지는 못하지만 암암리에 또 공공연하게 모방하고 확산시키면서 청소년들은 한국 대중문화의 코드를 공유하고 있는 것이다.

아이러니하게도 한국 미디어는 북한 사회에서 열악한 생활환경과 경제 문제를 가진 지역에 더 가속적으로 확산되고 있다. 인터뷰에 참여한 청소년들이 진술하고 있듯이 북한의 전력 사정이 좋지 않은 관계로 전파가 강한 한국 방송이나 중국 방송의 월경 현상이 나타나게 되고, 황해도나 함경북도, 양강도 같은 지역에서는 공중파를 통해서도 한국 방송을 볼 수 있다고 한다. 거기다 북한 미디어 제작의 열악한 기술 환경과 오락거리의 부재는 암시장을 활성화해 한국 미디어나 게임의 유통을 진작하는 것이다. 기술적·경제적 문제가 북한 사회의 폐쇄성을 유지하지만, 역으로 아래로부터의 개방을 부추기는 동인으로 작용하기도 하는 것이다. 그 결과 한국 미디어의 영향은 북한 사회에 공공연하게 퍼지고 있다.

북한 사회의 개방은 주로 암시장과 불법 교류를 중심으로 아래로부터 이루어지며 급격히 확산되고 있다.

> 남 3: 저는 중국을 왔다 갔다 안방 드나들듯이 했어요. 어머니 아버지가 중국에 계시니 할머니 할아버지 돈 갖다 드리라고 해서 두만강 넘어 다녔는데, 목숨 걸고 다니는 거죠. 돈 좀 있으니 애들하고 옷 사 입고, 술 마시고. 남한 애들하고 똑같아요, 노는 거는. 공부에는 집착 없지만.
>
> 여 1: 외국 갔다 오신 분들이 많아요. 갔다 올 때마다 옷 같은 것 가져다 팔려고요. 먼저 가서 보고 이쁜 거 있으면 샀나 달라고 하고 사시 입고. 시장에 가면 그냥 만들어 놓은 집들 있고, 중국 거나 그런 건 안 입어요. 일본에서 들어온 거, 그런 거 입어요. 제가 열네 살 때 일자 바지, 여기 말로 하면 스키니 바지 입고 위에 터질 듯이 짝 붙는 그런 게 유행했어요. 엄마가 사 주니까 골라서 입고. 부모들이 사 달라는 거 다 해 줘요. 설거지 같은 것도 못 하게 하고.
>
> 여 2: 저 사는 데가 중국이랑 연선이거든요. 거기 사람들은 사고 수준도 깨인 것 같아요. 우리 옷 입는 스타일이나 보면, 다른 데 북한 사람

> 보다 세련되고 생각하는 게 개방되어 있고.

청소년들의 진술을 통해 보면 언더그라운드의 해외 교류는 상당히 진전되었다고 짐작할 수 있다. 우리가 흔히 미디어를 통해 보듯이 배급을 타기 위해 긴 줄로 늘어선 북한 주민들의 불쌍한 모습과는 차이가 있는 청소년들의 일상생활을 엿볼 수 있다. 해외 미디어를 통해 유행하는 것들이 암시장을 통해 청소년 사이에 퍼지고 있는 것이다. 때로는 극도의 위험부담을 안고 중국을 오가면서 돈을 벌기도 하고, 때로는 부모의 헌신으로 해외 교류의 혜택을 누리면서 그들은 개방된 청소년 문화의 형성을 주도해 가고 있다.

북한 사회가 보이는 개방의 특이성은 현실의 금지에도 불구하고 보통 사람들, 특히 권력의 소외 계층인 청소년들을 통해 이루어지고 있다는 점에서 이론적으로 중요하다. 아래로부터의 사회 변화는 세계 최악의 교조적 공산 정권의 통제와 위협을 따돌릴 만큼 사회 전면적으로 일상적으로 번져 있다. 푸코(Foucault 1977)가 말한 포스트구조주의적 권력의 물샐틈없는 효과, 과학적이고 기술적인 권력의 포위망이 '파놉티콘'의 망루 꼭대기에서가 아닌 변방의 셀(cell, 감방)에서 시작되고 소리 없이 공유되어 사회 변화를 촉발하는 전복적 권력을 형성하는 과정을 북한 청소년의 진술을 통해 목격하게 된다. 북한 체제가 엄혹한 통제를 유지하기 위해 권력의 진보를 부인한 사이에 일반 청소년들은 불법과 암거래를 통해 금지된 외부의 문화를 남몰래 유입하면서 글로벌한 변화의 조류를 북한 사회 내부에서 진두지휘하는 위치를 차지하게 된 것이다.

3) 북한 미디어와 문화적 저항

북한이 미디어를 통해 일방적인 사상 교육을 전파할수록 청소년들은 이에 대해 반감을 보이고 문화적 저항의 대안적 방식을 모색하게 된다. 금지된 한국 미디어의 수용은 북한 청소년들의 저항 수단의 하나이며, 일상성 속에서 미시적으로 도모하는 변화의 담론적 형성체이기도 하다.

남 1: 북한 텔레비전은 5시에 시작해서 12시에 끝나는데, 많이 안 봤어요. 좀 보다 보니 어색한 느낌 있고. 한두 시간씩 '김정일 위원장 어디 시찰 갔다' 그런 거 계속 볼 필요가 없고. 애들이 좋아하는 만화 있어요. 20분 정도 하는데 그것만 매일 봤어요. 한국 텔레비전에는 사생활, 사람 사는 게 있잖아요. 그런 게 좋았어요. 북한 말과 다르게 남한 사람은 온순하다, 친근감 있는 말투가 느낌이 편하다 그런 생각 했죠. 학생들은 정치 같은 데 별로 관심 없고.

남 2: 남한 텔레비전은 스토리가 좋잖아요. 화면 딱 나오면 사람들 멋있고, 입는 옷 신기하고. 보니깐 먹고 사는 걱정은 없어 보이더라고요. 진짜 신기한 게 정부 욕하는 거. 대통령 이름 막 부르고. 북한에서는 할 수 없으니까.

여 1: 북한 텔레비전은 관심 없어요. 만화 시간 좋아하는데, 이미 CD로 나와서 다 봐서 관심 없고, 시찰 그런 거 신경 안 쓰고. 또 무슨 회고록 프로가 있는데, 그게 책으로 다 있어요. 관심 없고. 한국 텔레비전은 가족끼리 보니까 그냥 신경 안 쓰고 보는 것 같아요. 남한에 대한 궁금증이 든다거나 저기서 살면 어떨까 그런 생각도 안 하고, 나오니까 그냥 보는 거예요.

여 2: 북한 텔레비전은 고정돼 있는 거 같아요. 재미있는 프로가 별로 없어요. 김일성, 김정일 가식적인 거. 한국 거 보면 진짜 사람 사는 것 그대로 나타난 것 같고. 모든 게 재미있었어요. 북한에 있을 때는 그게 가식적이라고 느끼지 못했어요. 지금 와서 생각하니 그런 거고. 재미없다 그런 느낌만….

여 3: 북한 거(미디어)는 사상 교양 프로그램이니까, 뻔한 거 계속하니까 재미없고, 남한 것은 새로운 거 하니까 호기심 들죠. 한국 사랑 얘기가 좋았어요. 〈올인〉도 좋고 〈약속〉 영화도 재미있고…. 중국까지 갔으니까, 한국까지 가고 싶다 그랬던 거지 원래 계획했던 건 아니에요. 텔레비전 보면서는 그렇게 사는구나, 그런가 보다 했지 크게 별로….

청소년의 미디어 수용에서 보듯이, 북한 미디어에서 계속적으로 보이는 사상 교육과 김정일 우상화는 새로운 세대의 청소년에게 관심 밖의 일로 반감을 일으키기도 한다. 남 1이 말하듯이 "볼 필요가 없고", 여 1처럼 "시찰 그런 거 신경 안 쓰고" 있다는 반응을 보인다. 남 2가 진술하듯이 남한 미디어에서 자유로운 의사 표현과 일상성에 대한 관심을 갖게 되기도 한다. 인터뷰 중 모든 청소년이 한국 미디어의 장점으로 가장 많이 거론한 것이 '실제성', '일상생활'이었다. 영상 기술이나 흥미로운 스토리보다는 북한 미디어의 계획적인 교화와 대조적으로 일상성을 보이는 한국 미디어에 대해 흥미를 느끼는 것이다.

그렇다고 청소년들이 북한 미디어를 멀리하고 한국 미디어를 선호하는 것이 체제에 대한 직접적인 반대 때문이었다거나 남한을 동경해 계획적이고 직접적인 저항을 시도한 것이었다고 보기는 어려울 듯하다. 위의 인터뷰 참가자 인터뷰에서 볼 수 있듯이 '북한의 것은 재미없고 관심이 안 가는 반면 남한 것은 호기심이 가고 흥미롭다'는 반응이지, 의도적 저항 같은 거대 담론으로 미디어 수용을 표현하고 있지는 않다. 여 1, 3은 한국 미디어를 낙으로 보면서도 이를 통해 한국 생활을 동경하거나 이를 계기로 북한 이탈을 도모하게 된 것은 아니라는 진술을 했다. 여 2도 가식적인 북한의 이념적 미디어에 흥미를 갖지는 않았지만, 북한 거주 당시 크게 이념적 반감을 갖지는 않았다는 반응을 보이고 있다. 북한에서부터 한국 미디어를 선호하고 종국에 북한을 이탈하여 남한으로 거주지를 옮기게 되었지만, 청소년들이 북한 거주 당시 직접적이고 정치적인 동기와 계획 속에서 미디어를 수용하고, 미디어를 통해 한국을 동경하여 이탈하게 되었다고 결론 내리는 건 다소 성급한 것으로 보인다.

여기서 북한 청소년들의 한류 미디어 수용은 푸코가 말한 문화적 저항의 징후로 해석할 수 있으며, 북한과 같이 억압적 권력이 팽배한 사회에서도 변화의 바람은 아래로부터의 문화적 저항에 기인한다는 흥미로운 사실을 발견할 수 있다. 북한 청소년들은 그들의 일상성 속에서 미시적으로 권력적 저항을 보이며 감성적이고 일상적 차원에서 대안을 모색하는 것이다. 한국 미디어 수용도 북한 사회에서 금지되고 위험부담이 큰 행위이지만, 거대한 계획이나 정치 행위로 도모되기보다는 일상적이고 가벼운 시도로 전도되고 공유되고 있었다.

남 2: 북한에는 가속 중 한 녕을 안보국에서 불러서 나쁜 말 하는 사람 감시하라고 시켜요. 근데 가족을 밀고하는 사람은 없죠…. 우리 학생들은 진짜 고민이 없었어요. 공부에 대해서도 김정일이 뭐 하든 생각 없고. 완전 충성심 가진 애들이 있긴 한데 완전 소수고. 애들은 좋다, 나쁘다 그런 거 없어요. 그냥 놀사예요. 북한에서는 학교에서 일 많이 하잖아요. 어떨 땐 '우리가 학생이냐, 농사꾼이지' 그러죠. 누가 일하기 좋아해요, 당연히 싫죠. 빈둥빈둥 놀면서 단체로 몰려다니고.

남 2가 말하는 북한 청소년들의 학교생활은 흥미로운 사실을 드러낸다. 상호 감시와 노역에 일상적으로 흔히 동원되는 북한 학생들은 무관심과 '빈둥거림'으로 저항을 표현하고 있다. 이는 푸코가 말한 현실을 변화시키는 동인의 핵심이며 권력의 고정관념을 깨고 전복하는 유일한 길이 된다. 푸코가 보기에 권력의 경쟁적 대체나 체제 전복을 기획하는 혁명은 권력의 재생산을 낳을 뿐 근본적인 변화를 이루기는 어렵다. 오히려 일상적이고 습관적인 행위들 속에 의미 있는 변화의 뿌리가 자라날 수 있으며, 이것이 푸코가 장기적이고 미시적인 저항에 주목하는 이유이다. 남 2의 진술에서 보듯이 사회적 모순으로 어린 학생에게 가해지는 강압과 착취에 대해 학생들은 무관심과 딴짓하기 같은 매우 미미하고 산만해 보이는 반응을 보이는데 이것이 아래로부터의 현실적 변화, 전복적 권력의 가능성으로 이어질 수 있다. 인터뷰 과정에서 남 2가 진술하듯이 현실적 한계를 받아들이면서 개인이 행하는 미시적 차원의 저항은 억압적인 현실 권력을 사실상 무력화하는 하위문화의 영향력을 그대로 보여 준다. 온 세계를 기만하고 위협할 정도인 북한 정치 지도자의 철저한 권력 행위는 말단에서 가장 힘없는 마이너리티인 청소년들의 실천으로 일상 속에서는 힘을 발휘하지 못하고 쉽게 전복되는 것을 목격하게 된다. 물론 이들이 대단한 모의와 전복의 기획을 한 결과는 아니지만, 정치적 이념에 위배되는 가족적 가치로, 또래 집단들의 놀이문화와 빈둥거림, 할 일 없이 몰려다니는 산만하고 일상적인 행위로 위로부터의 동원과 억압은 쉽게 무너지고 무력화되는 것이다.

북한 청소년 중 일부는 이보다 좀 더 급진적으로 북한 정치체제의 모순에 저항하는 모습을 보이기도 했다.

여 1: 저는 소학교 4학년까지 다니고 그다음에는 학교에 안 갔어요. 엄마가 교사라 집에서 공부 가르쳐 줬어요. 학교 좋은 데 못 가면 일하잖아요. 각도에 일등 고등학교가 있어요. 대부분 돈 많은 사람이 뇌물 바치고 들어갈 수 있어요. 각 도에 하나씩 있어요. 거기 애들은 공부 열심히 하고… 선생님한테 허가만 받으면 학교 안 가도 돼요. 아파트에 친구들 많으니까 같이 놀고. CD 빌려다 친구들하고 밤에 열심히 보고.

남 3: 북한에서 솔직히 돈이 좀 있어야 잘 살 수 있으니까… 그래서 중국 가서 돈 벌고. 못사는 사람도 가지만, 돈 많은 집에서도 많이 가요. 이제 조금씩 변하고 있죠. 왜냐하면 중국에 왔다 갔다 하는 사람들이 많으니까. 저는 학교 안 다녔어요. 중국 왔다 갔다 하느라.

여 1이나 남 3처럼 현실적 모순을 피하기 위해 아예 학교에 가지 않는 경우도 있다. 북한은 의무 교육을 표방하고 있지만 여 1은 노역동원과 모순된 학교생활을 겪지 않기 위해 일찍이 초등학교부터 학교를 포기하고 홈스쿨링을 했다고 한다. 어머니가 교사라는 점이 더 흥미로운 점이다. 남 3의 경우는 중국에 밀입국하여 돈을 벌기 위해 학교에 다니지 않고 대안적 청소년 시절을 보냈다. 더욱 재미있는 사실은 의무교육을 법제화하고 사회 전반의 철통같은 상호 통제를 행정적으로 추진하는 북한 사회에서 이런 개인 활동이 가능하다는 점이다. 여 1이 진술하고 있듯이 사회 전반에 만연한 부정부패와 관료주의적 레드 테이프의 역기능은 이미 아래로부터는 북한 사회가 와해되고 있다는 것을 말해 준다(박상익 2008). 개인적 필요가 있다면 매수와 뇌물로 권력과 통제의 망을 쉽게 피해 갈 수 있다는 것이 청소년들이 일상에서 체득한 북한의 현실이다.

이런 상황에서 북한에서 한국 미디어 시청은 감옥에 갈 정도의 극심한 위험부담이지만 이미 억압적 권력이 극대화된 사회에서 일반인들에게 위협과 공포는 이미 통제의 힘을 잃게 된다.

> 여 1: 집에서 (한국 텔레비전 프로그램) 보다가 한 번 걸렸어요. 보고 있는데 누가 고발했대요. 와서 뭐라고 하다가 그냥 가던데요. 돈 줬겠죠. 저야 어떻게 줬는지 모르지만.
>
> 여 3: 누가 중국 갔다가 잡혔다, 그런 얘기 하면 중국 가고 싶다는 아이도 있고, 반동이라는 아이도 있었어요. 엄마가 중국 갔다가 잡혀서 북송된 적이 있어요. 그때 안전 요원들이 집에 와서 감시하고 그랬는데, 어른들하고만 말하고 저한테는 별로 말이 없었어요.

실제 한국 미디어를 시청하다가 감시원에게 걸린 여 1의 경우 사회에 만연한 뇌물 관행과 부정부패에 의해 피해 갈 수 있었다고 진술하고 있다. 뉴스에 흔히 나오는 목숨 건 북한 탈출을 직접 경험한 여 3의 경우는 극적으로 서술하기보다 오히려 일상의 하나처럼 말하고 있다. 이들의 진술은 와해되어 가는 북한 사회에서는 극도의 위협도 빠져나갈 구멍이 있을 것으로 인식하여 더 큰 위험을 감수하게 된다는 점을 보여 주고 있다. 남 3의 경우 개인 인터뷰의 많은 시간을 중국으로 탈출하는 이야기에 할애했다. 목숨을 건 탈출이었으나, 회가 거듭되면서 자신에게는 일상이 되어 "안방 드나들듯이 중국에 왔다 갔다" 했다고 진술하곤 했다. 그는 주위에 그런 지인이 많았고 친구들도 그들과 어울려 놀았으며 학교에 갈 필요성은 못 느꼈다고 한다. 북한 사회 권력의 아래로부터의 와해는 이제 변화의 때가 이르렀음을 알려 주고 있다.

4) 북한의 한류 다시 이데올로기 문화 권력

북한 사회의 경제적·사회적 권력의 틈에서 청소년들은 자체 문화 공간을 향유하고, 놀이 문화를 꽃피우지만, 사회에 만연한 다양한 폭력과 방임은 일상의 부담으로 다가온다. 이때 미디어는 현실에서 도피할 수 있는 환상으로 다가오고 수용자는 이를 통해 현실의 문제를 해결하고자 한다. 인터뷰에 참여한 대부분 청소년은 사회적 관심 밖 변방에서 자기들만의 일상을 영위한 북한 생활 경험을 공유한다. 어려운 북한의 생활환경에서 청소년들은 대부분 기성세대와 진지한 대화나 접촉의 기회를 얻지 못한 채 수동적으로 제도화된 훈련이나 부역에 동원되는 일 외에는 사회 주류 권력 집단과의 교류가 없었다. 이들은 대부분 혼자서 지내거나 또래 집단과만 교류하면서 여유 시간을 통해 스스로 정체성을 형성해 갔다.

> 남 1: 북한은 살기 힘드니까, 그냥 일만 하다 보니 무식하다고 봐야 돼요. 북한에는 돈 벌어야 된다는 그거 하나밖에 없어요.
>
> 남 3: 북한은 일하는 게 의무고 돈 받는 게 없으니까, 사람들이 너무 묶여 살고 우물 안 개구리라고 생각해요.
>
> 여 3: 북한에 놀 게 별로 없으니 한국 영화 보는 게 낙이고. 거기서는 대학 생각한 적 없어요. 17-18세에 학교 마치면 거의 스무 살 때 결혼해요. 미래 계획 같은 건 거의 세워 본 적 없고. 엄마와도 진로 문제나 여기처럼 그런 게 없으니 대화 같은 건 해 본 적이 별로 없어요. 엄마는 장사 나가니까 많이 같이 있지 못하고. '밥 먹었니' 그런 일상적 얘기 외엔 진지한 대화한 적 없고요. 나중에 시집가서 애 낳고, 다들 그런 거니까.

경제적 곤궁함 속에서 생활고에 시달리다 보니 북한 청소년들은 미래의 역군으로서 기대를 모으거나 가정에서 관심을 받을 만한 형편도 허락되지 않는다. 여 3의 진술에서 나타나듯이 생활 전선에 뛰어든 어머니에게서 대화와 보살핌을 받은 적도 거의 없다는 반응이다. 남 1과 남 3도 북한의 경제적 여건 속에서 자녀를 교육시키고 진로를 염려하는 경우는 드물다는 지적을 했다. 이와 같은 현실적 곤궁함 속에서 미디어는 현실의 문제를 해결하고 대안적 삶을 꿈꾸게 하는 수단으로 손쉽게 다가온다. 한국 미디어를 보는 것이 북한 청소년들에게는 일상의 낙이며, 이런 상황에서 이국적 정서와 발전된 환경을 선보이는 한국에 대해 판타지를 갖게 되는 것도 자연스러운 수순으로 보인다.

인터뷰 대상자들의 집단 토론에서도 한국 미디어를 보면서 품었던 일상적 환상이 토론의 재미있는 주제가 되기도 했다.

남 2: 난 한국 텔레비전에서 밥하는 거 보고, 거기는 불을 때서 솥에 밥을 해야 하는데, 전기밥솥이라고 띵 눌러서 '밥 됐다' 하는 거예요. 거기는 '반동 연설'이라는 말이 있어요. 뻥친다, 사기라 그랬죠.

남 3: 밤 시내 야경은 멋있지. 거기는 전기가 없으니 후래시 들고 다니는데. 거기서 흑백텔레비전 보다가 중국 가서 컬러텔레비전 보고…. 저는 외국은 색깔이 다른가보다 그랬어요.

여 3: 나는 한국 TV 보고 다 이층집에 사는 줄 알았어요. 잘사는 사람들만 나오니까…. (여기서 보니) 상상과 실제가 달라요.

여 1: 나도 이층집에서 각자 방에 살고 그런 줄 알았죠.

여 2: 나도 드라마 보면서 나중에 이층집에 멋있는 남자랑 방을 어떻게 꾸밀까 그랬는데. (일동 웃음)

여 1: 북한에서도 돈만 있으면 좋은 아파트 살 수 있거든요. 그런 점은 차이가 없어요.

남 2: 남한은 먹고살 걱정 없는 줄 알았는데…. 여기가 북한보다 먹고살 걱정은 백 배 많은 것 같아. 취직해야 하고.

북한 청소년들이 한국 미디어를 보면서 가졌던 환상이 집단 인터뷰에서 재미있는 에피소드로 언급되었다. 일반적으로 수용자들이 미디어를 보면서 환상을 가지는 경우는 많지만, 북한 사회의 특수성으로 미디어의 환상은 더욱 배가되어 북한 이탈 이후 현실과 미디어 영상의 차이를 극심하게 느끼게 했다. 앞의 개인 인터뷰에서 지적했듯이 북한 청소년들이 수동적으로 미디어가 재현하는 환상을 좇아 현실 선택을 하고 무작정 북한 이탈을 기획하는 것은 아니다. 그러나 이질적인 사회 환경 가운데 한국 미디어를 수용하는 이들의 입장에서 일반 한국 수용자에 비해 환상과 현실 도피 정도가 더 높은 것은 부정할 수 없는 사실이다.

한편 한국 미디어가 담지하고 있는 이데올로기적 문제가 북한 청소년들의 일상에 접목되면서 현실의 문제를 더욱 심층화하는 측면이 목격되었다. 북한 청소년들은 각자 일상의 문제를 미디어를 통해 해결하고자 하나, 미디어는 현실의 틈을 봉합하는 이데올로기의 기제로, 또 하나의 권력으로 작용하는 것이다. 북한 청소년의 한류 시청과 관련하여 관찰되는 부정적 문화 권력 중 주목되는 것으로 가부장제적 이데올로기를 들 수 있다.

남 3: 여기는 먹고살 만하니까 이상형 그런 게 있는 거지. 거기는 남자들도 연애에 관심 있어도, 사귀고 데이트하고 그런 거 없어요. 결혼 관심이지.

여 3: 난 싸움 잘하는 남자가 좋더라.

여 1: 그래, 나를 구원해 줄 남자.

여 2: 험한 세상에서 날 지켜줄 사람.

남 3: 터프한 남자 좋아하죠. 북한은 트이지 않고 우물 안 개구리라 사고 수준이 옛날식이죠. 여기처럼 다정한 남자, 그런 거 별로예요.

남 2: 여자들 상 따로 먹는 경우도 있어요, 옛날 그대로. 거기는 싸움이 많으니까, 싸움 잘하는 남자가 좋지 찌질이가 좋아요?

여 2: 한국 텔레비전은 너무 사랑밖에 모르는 점이 있지만, 거기서 보기에는 재미있었어요.

남 2: 남자들은 액션을 보지, 사적인 거는 안 좋아해요.

남 3: 영화 보는 기준이 그래요. 쾌활하고 신나는 거 봐야지 대사 많고 여자들 사랑 얘기 짜증 나요.

집단 인터뷰에서 학생들이 스스로 제기하는 말을 들어 보면 성별 차이가 컸다. 선호하는 미디어의 장르도 남학생과 여학생의 차이가 크며, 성별 정체성이 다른 무엇보다 뚜렷하고 전통적이라는 것을 알 수 있다. 여학생들은 모두 강하고 터프한 전통적 남성상을 이상형으로 삼고 남학생들은 로맨스를 거부하고 여성성을 폄하하는 전통적 태도를 유지하고 있는 것을 진술을 통해 알 수 있다.

여성의 사회적 참여나 경제 활동에 대한 집단 토론에서 인터뷰 참가자들은 북한에서 여성의 경제활동이 매우 많다는 대답을 했다.

남 2: 우리 동네는 거의 여자들이 일하고 돈 벌어요.

남 3: 북한은 가족 중 누구 하나가 의무적으로 직장에 다녀야 해요. 그래서 보통 여자들이 돈 벌고 먹고살잖아요.

여 3: 여자가 돈 버는 거예요. 남자는 돈 못 벌어요.

남 3: 그래도 남자가 큰소리쳐요.

남 2: 남녀 차별? 학교에는 그런 거 없어요. 막 놀아요.

통상 여성의 사회 참여가 높으면 여성의 사회적 지위도 높아진다는 가설이 북한 사회에서는 잘 맞아떨어지지 않는 것으로 보인다. 자본주의와는 양상이 다르나, 과거 사회주의 국가에서는 그들 방식의 근대화, 산업화를 추진하면서 여성의 사회 진출이 상대적으로 높게 나타났다. 이로써 전근대적 여성의 역할 모델이 약화되고 성평등의 사회적 수준이 높게 나타났다. 그러나 인터뷰 참여자들의 진술에 의하면 북한 사회에서 여성의 지위는 낮으며, 전통적 여성 역할 모델이 강했다. 북한에서는 공산주의의 특성상 누구나 의무적으로 일을 해야 하고, 이를 담당하는 것은 보통 남성들이다. 그러나 북한의 경제난과 만연한 부정부패로 인해 의무 노동에 의한 배급으로는 생활을 유지할 수 없기 때문에, 주로 여성들이 암시장을 중심으로 장사나 수공업을 한다고 했다. 여성들이 돈을 벌고 그것으로 생활을 영위함에도 불구하고, 북한 사회의 폐쇄성으로 남녀 차별과 전통적 성역할이 변함없이 유지되고 있다고 이들은 진술하고 있다.

여기에 한국 미디어가 내면적으로 품고 있는 가부장제 이데올로기는 북한 청소년들의 성차별적 사고를 더욱 부추기고 심화한다는 문제를 야기한다. 이들 청소년이 즐겨 보는 한국 미디어의 신데렐라 스토리나 액션 영화에 내포된 가부장제적 이데올로기는 선진화된 문물이나 모던한 생활양식과 뒤섞여 이들 청소년의 성차별적 가치관을 더욱 심화하는 것이다. 구원자로서의 강한 남성과 수동적이고 보호의 대상인 여성 역할 모델은 한류 영상의 환상에 포장되어 이상화된다. 북한 청소년들이 수용하는 문화 권력으로서 미디어의 이데올로기적 영향력은 일반적인 수용자의 경우와는 다르다. 구조적 노대와 함께 개인의 심리적 무의식적 측면이 미디어의 이데올로기적 권력에 봉합되어 나타나는 것이라 볼 수 있을 것이다. 북한 청소년들은 특히 거친 역사의 단계를 살아 내면서 개인의 일상사에 가부장제 권력이 개인의 상흔(trauma)으로 작용하고 있음을 연구 과정에서 관찰할 수 있었다.

> 여 2: 학교 다닐 때 고민은 다른 건 없었던 거 같고, 엄마 아빠 관계 때문에…. 아빠가 술을 많이 마셨고… 폭력도 썼고요. 지금은 돌아가셨어요. 동생이랑 저랑 때리고. 엄마도 싸울 때 때리고. 예전에는 아빠가 그러지 않았는데 아빠가 안전 요원 하다가 직업이 바뀌게 되면서 술도 많이 마시고 그렇게 된 것 같아요.

여 2의 진술은 가부장제적 권력이 폭력적으로 작용했던 어린 시절의 상처를 적나라하게 드러내고 있다. 북한 사회의 모순을 흔히 음주나 약자에 대한 보복으로 풀어내는 남성의 지배하에서 어린이와 여성은 가장 손쉬운 희생물이 되는 것이다. 여 3의 경우도 어릴 때부터 부모님께 어떤 요구도 한 적이 없다고 회상했다. 북한의 '고난의 행군' 시기에 생활고로 동생을 다른 집에 입양 보내고, 어머니가 장사를 하고 생활을 책임져 왔다고 했다. 이런 아픈 개인사 속에서 부모가 보살펴 주고 놀아 주기를 바라는 것은 사치스러운 일이었다는 반응이다.

이와 같이 개인사에 드리운 가부장제 권력의 어두운 그림자는 미디어의 환상을 통해 다시 가부장제 권력으로 도피하게 하는 모순을 불러온다. 여학생들이 한류 미디어를 즐기면서 가지는 꿈과 환상은 "싸움 잘하고" "구원하는 남자"와 너른 이층집을 아름답게 꾸미는 등으로 전통적 성 역할의 재생산이다. 한국 사회가 가지는 모순적 권력이 한류 영상을 통해 전파되면서 또 다른 양태의 이데올로기적 권력을 재생산하는 것은 푸코가 말한 미시적 권력의 빈틈없는 그물망을 실감하게 한다. 북한 사회에서 이미 와해되고 있는 거시적 억압적 권력이 또 다른 차원의 권력으로 청소년들 안에서 옮겨 가고 있다는 아이러니한 현실을 발견하게 되는 지점이다.

4. 소결

북한 사회에서 소위 '날라리 문화'로 불리는 한류가 급격히 확산되고 유행하고 있다는 것은 더 이상 비밀이 아니다. 정치권력은 한류 확산을 여전히 금지하고 강력한 처벌 조치를 강화하고 있지만, 일반인들 사이에서 한국 미디어 소비는 이미 공공연한 비밀이 되었다. 북한 사회에 일고 있는 한류는 단순한 여가 활동이나 문화 소비를 넘어 다양한 의미를 배태하고 있는데, 이 장에서 주목한 가장 중요한 의미는 북한 내부에 불고 있는 사회 변화의 징후를 나타내 준다는 것이다. 북한 주민들의 일상생활에 만연한 이와 같은 변화는 사회 내부의 권력 통제의 틈을 보여 줄 뿐 아니라, 이미 사회 변화가 가속화되어 포스트사회주의를 준비하고 있는 평범한 사람들의 사회 심리를 반증하고 있다. 그들이 가혹한 처벌을 각오하고서 금지된 외국 미디어를 시청하고 그 중에서도 한국 미디어를 주로 시청하고 있다는 사실은 새로운 사회 건설을 향한 북한 수용자들의 욕망과 정체성을 노정하는 것이다.

세계에서 가장 교조적이고 정태적인 공산국가로서 3대 세습 정치로 치밀하게 통제가 자행되는 북한 사회에도 변화의 물결이 출렁이게 된 것은 어제오늘의 일이 아니며, 변화는 내면에서부터 장기적으로 진행되어 왔다. 북한 사회에 들어가 현장 연구를 시행한 스미스(Smith 2015)는 북한의 변화를 시장화에서 찾고 있으며, 북한 사회에 만연한 장마당은 유사자본주의 체제가 이미 도입되었다는 것을 드러낸다고 했다. 고난의 행군 이후 배급제도의 파행으로 이미 1990년도부터 암시장이 도입되었으며, 김정은 체제에서는 과정을 묻지 않고 '돈주'로 불리는 자본 축적을 인정하겠다고 나섰고 병진 정책으로 대변되는 기조에서 알 수 있듯이 시장주의의 공식적 도입을 이미 추진하고 있다.

이와 같은 북한 사회 내면의 변화 속에서 장마당 세대로 불리는

10대, 20대의 청소년과 청년 세대는 북한의 변화를 이끄는 주축 세력이다. 이들은 이전 세대와 달리 이념적 정향이나 체제에 대한 충성도가 상대적으로 약하고 개인주의 성향을 보이며 외국 문화에도 상대적으로 개방적이다. 이들은 케이팝, 한국 드라마 등 한류에 익숙하고 금지된 한국 대중문화를 일상에서 모방하는 위험부담을 기꺼이 감수한다. 이들이 보이는 이와 같은 문화 개방성과 변화에 대해 저돌적인 성향은 단순히 청소년의 반항이나 문화적 유행으로만 환원할 수 없는 보다 심층적인 함의를 담고 있는 것이다.

본 연구는 북한 사회가 보이는 아래로부터의 변화에 보다 심층적으로 접근하기 위해 문화 연구의 성과를 동원하여 북한 청소년 문화에 대한 민속지학 연구를 시도했다. 포스트구조주의 이론을 기본 인식으로 하여 소수집단(minority)의 하위문화를 그들의 목소리로 재현하고자 하는 포스트구조주의적 민속지학을 연구 방법의 기초로 삼았다. 북한에 만연한 억압적이고 폭력적인 권력 아래 청소년들은 직접적이고 공격적인 태도보다는 암시적이고 비행동적인 방식으로 자기 의사를 표현하지만, '빈둥거림'이나 딴짓하기, 때로는 아예 학교 가지 않기를 통해 주류 권력에 저항한다. 북한의 정치권력이 거대 담론으로 기획하고 시도하는 학교나 미디어를 통한 사상 교육은 청소년들의 소극적이고 미시적인 저항에 의해 효과를 발휘하지 못하게 된다. 그에 더해 북한 사회 전체에 말단까지 만연한 부정부패는 사회 통제를 더 어렵게 만들고 있다.

이런 맥락에서 북한 청소년은 한국 미디어를 보면서 현실의 문제에 저항하고 대안을 찾고 있다고 할 수 있다. 이들이 불법과 구속의 위험부담을 안고 한국 영상에 심취하는 현상은 단순히 호기심이나 현실도피로만 환원할 수 없는 문화 권력의 적극적 실천의 함의를 내포하고 있다. 연구에 참여한 북한 이탈 청소년들이 진술하는 북한에서의 남한 미디어 시청 양식은 북한의 억압적 권력에 대한 문화적 저항인 동시에 미시적 권력 생성의 과정이다.

한류의 유행으로 나타나는 북한 수용자들의 욕망은 다른 포스트 사회주의 국가 수용자들이 보이는 새로운 사회 건설 희망을 동일하게 드러내고 있다. 동유럽이나 중국, 베트남 등 사회주의를 겪은 나라들에서 다양한 외국 문화 중에서도 유독 한국 미디어가 인기를 끄는 이유는 한국 미디어가 그리는 가치에서 서구적/동구적 발전을 넘어서는 제3의 대안을 찾고 있기 때문이다. 북한의 경우는 언어와 문화적 유사성으로 외국 미디어 중 한국 대중문화 선호가 보다 자연스럽게 느껴지기도 하지만, 한국 미디어를 수용하면서 현실에 대한 저항과 새로운 공동체를 그리는 문화 정체성 또한 여기에 깊숙이 작용하고 있다. 북한 청소년들의 목소리를 들어 보면 한국 미디어가 묘사하고 있는 가식적이지 않은 현실적 모습이 흥미를 끈다는 반응이 많은데, 이는 한국 미디어에서 진정성과 도덕적 가치를 찾는다는 의미이다. 낭만적인 사랑이나 세련된 영상에 탐닉하는 것도 자유와 순수를 희구하는 이들의 새로운 세상을 향한 욕망과 무관치 않다.

세계의 다양한 지역에서 한류가 인기를 끌게 된 중요한 요인으로 현재 세계가 직면한 위기 상황, 특히 서구 중심의 근대화와 세계화의 부작용의 결과로 새로운 대안을 찾는 동기가 중요하게 작용한다. 19세기 제국주의와 20세기 초강대국 우산의 신제국주의를 경험한 지역은 물론이고, 사회주의를 경험하고 20세기 후반 새로운 시대를 맞게 된 포스트사회주의 지역에서 새로운 대안을 찾는 노력은 그만큼 더 절실하고 열렬할 수밖에 없다. 동유럽이나 중국에 비해 북한 사회는 공식적인 개혁개방이 일어나지 않은 교조적인 사회이고, 외면적으로 정적인 형태를 띠고 있다. 그러나 그 내면에는 이미 변화가 일어나고 있으며, 사회 통제와 현실의 고난이 엄혹할수록 일반 사람들의 변화 열망은 클 수밖에 없다. 범법 행위로 처벌당할 수 있다는 심각한 위험부담에도 불구하고 북한에서 한류가 급속히 확산되는 이유도 새로운 사회를 향한 수용자들의 열망과 미디어가 그리는 새로운 세상에 동일시하고자 하는 정체성이 크게 작용하고 있는 것이다.

북한에 번지는 한류는 사회 내부에서 아래로부터 변화를 희구하고, 사회 개방을 도모하는 일상적 실천으로 해석될 수 있다. 한류 팬들은 단순한 영상미나 재미에 탐닉하여 위험에도 불구하고 한국 미디어를 시청하는 것이 아니라 보다 깊은 사회적·문화적 실천 운동으로 한류에 몰두하는 것이다. 이때 중국이나 서구의 다른 미디어보다 유독 한국 미디어가 유행하는 것은 시사하는 바가 크다. 즉 개방과 변화를 원하면서도 이들은 서구화·자본주의화를 무조건 받아들이는 것이 아니며, 그들의 정체성에 뿌리 깊은 주체사상이 문화 정체성에 여전히 영향을 미치고 있다. 경제적 어려움과 폭압적 체제 아래 변화를 희망하고 탈출구를 모색하면서도 자본주의와 공산주의의 문제를 극복할 수 있는 포스트사회주의의 대안을, 같은 한반도에서 만들어진 한류가 그리는 아시아적 정체성에서 찾고 있는 것이다.

제4부

문명 충돌과 종교 갈등 그리고 한류

새뮤얼 헌팅턴(Samuel Huntington)이 예언한 대로 현재 전 세계는 시계 제로의 항시적이고 막연한 공포와 불확실성에 시달리고 있다. 헌팅턴은 그의 저서 『문명의 충돌(*The Clash of Civilization and the Remaking of World Order*)』(1997)에서 "앞으로 10년 동안 중국의 발전은 문명 간 엄청난 세력 변동을 낳을 것이다. 그때 인도도 눈부신 경제 성장을 하면서 세계 무대의 주역으로 등장할 가능성이 있다. 한편 이슬람 인구 증가도 문명 세력 판도에 중요한 불안 요인으로 작용할 것이다. (중략) 앞으로 몇십 년 동안은 비서구 문명의 힘이 지속적으로 증대하면서 비서구 문명과 서구 문명의 충돌, 비서구 문명과 비서구 문명의 충돌이 나타날 것이다."라고 예측했는데, 그의 예측은 오늘날 놀랍도록 맞아떨어지고 있다. 특히 지구촌 곳곳에서 하루가 멀다고 발생하여 세계를 놀라게 하는 테러의 위협은 전 세계인으로 하여금 문명 충돌을 피부로 느끼게 한다. 마트나 여행지 같은 일상적 장소에서 사회적 지위나 정치적 입장과 무관하게 누구나 테러의 타깃이 될 수 있는 소위 소프트 테러의 시대, 문명의 충돌을 실감하고 해결책을 모색하는 것은 우리 모두의 과제가 되어 버렸다.

헌팅턴의 문명 충돌론은 21세기 세계의 갈등이 경제나 이념이 아닌 바로 문화에 의거한 것이라는 점을 부각한다. 문명은 언어·역사·종교·관습·제도를 공유한 주체들이 주관적으로 공통의 문화 정체성을 인식하는 집단의식을 말한다. 헌팅턴은 세계를 서구, 유교, 이슬람, 힌두, 슬라브, 라틴, 아프리카 문명권으로 분류하고 있다. 헌팅턴의 문명권 분류를 보면 종교가 가장 큰 부문을 차지하고 있다는 것을 알 수 있다. 해묵은 종교 문제가 21세기 세계 갈등의 중심이 된다는 것은 역사의 아이러니이면서 문화에 대한 새로운 이해가 요구되는 부분이기도 하다. 버만(Berman 2003)이 시사했듯이 종교 갈등은 천 년을 넘어 지속되어 온 문제이며, 20세기 세계 갈등을 이끌었던 이념의 갈등, 냉전의 경쟁은 이에 비하면 일시적이고 피상적이고 해결될 수 있는 갈등에 지나지 않는다는 시각에 공감이 갈 만하다. 그만큼 현재 세계가 맞고 있는 문명의 갈등은 뿌리 깊고 해결의 실마리를 찾기 어려운 문제라는 뜻이다.

한편 헌팅턴이 문명 충돌론을 발표한 이후 많은 비판과 새로운 대안 이론이 대두했다. 우선 제기된 문제는 헌팅턴이 문명 충돌을 주장하면서 견지한 자민족중심주의(ethno-centrism)적 시각에 대한 비판이었다. 즉 헌팅턴은 세계의 문명을 말하면서도 서구 중심주의, 그중에서도 미국 외교 이론의 입장을 유지하고 있다는 시각이다. 『오리엔탈리즘(*Orientalism*)』의 저자 사이드는 「문명의 충돌인가, 정의의 충돌인가?」라는 글에서 "헌팅턴은 여러 문명의 중재자가 결코 아니며, 하나의 문명이 다른 문명을 지배하는 것을 옹호하는 열성 당원이다. 그는 이슬람 문명을 마치 반서구적인 것처럼 환원하여 정의한다."(Said 1978: 10)라는 혹독한 비판을 퍼붓고 있다.

이와 같이 헌팅턴의 문명 충돌론에 대해 제기되는 문제로는 문명에 대한 이분법적 구분, 환원론적 사고를 들 수 있다. 사이드는 "문명 충돌론의 가장 큰 문제는 오늘날 세계가 사실 혼합, 이주, 중복의 세계라는 부인할 수 없는 사실에도 불구하고 문명을 엄격히 분리된 것으로 가정한다는 점이다(Said 1978: 24)"라면서 문명 충돌론의 이론적 문제점을 지적하고 있다. 헌팅턴의 문명 충돌론을 거꾸로 읽은 뮐러의 저서 『문명 공존론(*Das zusammenleben der Kulturen*)』(Müler, 2000)도 헌팅턴의 문명 충돌론을 미국적 이데올로기에 기반한 것으로 평가하면서 문명 충돌론이 갈등을 더욱 유발하는 정치 용어가 되었다고 비판하고 있다. 드루어리(Drury 2004)도 문명 충돌론이 선악의 이분법적 사고로, 정치를 종교로 대체했을 뿐 서구 중심의 심리를 담은 이론이라고 비판하고 있다.

이 같은 많은 비판에도 불구하고, 헌팅턴의 문명 충돌론이 여전히 시사점을 제공하는 부분은 현재 세계 갈등의 지축은 문화이며 그 중심에 종교가 있다고 말하는 점이다. 체제와 이념의 갈등이 종식된 21세기에 세계의 갈등은 줄어들기는커녕 더욱 심화되고 있고, 해결책은 점점 요원해지고 있는 것으로 보인다. 물론 헌팅턴의 문명 충돌론을 비판하는 이론가들이 지적하듯이 9·11 테러와 걸프전, 유럽 전체를 긴장하게 하는 테러의 위협이 결코 이슬람과 기독교 문명권의 종교의 대치가 아닌 복합적 요인의 작용이라는 점은 분명하다. 그래도 종교가 현재 문화 갈등의 구심점이 되고 있다는 것 또한 부정할 수 없는 현실이다. 인류 역사를 돌이켜 볼 때 2000년 동안 지속되어 온 다양한 종교 갈등에 종교의 순수성만이 작용했던 적은 없다. 중세 십자군 전쟁이나 이슬람 성전의 역사, 근대 유럽의 종교 전쟁 등 인류가 겪은 수많은 종교 전쟁이 종교의 순수성만으로 갈등하고 자행되었던 것은 아니며 항상 정치사회적인 복합 요인이 작용한 결과였음은 역사적 사실이기도 하다. 현재 종교 갈등에 여러 가지 정치적 요인과 민족주의, 포스트식민주의 등의 다양한 문화 권력이 작용하고 있다는 것은 어찌 보면 너무도 당연한 일이다.

4부에서는 현재 세계의 화약고인 문명 충돌과 종교 갈등의 문제를 한국 미디어와 관련하여 논의한다. 이 책에서는 금세기 문화와 종교 갈등을 다루는 여느 연구들같이 격렬하게 사건화된 테러나 종교 갈등 혹은 그에 의해 나타난 정치사회적 문제를 다루고자 하는 것은 아니다. 여기서는 그보다 일상적이고 내재화된 문화 갈등과 종교 갈등의 문제를 다룰 것이다.

8장에서는 인도네시아에 일고 있는 한류의 바람을 이슬람 문화와의 관계에서 살펴보고 있다. 인도네시아는 세계 최대의 무슬림 인구를 가진 국가이며, 현재 이슬람의 동진과 강경화 추세에 따라 전 세계 이목이 집중되는 사회이기도 하다. 이러한 인도네시아에서 젊은이들 사이에서 가장 인기 있는 대중문화가 바로 케이팝이다. 따라서 한국 미디어 산업계가 현재 중국, 일본과의 문제에 부딪히면서 새로운 대안으로 눈을 돌리고 있는 지역 역시 인도네시아이다. 인구의 90%가 무슬림인 사회에서 케이팝이나 한국 텔레비전 프로그램같이 서구화된 생활양식과 음악 장르를 담은 한류가 대대적인 인기를 끌고 있는 것은 아이러니하면서도 흥미로운 문제가 아닐 수 없다. 더욱이 인도네시아의 정치·사회적 변화 속에서 날로 강경화되는 이슬람 종교 문화를 고려할 때, 한류의 확산은 더욱 묘하게 비칠 수밖에 없다. 8장에서는 인도네시아 청소년들을 대상으로 현장 조사를 실시하여, 그들의 종교 문화에서 한류가 가지는 의미를 살펴보고 이것이 청소년들의 문화 정체성 확립과 어떻게 조우하는지 심층적으로 추적하고 있다. 인도네시아에 이는 한류에 대한 심층적 문화 연구는 문화 충돌론에 새로운 시각을 제공하는 동시에 종교 문화의 차이를 넘는 문화 간의 새로운 화합의 가능성을 제시해 줄 수 있을 것이다.

끝으로 9장에서는 유럽을 들썩이게 하는 소프트 테러의 문제를 프랑스의 한류 수용을 통해 재조명하고 있다. 소프트 테러란 과거의 테러, 즉 전쟁이나 게릴라 운동 같은 조직적이고 합목적적인 테러와 달리 불명확하고 비조직적이며, 불특정 다수를 대상으로 한 새로운 테러 형태를 말한다. 9·11 테러로 시작된 소프트 테러는 말이 소프트이지 결코 부드러운 테러가 아니며, 언제 어디서 누구에 의해 자행될지 모르는 마구잡이식 테러로 일반인(소프트 타깃)에게는 훨씬 더 위협적으로 다가오는 새로운 형태의 테러리즘이다. 소프트 테러에는 종교 갈등의 문제뿐 아니라, 제국주의가 남긴 역사적 상흔, 서구 근대주의의 한계, 이민 정책의 실패와 문화 간 커뮤니케이션의 문제 등 다양한 문제가 복합적으로 작용하고 있다.

본 연구에서는 지금 현재를 살아가는 사람들의 일상 속에서 그들이 직면하고 있는 현실의 이와 같은 복잡 다양한 문제를 돌아보고 그들이 지향하는 대안을 탐색해 보고자 한다. 9장에서 실시한 프랑스 현지 조사에서 발견한 점은 프랑스에서 한류 팬들은 대부분 교외에 거주하는 이민자 가정 출신의 청소년들이라는 점이다. 그들은 현실에서 당면하는 프랑스 주류 사회의 문화 권력에 의한 압력과 함께, 디아스포라 문화가 강요하는 토착 문화에도 저항하는 계층으로 제3의 대안으로 한국 문화에 심취하고 있다. 이들은 한국 대중문화를 통해 그들이 비판하는 서구와 함께 자신의 민속 문화에도 저항하면서 그들이 꿈꾸는 새로운 대안으로서의 아시아를 찾고 있는 것으로 드러난다. 한류에 몰두하는 이들의 문화적 취향은 단지 선호나 호기심으로 아시아 문화를 선택한 결과가 아니라 자칫하면 소프트 테러에 내몰릴 수밖에 없는 환경적·구조적 압박 속에서 택한 절체절명의 문화적 대안에 가깝다. 한류는 그들의 정체성을 형성하는 가장 중요한 구심점이 되고, 그 내면에는 프랑스 주류 문화에 대한 저항과 이민 가정의 문제에 대한 돌파구를 찾으려는 노력이 깔려 있다.

제8장 인도네시아의 한류와 종교 문화 갈등

1. 서론

세계에서 무슬림 인구가 가장 많은 나라인 인도네시아는 여러 가지 면에서 관심의 대상이 되고 있다. 첫째는 종교적 이유로, 세계 최대의 무슬림 인구를 가졌다는 그 자체로 의미가 있을 뿐 아니라 최근 국내적으로 강경화의 기조가 나타나고 있는데, 이는 세계 이슬람교도들의 강경화가 초래하는 테러와 문화 충돌의 위협과 맥을 같이하여 더욱 관심을 집중하게 한다. 더욱이 최근 이슬람 강경파들이 중동에서 기반을 빼앗기면서 점차 아시아로 향하는 경향은 아시아 이슬람의 종주인 인도네시아 이슬람에 관심을 가지게 하는 요인이 된다. 둘째, 인도네시아는 세계 4위의 인구에 천연자원과 젊은 인력을 기초로 한 개발 잠재력을 가진 나라이다. 특히 문화 간 커뮤니케이션 관점에서 인도네시아의 다문화주의 성향과 개발 잠재력은 세계의 주목을 받아 마땅하다고 하겠다. 셋째, 본 연구가 초점으로 하는 문화 연구의 관점에서도 인도네시아는 중요한데, 종교와 문화면에서의 큰 차이에도 불구하고 최근 한류가 젊은이들 사이에서 큰 인기를 끌고 있는 현상은 연구의 흥미로운 초점 대상이다. 특히 중국을 위시한 동아시아에서 정치적 경색화로 한류가 주춤하면서 새로운 대안으로 떠오른 것이 동남아시아이고, 이

중 인도네시아는 가장 큰 가능성의 장이다.

이 장에서는 인도네시아의 청소년 문화 내에서 이루어지는 한국 미디어 수용 패턴을 대상으로, 종교적·문화적 차이에도 불구하고 한국 미디어가 수용되는 이유를 문화 연구 관점에서 설명하려 한다. 본 연구의 첫째 초점은 종교 커뮤니케이션과 미디어의 문제이다. 현재 유럽과 아시아에서 연이어 벌어지고 있는 테러에서 나타나듯이 종교적 차이는 현재 인류를 위협하는 가장 위험한 문제이기도 하다. 이슬람과 기독교 문명권의 충돌이 설사 종교만으로 환원될 수 없는 복잡한 이유와 역사적 경험을 기반으로 하고 있다 해도 종교 갈등이 그 전면에 자리하고 있는 것은 누구도 부정할 수 없는 사실이다. 그렇다고 본 연구가 테러리즘이나 난민 문제 등 같은 현저한 정치 갈등 상황에 집중하고자 하는 것은 아니다. 이보다는 일상성에 스며든 종교성과 종교·문화의 갈등 및 화해 가능성에 주목하고 있다. 이를 위해 미디어 수용 과정을 살펴보고자 하며, 이는 일반 사람들의 일상생활과 이에 편재된 문화를 파악하는 데 미디어 수용이 가장 비근한 예가 되기 때문이다.

둘째, 본 연구는 문화 간 커뮤니케이션 문제에 초점을 맞추고자 한다. 인도네시아와는 종교적으로나 문화적으로나 상이한 한국의 미디어와 케이팝이 인도네시아 청소년들 사이에서 광범위한 인기를 누리는 것은 문화 간 커뮤니케이션의 시각에서도 중요한 이슈이다.

셋째, 본 연구는 인도네시아 청소년의 일상 문화에 심층적으로 접근하여 그들의 의미 해석과 전략을 파악하고자 한다. 이는 포스트구조주의 이론의 입장에서 문명 갈등을 설명하는 중요한 초점이 되고 그 참여자들의 정체성 문제를 구체적으로 살펴보게 하는 사례일 수 있기 때문이다.

2. 인도네시아 이슬람의 정치사회적 배경과 급진화

인도네시아는 세계 최대의 이슬람 국가이지만, 종교적으로나 문화적으로 중동의 이슬람과는 일정한 차이를 보인다. 역사적으로 인도네시아에 이슬람교가 도입된 것은 13세기이지만, 도입기부터 현재에 이르기까지 국교화되지는 않고 종교의 자유를 인정하고 있다. 다른 중동 국가와 달리 이슬람 국가로 선포하거나 이슬람 종교를 교조적으로 제도화하지 않고 다양성을 허용해 온 국가이다. 그러나 이것이 인도네시아 이슬람의 종교성이 약하다는 의미는 아니다. 인도네시아 인구의 90%는 이슬람을 종교로 택하고 있고 사회문화적으로 종교적 색채 또한 짙다고 할 수 있다. 종교의 자유를 인정하는 것은 역사적으로 인도네시아에 이슬람교가 도입되던 당시 수피의 영향을 많이 받아 개인적 수도를 중시하고 마음을 평화를 찾는 성격이 강했다는 데서 비롯했다. 여기에 더하여 수피 이슬람은 인도네시아 각 부족과 지역에 존재하는 토속신앙을 혼합하면서 인도네시아 특유의 이슬람 종교를 발전시켜 왔다.

인도네시아의 이슬람이 사회적 역할을 강하게 수행하게 된 것은 네덜란드와 일본의 제국주의 역사 단계를 거치면서이다. 인도네시아 독립 후 초대 대통령 수카르노는 '판차실라(Pancasila)'를 국가의 기간 이념으로 삼아 종교의 자유와 다양성을 천명하면서도 제일 원칙으로 종교의 존엄성을 내세워 이슬람화를 유도했다. 판차실라 원칙에 의해 인도네시아 국민은 반드시 한 가지 종교를 선택해야 하는데 이는 인도네시아인들이 흔히 그들의 이슬람을 'ID카드용 이슬람'이라고 비아냥거리게 한 원인으로 작용한다. 종교의 자유와 다양성을 천명하는 판차실라 원칙에도 불구하고, 인도네시아의 종교 정책은 인구의 90%를 이슬람으로 동질화하는 결과를 낳았다.

초대 수카르노 대통령 이후 수하르토의 권위주의적 정권을 거치면서 이슬람은 정치의 중심이자 사회생활의 중심으로 자리 잡았다. 인도네시아의 이슬람은 도입 단계에 나타났던 수피의 개인적 정향성과 대조적으로 독립 이후 국가 형성과 사회경제 발전의 지주적 역할을 해왔다. 비록 중동이나 가까이는 말레이시아와 달리 이슬람 국가를 천명하지 않고 종교의 자유를 인정하는 판차실라를 헌법적 원칙으로 수호하고 있지만, 국가 경영과 사회생활의 원리는 이슬람의 교리 즉 지하드와 샤리아를 근간으로 하고 있다. 인도네시아의 경제를 이해하고 교류하기 위해서는 이슬람 경제의 원리인 샤리아의 원리를 알아야 하고, 인도네시아식 지하드의 경영 원리를 이해해야 한다(윤진표·제대식 2000; 안승국 2009).

현재 전 세계적인 테러리즘의 위협으로 '성전(聖戰)'이라는 의미의 지하드는 성전의 전투적 개념으로 이해되며 비판의 대상이 되고 있으나, 인도네시아에서 지하드는 무력적 충돌과 전쟁의 개념이 아닌 보다 일상생활에 스며든 이슬람의 투쟁 정신을 의미한다(Tomsa 2012). 이런 인도네시아식 지하드 정신을 잘 반영하고 있는 것이 인도네시아 사회 개혁의 중심 세력인 이슬람 종교 조직들의 근대화 사업이다(윤진표·제대식 2000; Rabasa 2014; Ramage 1995). 인도네시아 국가 전체가 대부분은 NU와 무하마디야(Muhamadyah) 두 조직의 영향하에 속해 있다. 지역에 따라 NU 혹은 무하마디야 영향력이 주도하는 지역이 갈리는데, 이들 조직은 학교, 병원, 사회복지 시설 등을 운영하며 국민의 일반 삶 전반에 영향을 미치고 있다.

본 연구가 현장 조사에 동원한 한류 팬들이 소속된 학교도 무하마디야 조직에 의해 운영되는 곳이었으며 이 조직의 이념에 따라 교육이 이루어지고 있었다. 무하마디야는 해방 후 인도네시아의 근대화에 주력해 온 조직으로, 이념적으로는 근대화된 이슬람 건설과 종교의 순수성 회복을 최고의 목적으로 하고 있다. 즉 토속신앙이나 제국주의의 영향력으로부터 이슬람을 순수화하고, 그로써 이슬람 원리주의로 회귀하는 것이 아니라 근대주의를 추동하는 것이 무하마디야의 목표라고 하겠다. NU는 이에 비해 더 포용적이지만 궁극의 목표는 인도네시아 근대주의와 사회 발전을 지향한다는 점에서 공통점이 있다.

이와 같은 인도네시아 사회의 고유한 이슬람이 최근 강경화 기조로 나아가고 있다는 주장이 제기되고 있다(Alamsyah & Hadize 2017; Azumah 2015; Hamayotsu 2014; Rahman 2017;). 수하르토의 권위주의 정권이 몰락한 이후 민주화가 진전되면서 이전에 금지되었던 공공 영역에서 종교성이 용인되기 시작한 것이 거꾸로 이슬람의 강경화를 불러왔다는 것이다. 이는 90년대 이후 이슬람 조직들이 공공연히 정치에 뛰어들고 정당 조직을 만들게 되면서 진행되었는데, 그 결과 이슬람 종교 단체의 정당 지지도가 인도네시아 정치에서 높은 비율을 차지하게 되었다(Jung 2014). 여기에 더하여 인도네시아 광역 지지 기반을 갖고 있는 NU나 무하마디야 같은 이슬람 조직 이외에 소수 과격 성향의 이슬람 조직도 정치 활동에 뛰어들게 되면서 인도네시아 이슬람의 강경화 경향이 촉진되고 있다.

이와 같은 인도네시아 이슬람의 강경화 바람은 비단 정치 활동이나 사회 전반의 공적 영역에만 국한된 것이 아니다. 이슬람의 강경화는 일반인들의 일상생활에도 파고들어 일상생활의 변화를 수반하고 있다. 이런 변화는 일반인들이 맹목적으로 정치적 이데올로기를 따르거나 사회적으로 동원되어 나타나는 현상이라기보다는 그들이 자신의 일상성 속에서 자기 종교를 신봉하고 이슬람의 교리를 준수하는 가운데 일어난 변화의 경향으로 나타난다. 또 사람들이 이슬람 교리를 일상생활에 도입하고 활용하며 특정 양식을 만들어 내기도 하고 대중문화에 접목하기도 하면서 교리가 일반인들의 생활에서 새롭게 거듭나

기도 하는 것이다.

일반인들 사이에서 인도네시아 이슬람의 강경화 바람이 가장 두드러지게 나타나는 현상은 베일 착용이다. 인도네시아 여성들의 종교적 특징으로 히잡이나 질밥 착용을 들 수 있는데, 이는 무슬림의 경건성을 표상하는 것이다. 그러나 인도네시아에서 베일 착용이 지금과 같이 보편화된 것은 그리 오랜 일이 아니고 베일 착용이 의미하는 바 또한 복합적이라고 할 수 있다. 기실 대다수 여성이 베일을 착용하게 된 것은 2000년대 이후 현상이며, 미디어 같은 공공 영역에서 여성의 베일 착용이 허용된 것은 포스트수하르토 시기 이후였다(이수인 2015; Rinaldo 2013; Van Wichelen 2010).

이같이 인도네시아 여성들이 보편적으로 히잡을 착용하게 된 것은 표면적으로는 종교성의 고양, 이슬람의 강경화로 비치지만, 내면적으로는 보다 다양한 요인이 작용하고 있다. 현지 여성들은 히잡과 질밥 착용을 하나의 유행으로도 인식하고 있으며 착용자는 지금도 점점 늘어가는 추세이다. 히잡이 하나의 패션이 되어 가는 현상에 대해 많은 학자가 이슬람 종교의 상업화를 지적한다. 즉 이와 같은 종교용품의 유행과 보편화는 종교의 상업화 추세로 해석될 수 있다(Fealy 2008; Mushaben 2008). 이와 같은 이슬람의 상업화·패션화 경향은 인도네시아뿐 아니라 중동과 아프리카 지역 이슬람 국가들의 공통적인 현상이기도 하다. 하지만 인도네시아 경우 90년대 소수의 운동권에서 베일을 착용하다가 현재는 90% 이상의 이슬람 여성 신도들이 착용하고 있을 만큼 급격한 변화를 보인다는 점에서, 또 종교용품의 패션화가 확대되고 있다는 점에서 인도네시아에서 중요한 이슈가 되고 있다.

이와 같이 인도네시아 대중문화에 나타나는 이슬람교의 영향력 확산과 강경화 추세에는 종교적 신앙과 함께 사회적 저항 정신, 또 거기에 다양한 정치경제적 영향 관계가 개입해 복합적 양상을 띤다. 베일 착용이 오늘날같이 보편화된 데는 서구 영향에 대항하여 인도네시아의 정체성을 확보하기 위한 동기가 종교적 동기와 함께 작용했다. 한편, 베일을 착용하는 현실적 실천에는 종교용품에 대한 자본주의적 상업화와, 광고나 예능 프로그램 등 미디어에서 보급하는 환상과 새로운 라이프 스타일이 작용하는 측면이 있는 것이다. 일상 속에서 이와 같은 여러 가지 문화적 영향력이 복합적으로 작용하는 가운데 일반 사람들이 베일을 착용하는 현상이 문화적으로 확산되고 있는 것이라 볼 수 있다.

영국 문화 연구에서 홀이 미디어 문화 해독의 다양한 가능성을 제시한 이후 많은 미디어 학자들이 인류학적 연구의 전통을 받아들여 대중문화를 수용하는 수용자들의 하위 집단을 중심으로 민속지학 연구를 진행하며, 일상 속의 복합적인 권력의 작용과 교섭의 과정을 주목하게 되었다. 현재 인도네시아 이슬람 문화의 복합성도 이런 시각에서 접근하는 것이 유효할 것으로 보인다. 특히 미래 세대인 청소년들은 사회 권력의 변방에 속하는 마이너리티로서 사회 주류 세력의 영향력을 그들 특유의 하위 집단 성격과 버무려 독특한 수용 문화를 형성하고 있다. 최근 인도네시아 문화의 변화를 연구한 몇몇 성과들을 보면 이슬람 종교 문화의 아이러니와 이에 반응하는 일반 사람들의 복합적 양상에 주목하고 있는 것을 발견할 수 있다. 예를 들어 노비타 데위는 청소년의 정체성 문제 연구를 위해 인도네시아 청소년들이 즐겨 읽는 로맨스 소설에 나타난 캐릭터를 분석하면서 이 칙릿(Chick-lit) 소설 중 베스트셀러 작품에서는 이슬람의 종교적 캐릭터와 포스트모던한 상업 문화가 적절히 섞여 재미를 자아내고 독자를 유인하고 있다는 사실을 지적한다(Dewi 2011). 『질밥 두른 브리트니 스피어스(*Jilbab Britney Spears*)』나 『펑키 이슬라믹(*Funky Islamic*)』, 『보딩 스쿨 걸스(*Boarding School Girls*)』 같은 베스트셀러 소설들은 제목만으로도 현대 인도네시아 청소년들의 아이러니한 문화를 엿볼 수 있게 한다. 종교성과 저항적 대중문화, 또이에 반응하는 하위문화의 복합적 성격이 현재 인도네시아 청소년 문화에 녹아들어 있다는 것을 감지할 수 있다.

최근 유행하는 아이돌 문화도 인도네시아의 새로운 대중문화 추세를 엿보게 한다. 이슬람 국가에서 아이돌, 즉 우상은 철저히 금지되어 있다. 종교 전쟁에서 이슬람 세력이 승전할 때 가장 먼저 하는 일은 아이돌을 파괴하는 것이며, 인류사적 가치가 있는 문화재도 이슬람의 우상 파괴 원칙 아래 무참히 파괴되기 일쑤이다. 물리적인 우상뿐 아니라 무형의 아이돌도 이슬람 국가에서는 철저히 금지되어 있다. 그러나 최근 인도네시아에서는 아이돌 문화가 미디어를 중심으로 확산되고 있으며, 이 중심에 케이팝 아이돌 문화가 있다. 인도네시아에서는 한국을 비롯한 아시아와 구미의 아이돌 모델을 도입하여 인도네시아 아이돌을 만들고 있으며, 방송의 포맷도 만들고 있다. 오디션 프로그램인 〈인도네시안 아이돌(Indonesian Idol)〉이나 케이팝 아이돌을 벤치마킹한 AFI, KDI 등 유명 가수의 등장은 인도네시아 전체에 아이돌 문화를 확산시키고 새로운 미디어 콘텐츠를 만들어 내고 있다.

인도네시아 한류는 이슬람 종교의 강경화와 저항성, 서구화와 글로벌라이제이션이라는 복합적인 권력의 역학 관계 속에서 수용자들이 각자의 삶 가운데서 나름의 의미를 생산하며 정체성을 확보해 가기 위해 지극히 복합적이고 유동적 전략들을 취하고 있는 현실을 보여 주고 있다. 이런 정치경제적 맥락과 대중문화 수용의 교섭, 문화 전략의 양상은 학문적 대상으로서 중요할 뿐만 아니라 현재 인류가 마주하고 있는 문화 갈등의 문제를 해결할 단초를 제시해 줄 수 있을 것이다.

3. 인도네시아 청소년의 케이팝 수용

인도네시아에 이는 한류의 인기와 문화적 의미를 파악하기 위해 인도네시아 청소년을 대상으로 현장 조사를 실시했다. 현장 연구는 2016년 12월부터 2017년 2월까지 3개월간 진행되었고, 현장 연구 전 1개월, 연구 후 5개월간 인터뷰 대상자와의 온라인 접촉을 통한 예비 연구와 후속 연구가 진행되었다. 심층 인터뷰가 집단과 개별 인터뷰 형식으로 진행되었고, 현장 일상생활에 대한 참여 관찰, 인도네시아 문화에 대한 저자의 다각적인 체험, 현지 대학 연구자들과의 중간보고와 다수의 토론회 자리를 가졌다.[1] 주요 연구 대상자는 고등학생 18명과 케이팝 팬클럽 7명 총 25명[2]이었다. 현장 연구는 인도네시아의 문화·교육 도시로 불리는 족자카르타에서 진행되었다. 이곳은 자카르타 같은 수도권의 특수성을 갖지 않으면서 다양한 지역적·인종적 배경의 사람들이 교육을 위해 모여드는 교육도시의 성격을 가지고 있다는 장점 때문에 선택하게 되었다. 본 연구에 참여한 청소년들은 자신의 관심에 의해 자발적으로 참여했으며, 집단 및 개별 형식으로 수차례 장시간 진행되는 인터뷰에 기꺼이 참여하고 관심을 표명했다.

참여자들의 자발성 이외에 두 번째로 고려한 것은 본 연구의 목적상 종교성이었다. 본 연구가 목적으로 하는 종교적 차이와 미디어 수

1 본 연구의 진행은 인도네시아 가자마다대학 동남아시아연구센터(PSAT)의 적극적 도움으로 가능했다. 연구소 스태프들이 선정 고등학교와의 협력을 위한 모든 서류 작업과 개인적 관계를 동원하여 협력했으며, 연구소 소속인 가자마다대학 교수와 연구원들은 토론회, 세미나 등을 통해 피드백을 주었다. 또한 인도네시아 문화 이해와 체험에도 큰 도움을 주었다.

2 본 연구 참여자들의 사생활 보호를 위해 이름을 명시하지 않고, 인용하는 경우 고교생 집단은 1-18로, 팬클럽 회원들은 G1-G7으로 표시하도록 하겠다.

용 양태를 보기 위해 인도네시아 주류 종교인 이슬람교 신자를 대상으로 했으며, 선택한 학교는 이슬람 교단의 고등학교였다. 팬클럽 구성원도 모두 무슬림이었다. 본 연구 참여자와의 인터뷰는 집단 인터뷰와 개인 인터뷰, 소규모 집단 인터뷰 구성으로 진행했다. 인도네시아 청소년들의 일상성에 대한 참여 관찰은 인터뷰 대상자들이 다니는 학교에서 이루어졌으며, 수업 시간 관찰, 방과 후 특별활동 참여 및 관찰, 이슬람 학교에서 필수화된 기도 시간 참여가 선임된 담당 교사의 참관하에 진행되었다. 연구 기간 중 일주일에 1-2회 정도 학교에 방문해 참여 관찰을 했다. 전반적으로 현장 조사는 개방된 분위기에서 원활히 진행되었다.

연구 시작 전에 케이팝에 관심이 많은 가자마다대학 학생 5명을 대상으로 사전 연구를 실시했다. 설문과 인터뷰 방식에 대한 조언과 함께 인도네시아 케이팝 팬 문화에 대한 의견을 들을 수 있었다. 또한 본 연구의 사후 연구로 앞서 밝힌 인터뷰 대상자 외에 이슬람 보딩 스쿨 학생에 대한 인터뷰와 참여 관찰을 진행했다. 인도네시아의 이슬람 보딩 스쿨은 종교적 리더를 기르기 위한 목적으로 설립된 일군의 학교들로, 저렴한 비용과 종교적 충실성 때문에 종교 리더를 꿈꾸는 학생 외에도 일반 학생들, 특히 경제적으로 어려운 학생들이 많이 다닌다. 본 연구의 목적상 이런 특수성이 있는 보딩 스쿨을 일반 고등학교와 비교하기 위해 한국 미디어 영향의 정도를 비교하는 사후 연구를 진행했다. 또 다른 사후 연구로, 지역적 차이를 보기 위해 자바 이외 섬의 빌리지[3] 출신 학생들을 인터뷰하여 비교해 보았다.

3 인도네시아에서는 문명의 혜택이 덜한 전통 방식의 농촌 생활을 유지하는 지역을 '빌리지'라 부르며 사회적·교육적 혜택을 주고 있다.

1) 인도네시아 청소년의 종교 충성도와 한류의 수용

인도네시아 청소년들의 가장 큰 특징은 종교적 성향에서 찾을 수 있을 것이다. 어느 나라나 청소년들은 사춘기를 거치면서 기존 가치에 저항하고 반문화, 대항문화 혹은 주류에서 탈피한 하위문화를 형성하는 것이 일반적인 경향이다. 이중 종교는 청소년들의 저항과 이탈이 크게 나타나는 분야로 서구에서 기독교 인구 중 청소년의 급감이나 아시아 불교 문화에서의 청소년 이탈이 이를 잘 반영하고 있다. 인도네시아의 경우 인구의 90%가 이슬람을 믿는 세계 최대 무슬림 국가로 종교가 국민들 삶의 가장 중심적 부분이다. 여기서 이슬람 가치 기준과 상반되는 한류가 청소년을 중심으로 인기를 끌고 있는 현상은 청소년들의 대안문화, 반문화, 종교적 이탈의 결과일 것이라 짐작하게 한다.

그러나 이런 짐작과 달리 현장 연구 과정에서 인도네시아 청소년들은 강한 종교적 성향을 보였다. 우선 현장 연구가 이루어진 족자카르타 시가지나, 인도네시아 최고 지성을 자부하는 가자마다대학에서도 대다수 여학생들은 히잡을 착용하고 있는 것을 관찰할 수 있으며, 본 연구에 참여한 이슬람 재단 소속 학교 학생들은 물론 히잡 착용이 의무화되지 않은 일반 고등학교 재학생들도 2명을 빼고는 모두 히잡을 착용하고 있었다. 이슬람 국가에서 히잡 착용이 외부 시선과 달리 다양한 의미일 수 있다는 점은 이미 논의했지만, 본 연구에서 가장 주목한 것은 청소년들의 일상생활에 자리 잡고 있는 종교성이다.

연구 참여자 25명 모두 일상생활에서 가장 중요한 요소로 솔랏, 즉 무슬림의 의무인 기도를 꼽았다. 이는 히잡을 착용하지 않은 여학생의 경우도 마찬가지였다. 반항적 성향의 남학생의 경우에서도 공통으로 나타난 현상이다. 이들은 모두 새벽 4시에서 5시 사이에 일어나 기도로 하루를 시작했다. 청소년들이 새벽마다 일어나 정결의식을 마치고 기도에 임한다는 것은 외부인의 시선에서 거의 충격적인 사실이기도 하다. 특히 요즘 같은 디지털 시대에 일과 시간을 넘어 늦은 시각까지 SNS와 인터넷 활동을 이어 가는 청소년들의 일상생활에 비할 때 새벽마다 일어나 기도를 하고 가족과 함께 일상을 여는 생활양식에는 놀라운 면이 있다. 인터뷰 참가자들은 하루 5회 기도는 무슬림의 의무이고 당연히 지켜야 할 기본이라는 반응을 보였다. 하루 5회 기도 의무인 솔랏, 그리고 라마단은 가장 기본적인 종교 행위로 누구나 지켜야 하는 것으로 인식되고 있었다. 이외에 추가 기도 시간을 갖거나 라마단 외에 주 단위로 금식을 하는 학생들도 있었고, 매일 의무적으로 읽는 코란 강독 시간 외에 따로 정보를 찾아 코란과 이슬람 교리를 공부하는 학생들도 있었다.

인터뷰 참여자 중에 일부는 하루 5회 기도 시간을 제대로 지키지 않고 2-3회만 한다는 학생들도 있었다. 그러나 이들도 종교적 의무를 지키지 못한 것에 대해 죄책감을 느끼고 종교적 가치를 가장 중요한 요소로 보는 데는 차이가 없었다.

> 8: 어쩌다 기도 시간을 잊어버리면 정말 괴롭고 너무 마음이 무거워요. 종교적으로 더 나아지기 원하는데 항상 따르기는 어렵네요.

이슬람 재단 고등학교에 다니는 8의 경우도 종교의 중요성을 진지하게 받아들이고 있으며, 어쩌다 기도 시간을 그냥 넘긴 경우 심한 죄책감과 우울감을 느낀다고 토로했다. 개중에 종교적 충성도가 낮고 기도에 충실하지 않은 청소년의 경우에도 죄책감은 항상 뒤따랐고 자신의 발전에 종교적 충실도는 중요한 가치라고 입을 모았다.

> 11: 저는 별로 종교적이지 않아요, 게을러서…. (웃음) 다른 사람들이 저

보고 지옥 갈 거라고 하는데, 그래도 저는 게으르고 피곤하니까요. 기도하는 것을 잊어버리고 하루 서너 번이나 두 번만 할 때도 있었어요. 종교가 많은 영감을 주는 건 사실이에요. 저 자신이 변해야겠죠. 기도를 열심히 하고 나은 사람이 되어야 해요.

영어를 잘하고 유학파 부모의 가정에서 성장한 11은 자유분방하고 서구 문화에 많이 노출되어 다른 학생에 비해 비교적 종교적 충성도가 낮은 경향을 보였지만, 그래도 이슬람의 의무인 지하드에 대해서는 죄책감을 느끼고 개선되기를 바라는 심경을 드러냈다. 진술에서 보이듯이 주위 압력도 크게 느끼는 것으로 나타났다.

GOT7 팬클럽의 일원으로 본 연구에 참여한 G4의 경우 매우 높은 종교적 충성도를 보였고 모두의 종교적 의무를 강조하기도 했다.

G4: 저는 매우 종교적이에요. 네 살 때부터 기도하고 코란을 읽었죠. 모스크에서, 또 부모님께 배웠어요. 히잡은 다섯 살에 유치원 다닐 때부터 썼어요. 어떤 애들은 히잡을 안 쓰기도 하고 중요하지 않다고 생각하지만, 히잡은 중요합니다. 기도도 부모님이 말 안 하면 하지 않는 애들이 있는데, 기도는 모두의 의무입니다.

이런 청소년이 특별한 경우라고 느껴질 수도 있지만, 실제 인도네시아에서 유치원을 지날 때 히잡을 쓰고 미끄럼을 타며 노는 어린이들을 흔히 볼 수 있고, 동네 모스크에서 정결의식을 하고 기도를 하는 미취학 어린이도 자주 눈에 띄었다.

청소년들이 이와 같이 이슬람 종교에 높은 충성도를 보이는 것은 인도네시아 사회의 가치와 전통을 반영하고 있다. 학생들은 부모님이나 선생님으로부터 가장 많이 듣는 소리가 바로 '기도를 잊어버리지

말라'는 것이라고 답변했다. 인터뷰에 참여한 대부분 학생이 부모에게 가장 많이 듣는 말이 기도 시간을 잊으면 안 된다는 말이고, 두 번째로 많이 듣는 말이 공부에 충실하라는 요구라고 한다. 이는 이슬람 고교의 경우 선생님에게서 가장 많이 듣는 요구이기도 하다. 이와 같은 사회적 요구와 가치가 체화되어 이슬람의 율법을 최고의 가치로 아는 것은 인도네시아 청소년의 독특한 특징이라 할 수 있다.

이런 환경에서 히잡을 쓰지 않는 두 여학생의 경우 대다수가 지키는 관습에 역행하는 동기가 궁금하지 않을 수 없다. 일단 인도네시아 일반 공립학교에서 종교적 자유는 법적으로 보장되고 자신의 의지에 따라 이슬람 문화를 따를 수도 안 따를 수도 있다. 이슬람 고교의 경우에는 누구나 종교 의무를 따라야 하고, 연구자와 같은 외국 방문자의 경우도 학교 방문 시에는 히잡을 쓰도록 요구받는다. 일반 공립학교에서는 자유가 규정되어 있다고는 하나, 여성 인구의 대다수가 히잡을 쓰고 다니는데, 이번 연구에 참여한 여학생 2명은 히잡을 쓰지 않고 있어서 그들의 종교와 히잡에 대한 질문을 개인 인터뷰 시간에 하게 되었다.

G2: 가끔 히잡을 쓸 때도 있지만 잘 안 써요. 아직 종교적으로 충분하지 않아서요. 히잡을 쓴다는 것은 무슬림으로서의 약속을 뜻하죠. 수도자 같은 약속이요. 하루 다섯 번 기도하지만 코란을 매일 읽는 건 아니고, 먹는 것도 룰을 안 지킬 때가 있고. 남자친구 만날 때도 히잡을 쓰면 벽을 치고 결혼 때까지 관계를 하지 않아야 하는데, 이런 게 저한테는 부담으로 작용해요…. 히잡 쓰는 것에 대해 압력은 없고. 아직 때가 아닌가 보다 하겠죠. 엄마는 히잡을 쓰지만 제게 강요하지 않아요. 우리 집은 그렇게 종교적이지 않고, 저도 공립학교 다녔으니 강요는 없어요.

G6: 엄마가 히잡을 쓰면 선해야 한다고 하는데, 저는 그리 선하지 않고. 기도도 하루 다섯 번밖에 안 하고…. 코란을 읽고 조상을 위한 기도도 하지만 어떨 때는 잊어버릴 때도 있어요. 아직 하이틴이니까.

이렇듯 히잡을 쓰지 않는 청소년들 또한 종교적 충성도가 높은 편이었다. 히잡을 착용하지 않는 것은 아직 자격이 없기 때문이지, 자신이 발전함에 따라 종교적 신앙을 키우고 히잡도 쓰는 것이 바람직하다는 심정을 나타냈다.

이와 같이 인도네시아 청소년의 이슬람 신앙은 매우 굳건하고 타국의 기준에서 보면 맹목적이라고 볼 수도 있다. 그러나 실제 여기는 복합적이고 복잡한 신앙과 문화의 문제가 뒤섞여 있다. 인도네시아 여성 대부분이 히잡을 착용하는 현상에도 단순한 교조적 복종 외에 복합적 요인이 작용하고 있다. 앞서 논의했듯이 인도네시아의 근대화가 진전될수록 히잡 착용은 증가하고 있으며, 현지인들 사이에서 히잡은 종교적 복장으로서뿐만 아니라 패션의 일부로 인식되고 있다. 인도네시아의 젊은 여성 사이에서 실제 히잡 착용이 보편화된 것은 21세기 들어와서이고 특히 공공 영역에서 히잡 착용이 허용된 것은 불과 10년 남짓 되었다. 이번 사전 인터뷰에 참여한 대학생들에 따르면, 이전에 젊은 여성들은 히잡에 거부반응이 있었으며 이를 고루한 아랍 문화의 반영이라고 보는 경향이 있었다고 한다. 그러나 현재는 지식인과 젊은 여성을 포함해 많은 이들이 히잡 착용에 적극적이며, 그것이 패션과 자기 정체성 표현의 일부로 활용되고 있다고 한다. 인도네시아 페미니즘 연구에도 히잡을 민족주의나 서구에 대항한 문화 정체성의 운동으로 해석하는 결과들이 많이 나오고 있다. 특히 미디어에서 히잡 착용은 과거에 금지되었던 공공 영역에서의 종교적 표현이 허용되면서 나타난 인도네시아 이슬람의 강경화로 해석되기도 하지만, 실제 광고나 예능 프로그램에 등장하는 모델들의 히잡 착용의 양식을 보면 패션이나 유행으로서의 상업적 영역 확대나 오히려 종교 영역의 유연화로까지 해석될 수도 있다. 물론 위의 인터뷰 진술에서 보듯이 히잡 착용의 종교적 기반을 부정할 수는 없으며 인터뷰 대상자 스스로도 종교적 믿음이 부족함을 탓하는 말을 하고 있지만, 그들이 복합적인 의미를 히잡에 부여하고 있는 것은 분명하며, 주위의 반응도 강압적이기보다는 유연하다는 것을 알 수 있다.

본 연구의 초점이 되고 있는 한류 현상과 관련해 이처럼 이슬람 종교에 충성도가 높은 인도네시아 청소년들이 서구 음악 형식과 안무 퍼포먼스를 보이는 케이팝과 한국 미디어에 열광하는 것은 모순으로 비칠 수 있다. 이런 모순을 이해하기 위해 우선 본 연구에 참여한 청소년들에게 한국 문화와 인도네시아 문화의 공통점이 무엇인지를 물었다. 이 질문에 학생 모두는 공통점이 없다고 응답했다. 또 케이팝이나 한국 드라마가 인도네시아 문화와 이슬람 시각에서 볼 때 금기시될 만하다는 반응을 보였다.

> 12: 한국과 문화 차이가 크다고 생각하지만, 다른 문화니까 괜찮아요. 노출이나 스킨십… 우리 사회에서는 죄악이고 심하면 저도 불편하죠…. 어차피 오락을 위한 것이니 문화 차이는 괜찮아요.
>
> G2: 한국과 인도네시아 문화는 차이밖에 없을 만큼 달라요. 한국 것을 종교적 시각에서 본 적은 없어요. 각자 종교의 자유가 있고
>
> 8: 저는 무슬림이지만 한국 것 보는 거 괜찮고, 다른 문화를 존중해야 한다고 생각해요. 케이팝 들으면 심기일전하게 되고, 바쁠 때도 케이팝 들으면 기분이 좋아져요.

이와 같이 종교적으로 문제가 발생할 수 있을 만큼 차이가 크지만

그러한 점은 오락이나 외부 문화라는 이유로 거부감 없이 받아들여지고 그들의 일상생활에 자연스럽게 녹아들어 간다.

그런가 하면 한국과 인도네시아 간 문화의 차이를 강조하는 인터뷰 대상자들은 대부분 가장 확연한 차이로 복장을 꼽았다. 그러나 이들은 그러한 차이를 부정적으로 보기보다는 오락이라는 이유로, 또 외국 문화라는 이유로 허용하면서 거부감 없이 받아들이고 있었고 더 나아가 자신의 일상에 이를 자연스럽게 도입하기도 했다. 이들은 종교적·문화적 차이에 주목하기보다는 그들이 의미 있다고 생각하는 부분을 부각해 받아들이는 경향을 보였다.

2) 미디어 수용자의 감성적 동화와 사회 인식

인도네시아 한류 팬들이 케이팝과 한국 미디어를 좋아하는 이유로 모두 첫 번째로 꼽는 이유는 가수나 배우가 핸섬하고 예쁘다는 것이다. 여학생들은 남자 아이돌에 열광했고, 종교 지도자를 육성하는 이슬람 보딩 스쿨의 여학생들도 한국 가수 중 누가 좋으냐는 질문에 녹아내리는 제스처를 하며 눈을 반짝이고 웃음을 터트렸다. 물론 그들이 말하는 이유도 '핸섬해서'였다. 그러나 외모로 인해 이끌리는 감성적 매혹이 종교와 문화적 차이를 뛰어넘어 이슬람 사회에서 금지하는 케이팝과 한국 문화에 탐닉하게 만든다고 본다면 그것은 섣부른 결론이 될 것이다. 이같이 일견 외모 지상주의에 의해 피상적으로 아이돌 외모에 탐닉하는 듯한 청소년 수용자들이지만, 시간을 가지고 그들의 말을 들어보면 좀 더 깊은 의미가 내재해 있음을 발견할 수 있다. 우선 그들이 핸섬해서 좋다는 반응을 보일 때, 잘생겼다는 것이 구체적으로 무엇을 뜻하는지 물어보면 대부분 꼽는 사항은 오뚝한 코, 흰 피부, 붉은 입술인데, 이때 자동으로 인도네시아 남성과 비교하면서 반대되는 것을 거론하고 있었다. 이들은 인도네시아 남자 중에는 잘생긴 사람이 없다고 하면서 한국 아이돌과 대조되는 뭉툭한 코, 검은 피부, 검붉은 입술을 혐오한다고 반응했다. 이에 비해 한국 가수나 배우는 핸섬하다는 대답이었다. 일견 인종주의적 발언으로 들리는 이들의 반응을 어떻게 해석할 수 있을까? 거듭되는 대화를 통해 이들이 느끼는 사회의 문제와 일상의 체험을 종합해 보면 이들은 단순히 외모 지상주의나 인종주의적 편견으로 외모를 언급한 것이 아니라 보다 심층적이고 무의식적으로 사회 비판 의식을 표현하고 있음을 알 수 있었다.

11: 핸섬하니까요…. 흰 피부. 오뚝한 코가 매력적이에요. 지저분하지 않고요. 인도네시아 남자는 외부 활동이 많아 갈색 피부인데, 남자애들이 케어를 안 하고 지저분하고 게을러요. 대부분 애들은 다 게을러요.

6: 엑소가 멋있어요. 코가 인도네시아 남자와 다르고, 입술도 인도네시아 남자는 검은데 (엑소는) 핑크빛이잖아요. 눈도 반짝반짝하죠. (웃음)

이들 케이팝 팬이 흰 피부와 높은 코 등 인종주의적 기준으로 외모를 평가하는 것은 일견 서구적 외모를 미의 기준으로 삼고 있는 것으로 들린다. 그러나 본 연구에 참여한 학생은 모두 하나같이 미국이나 유럽의 스타들을 선호하지 않으며 그들의 외모를 혐오한다는 반응을 보였다. 일부 미국 팝을 좋아하는 청소년의 경우도 미국 가수들의 외모는 평가절하하곤 했다.

6: 미국 사람들은 천박해 보여요. 피어싱도 이따만 하게 크게 하고, 메이크업도 진하게 하고.

11: 미국 가수는 쿨해 보이고 더 마초적인 것 같아요.

G6: 한국 가수들은 귀엽고 섹시하다면, 미국은 핫하고 섹시하달까. 미국 음악은 별로 좋아하지 않아요. 너무 천박해 보여서.

개별 인터뷰에서 이들은 모두 미국과 한국 가수를 비교하면서 약속이나 한 듯 '천박하다(vulgar)'는 표현을 했다. 흰 피부와 높은 코 같은 서구 중심적 미의 기준도 여기서는 통하지 않아서, 미국 가수의 외모를 오히려 혐오한다는 반응을 보였다. 또한 인도네시아 가수들이 서구 가수들의 외모나 메이크업을 모방하고 있는 것에 대해 혹독한 비판을 했다. 그런 점에서 서구 중심의 인종주의적 기준으로 한국 아이돌을 높이 평가하는 것은 아님이 분명해 보인다. 종교적 시각을 배제하고 오락은 오락으로 즐긴다는 청소년들의 반응과 달리, 실제 이들은 서양 대중문화에 대해서 한국 대중문화와는 상반된 평가를 하고 있는 것이다. 이번 연구에 참여한 청소년들은 케이팝을 선호했고 미국이나 유럽 음악은 선호하지 않았다. 남학생들을 제외하고는 다들 서구의 가수들에 대해 비판적이었는데, 외모나 태도, 음악이 보이는 섹슈얼리티와 난폭함을 비난하기도 했다. 청소년에게는 적합하지 않다는 반응이었다.

본 연구에 참여한 청소년들은 케이팝 아이돌의 외모를 높이 평가하면서 어김없이 그것이 내적 인성에 대한 이들의 기내 때문이라는 점을 밝혔다.

12: 드라마나 버라이어티 프로그램에서 볼 수 있듯이 한국 남자는 착하고 잘해 줘요. 그들을 보면 완벽주의인 것 같아요. 자기 계획에 철저하고…. 일반 학생들만 봐도 좋은 성적을 얻기 위해 노력하고. 우리로서는 좀 낯설지만요. 드라마에서 보면 항상 바쁘고, 틈만 나면 뭔가 하는 학생들 모습이 나와요.

G5: BTS 팬인데 잘생겨서 좋아하죠. 그들 투쟁 정신이 좋아요. 작은 소속사이면서 큰 소속사 아이돌보다 더 성공하고. 그들을 보면 열심히 하고 싶은 동기가 생겨요. 자작곡도 만들고, 뮤비도 이론이 있는 것 같아요. 가사도 현실적이고. 그런 재능에 반했어요. 예전에 시험 전에 다친 적이 있는데, BTS를 보고서 나도 할 수 있다, 하고 도전한 적이 있어요. 물론 외모도요. 키 크고. 목소리도 좋고. (웃음)

G2: 한국 아이돌은 에너지가 넘치고 쿨해 보여요. 여자도 남자도 재능이 많고, 모든 것을 완벽히 준비하고 나오죠. 그래서 국제적으로 사랑을 받는 거예요.

위의 진술에서 보듯이, 인도네시아 청소년들이 한국 아이돌에 매혹되고 가슴 설레는 이유는 인종적 외모 기준 때문이 아니라, 그들이 이상화하는 남성성 혹은 인간성에 기초하고 있다. 그룹 인터뷰에서도 한국 아이돌의 트레이닝 과정과 노력에 대한 높은 평가가 많았고, 인도네시아 가수들이 오디션이나 트레이닝 과정을 거치지 않고 요행으로 스타덤에 오르는 현상에 대해 많은 비판을 제기했다. 위의 예에서 보듯이 개별 인터뷰에서도 외모를 말하는 동시에 어김없이 한국 가수들의 노력과 도전정신, 불굴의 의지를 언급하곤 했다.

이들이 한국 아이돌에 대해 이상화하고 인간성을 높이 사는 것은 그들 사회의 문제점과 현실적 어려움에 대한 비판의식을 반영하고 있다고 볼 수 있다. 흔히 서양이나 한국의 기준으로 볼 때 완벽주의는 부정적으로 해석되기도 하지만, 이들 인도네시아 청소년은 완벽주의와 끊임없이 노력하는 모습을 오히려 이상화하면서 부러움의 대상으로 보고 있다. 이는 단순히 인도네시아 청소년 팬들의 취향이기보다 그들 사회에 대한 비판의식을 담고 있는 것으로 해석될 수 있다. 심지어 입시지옥으로 묘사되는 한국 청소년의 생활을 이들은 오히려 부러움의 대상으로 보고 있다.

8: 한국 드라마를 보면 고등학생들이 열심히 공부하는 모습, 부모님이 압력 주는 모습이 나오는데, 안됐기도 하고 재미있기도 해요. 보고 있으면 나도 한번 저래 보고 싶다는 생각이 들죠. 제 방에 '파이팅'이라고 써 붙여 놓고 힘을 받아요.

12는 항상 바쁘고 경쟁에 시달리는 고등학생들을 완벽한 이상형으로 묘사했는데, 여기서 더 나아가 8은 공부에 시달리고 부모로부터 압박을 받으며 입시 지옥을 치르는 한국의 고등학교 생활을 오히려 부러워하고 자신도 겪어 보고 싶다는 반응을 보였다. 물론 이들이 드라마에 나타난 허구의 생활을 눈으로만 경험하고 있기 때문인 면도 있지만, 또 한편 드라마이기 때문에 그만큼 과장되게 그리는 가혹한 입시 지옥을 보면서도 부러움을 보이는 것은 한국 드라마 수용자들과는 다른 의미를 찾아 미디어 내용을 해독하고 있다는 실례이다. 본 연구에 참여한 케이팝 팬들 대부분이 노래나 퍼포먼스 자체보다 그들의 노력과 내적 인성을 중요시하는 것도 인도네시아 청소년들의 독특한 미디어 해독 방식이라고 할 수 있다.

이와 같이 인도네시아 청소년들이 외적 매혹과 내적 인성을 연관시키는 것은 그들이 인식하는 인도네시아 사회 문제와 밀접한 관련이 있어 보인다. 집단 인터뷰와 개인 인터뷰를 통해 연구 참여자들이 공통으로 제기한 인도네시아 청소년의 가장 큰 문제는 폭력성이었다. 25명 참여자 중 남학생 3명과 여학생 2명을 제외하고는 오늘날 청소년 문제로 단연 패싸움과 폭력적 왕따 문제를 꼽았다. 이것이 새로운 현상은 아니지만 최근 더욱 악화되어 사회 문제로 떠오르고 있고, 청소년들은 학생 갱스터들의 폭력성으로 불안해하고 있었다.

G6: 학교 폭력이 가장 큰 문제예요. 패싸움하고, 학교도 결석하고. 어떤 때는 무기까지 가지고 와서 싸울 때도 있어요.

6: 학교 폭력, 패싸움이 문제죠. 한국은 공부하느라 바쁜데. 여기는 경찰까지 와서 보호해야 해요.

11: 이슬람 학교 학생이 다른 종교 학교와 싸우기도 해요. 작년에는 한 학생이 죽기까지 했어요. 이게 종교 갈등은 아니에요. 그냥 나쁜 애들, 어리석은 애들의 행동일 뿐이지.

특히 2016년 말에 발생한, 학교 폭력이 살인으로까지 비화된 사건을 언급하면서 여학생들은 일상적 폭력성에 대한 불안감을 드러냈다. 이들이 느끼는 한국 아이돌에 대한 매혹도 이들이 일상적으로 느끼는 불안과 폭력적 문화에 대한 저항감이 작용한 것이라 할 수 있다.

한편 남학생들은 학교 폭력에는 오히려 관대하고, 마약 문제를 심각하게 제기했다.

18: 마약이 큰 문제라고 생각합니다. 구하기가 쉽고.

16: 보통 선배가 소개해 마약을 구하게 되는데 여기서 마약은 담배나 마찬가지로 구하기가 쉬워요. 제가 마약 방지 단체에 소속되어 있어 잘 알아요. 어떤 사람은 공공연히 공공장소에서 흡입하고. 한 번 하면 끊기가 어렵다고 합니다. 별로 해롭지 않다는 생각을 하는 사람들도 있고요.

참여 관찰 중 일부 남학생은 폭력 단체에 가담한 학생들이라는 사실을 알 수 있었는데, 이들은 학교 폭력이나 패싸움을 남학생들에게는 하나의 통과 의례 같은 하나의 경험이라고 말하기도 하면서 관대한 태도를 보였다. 이들은 보다 심각한 문제로 마약 문제를 거론하면서 현재 인도네시아 청소년의 문제를 제기했다.

이와 같이 인도네시아 사회가 직면한 문제는 권력적 소수자 위치인 청소년들 일상에 스며들어 그들의 삶을 위협하고 있다. 어느 나라나 학교 폭력과 청소년의 이탈이 존재하지만, 인도네시아 청소년의 경우는 사회 전체적으로 치안이 불안한 상황에서 그 폭력성에 대해 큰 우려와 불안감을 나타내는 것이다. 이런 문제의식 속에서 그들이 찾은 대안의 다양한 출로 중 한국 미디어, 케이팝은 문화적으로 하나의 대안적 모델을 제시하며 수용자들에게 다가가고 있었다.

3) 문화 모방과 문화 정체성

케이팝 팬들이 한국 문화를 어떤 방식으로 수용하고 그들의 일상생활에 통합하는지 그 양식을 보면 그들의 사회적 문제의식과 이에 대한 저항이 문화적 수용에 어떻게 반영되고 있는지를 보다 선명히 알 수 있다. 인터뷰 과정에서 청소년 수용자들이 한국 문화와 인도네시아 문화를 비교하면서 공통점이 없다고 했음을 지적한 바 있다. 앞서 언급했듯이 종교적 차이로 인한 패션이나 스킨십 이슈를 한·인 간의 문화 차이로 가장 많이 거론했는데, 이러한 차이에도 불구하고 인도네시아 청소년들은 한류와 케이팝을 모방하는 그들만의 전략을 채택하고 있었다. 한국과의 문화적 차이를 크게 느끼는 이들도 그들만의 방식으로 은밀하게 한국 문화를 모방하고 있는 것이다.

12: 한국 아이돌을 많이 따라 해요. 헤어나 의상 화상 같은 것. 아이돌 헤어스타일을 따라서 아이롱으로 하고 히잡 쓰면 보이지 않아요. 입술 틴트도 샀어요. 입술 안쪽에 하고 다녀요 눈에 안 띄게. 핫팬츠 같은 것도 집에서 내 방에서 입죠, 나만 볼 수 있게. 종교 때문에 공

공장소에서는 안 되고. 우리 몸을 보여서는 안 돼요.

6: 한국 사랑해요. 한국말도 배우고 있어요, 독학으로…. 먹방 좋아해요. 한국 음식, 떡볶이 등을 만들어 먹고 부모님도 좋아해요. 한국 전통문화, 한복, 한식, 고궁 다 좋아요.

7: 집에서 댄스를 따라 해요. 우리와 한국 문화는 매우 다르죠. 한국 게 더 좋은 것 같아요.

G3: 학교에서 시간 있으면 케이팝을 듣고, 집에서는 줄곧 들어요. 기타와 드럼을 배워요. 저는 집에 혼자 있으니 악기를 연주해요.

사회적 금기 때문에 한국 아이돌과 똑같이 외양을 꾸밀 수는 없지만, 오히려 히잡을 이용하여 마음껏 염색하고 세팅 기구를 사용해 한껏 꾸미고는 히잡과 질밥으로 가리고 다니는 전략을 취한다. 사회적 금기가 미치지 못하는 사적 공간에서는 핫팬츠를 입고 댄스를 즐기기도 한다. 수마트라섬에서 유학 온 G3의 경우는 부모와 떨어져 혼자 살면서 케이팝을 즐겨서 드럼과 기타를 배우고 케이팝을 부르기도 한다고 했다. 히잡을 쓴 고교 2년생이 드럼을 치며 케이팝을 부르는 모습이 외지인의 시각에서는 아이러니하게 보일 수 있지만, 실제 인도네시아 청소녀들은 사회 금기를 깨지 않으면서 그들의 취향을 한껏 즐기고 사회문제에도 적극적으로 저항하는 모습을 보이고 있는 것이다. 많은 여학생이 방과 후 스포츠 게임에도 적극적이고, 오토바이를 타고 원하는 생활을 위해 기동력을 발휘하기도 한다. 온몸의 노출을 피하는 질밥과 머리를 가리는 히잡을 쓰고 사회의 요구를 얌전히 수용하면서도, 사회적으로 금기시된 케이팝 패션이나 생활양식을 자신만의 공간에서는 모방하고 향유하며 그들의 일상에 통합하고 있는 것이다.

이와 같이 문화적 차이를 극복하고 일상의 틈을 내어 한국 문화를 모방하는 것은 그들의 일상과 사회의 변화에 대한 열망으로 해석할 수 있다. 그런 맥락에서, 문화적 차이를 지적하며 한국 사회의 특징을 묘사할 때 가장 많이 등장한 단어는 재미있게도 '쓰레기'였다.

> G1: (한국) 거리를 보면 쓰레기도 없고, 도시가 깨끗해요.
> G6: 인도네시아는 쓰레기를 아무 데나 버리고, 거리도 망가지고….

인도네시아 청소년들은 쓰레기의 유무와 함께 '깨끗한 거리'를 한국의 특징으로 가장 많이 언급했다. 이들은 위생과 편의 시설이 좋은 거리를 언급하면서 한국의 거리 문화를 부럽게 여겼다. 인도네시아에서는 거리를 걸을 수 없을 만큼 비위생적이고 불안한 데 비해 마음대로 거리를 걷는 한국인들의 모습을 보면서 자유를 느낀다는 것이었다.

> G6: 거리를 보면 쓰레기도 없고, 도시가 깨끗하고요. 한국의 걷는 문화가 좋아요. 어디나 걸어 다닐 수 있잖아요. 거리마다 사람이 가득하고. 여기서는 걸어 다닐 수가 없어요. 걷기 무서워요.

'쓰레기'에서 시작되는 그들의 일상적 체험은 자유와 안전 같은 사회적 가치와 이념으로 연결된다.

한국 드라마나 케이팝을 감상하면서 보는 한국 도시의 모습과 거리 같은 일상적 모습에서 인도네시아 청소년들은 자유와 희망의 상징을 읽어 내고 있다. 한국 아이돌에 대한 열렬한 팬심을 보이면서 이들이 어김없이 언급하는 말은 미래에 대한 희망과 계획이다. 이들은 그들의 꿈을 한국에서 이루고 싶다는 말과 함께 인도네시아 사회에는 미래에 대한 희망이 없다는 반응을 어김없이 보였다. 이들 10대 청소년은 인도네시아 현실에서 절망을 느끼며 그들의 사회 문제를 해결하기 위해 한국의 이미지를 하나의 모델로 상정하고 있었다. 이들이 비록 한국 아이돌을 동경하는 단순한 동기에서 한국을 동경하는 것으로 보여도, 더 깊은 심적 상태를 들여다보면 자기 사회에 대한 비판 의식과 개선의 희망을 품고, 한국 문화에 열광하고 동일시하면서 이를 모방하고자 하는 욕망을 엿볼 수 있다.

4. 소결

현재 세계적으로 이슬람이 과격화되면서 중동에서는 ISIS, 서방에서 '외로운 늑대' 등으로 테러리즘에 동원되는 젊은이들의 모습은 흔히 로봇 같은 싸움 기계로, 사회적 이탈자로, 피도 눈물도 없는 기계화된 전사로 미디어에 비친다. 그러나 과격 이슬람 젊은이들도 현대 문화의 향유자이며, 역사적으로 배태된 문명 충돌의 와중에서 개인 생애사를 가지고 일상을 영위하는 살아 숨 쉬는 인간이라는 점은 간과할 수 없는 사실이다. 현재 인류사에 위협이 되고 있는 문명의 충돌과 종교적 갈등의 문제를 심층적으로 이해하는 것은 인류의 보전과 평화를 위해 무엇보다 선행되어야 할 문제가 된다.

이 장에서는 현재 뜨거운 감자가 되고 있는 종교 간, 문화 간 갈등의 문제를 정치적이고 군사적인 접근이 아니라 문화적이고 일상적인 차원에서 접근하고자 현재 이슬람의 최대 인구를 가지고 있는 인도네시아의 청소년 문화를 분석했다. 이는 이슬람 문화를 심층적으로 파악하기 위한 이정표일 뿐 아니라, 청소년 연구를 통해 문화 갈등의 미래를 예측하는 하나의 지표가 될 수 있다. 아시아의 이슬람이 점차 급진화되고 있고 중동에서 밀려난 과격 단체들이 아시아로 이전하고 있는 현실을 고려할 때 인도네시아 이슬람 문화에 대한 연구는 중요한 주제이다.

본 연구에서는 인도네시아 청소년들이 한편으로는 종교적으로 경도되면서 또 한편으로는 케이팝과 한국 미디어에 열광하는 아이러니한 현상을 구체적으로 분석했다. 이슬람 문화와는 조화되기 어렵고 금기시되고 있는 서구 양식의 음악과 라이프 스타일을 표상하는 한국 아이돌과 한국 미디어가 인도네시아 청소년들 사이에서 최고의 인기를 구가하고 있는 현상은 이론적으로뿐만 아니라 사실 그 자체만으로도 시사하는 바가 크다.

인도네시아 청소년들의 케이팝 수용 양식을 현장 조사한 결과 이슬람 청소년들의 깊은 종교성과 한국 대중문화 수용은 겉으로 보기에는 모순되어 보이지만 심층적으로는 맥락을 같이하고 있다는 점을 확인할 수 있었다. 인도네시아 사람들의 종교 생활이 종교 자체로만 환원될 수 없는 다양한 사회적 의미를 포함하고 있는 것과 똑같은 맥락에서, 한류에 대해 열광하는 청소년들의 동기도 단순히 아이돌에 대한 무분별한 열광이 아니라 내면적으로 사회의식을 내포하고 있었다. 이들이 비록 한국 아이돌에 매혹되는 이유를 외모 중심으로 표현하고는 있지만, 이들이 느끼는 매혹스러운 감정 자체가 이미 인도네시아 사회에 대한 비판의식과 서구가 대안이 될 수 없다는 이중적 비판의식을 동시에 담고 있다는 점을 연구 결과가 밝히고 있다. 이들이 흥얼거리는 케이팝 노래와 춤, 한국 드라마의 새로운 에피소드가 나오면 족자카르타 시내 사이버 카페가 한류 팬들로 인산인해를 이루는 등의 현상이 단순히 청소년 팬들의 무분별한 추종과 환상에 의한 것이 아니라 현실에 대한 인식과 비판, 더 나아가서는 대항문화를 형성하고자 하는 공동체적 노력을 담고 있다는 것을 연구를 통해 알 수 있다.

본 연구 과정에서 인도네시아 청소년들이 스스로 표현하고 있듯이, 한국 아이돌에 대한 관심은 늘 그들의 노력과 인간적 면모를 기본 대상으로 하고 있다. 외모에 대한 매혹도 인도네시아 사회의 모순과 서구에 대한 반감에 기인한 것으로, 그 대안으로 한국 아이돌을 이상화하면서 나타내는 감정이다. 이런 의미에서 인도네시아 청소년들이 한류에 빠지는 데는 그들의 정체성 형성 과정이 밀접히 연관되어 있다. 이들은 인도네시아 사회의 모순을 비판하고, 서구식 발전도 거부하면서 한류에서 새로운 희망을 발견하고 있는 것이다.

인도네시아 청소년들은 이슬람 문화에서 금기시하는 한국의 패션과 생활양식을 오히려 이슬람 종교 양식을 이용해 그들만의 사적 공간을 만들어 가면서 향유하는 경향을 보인다. 인도네시아식 질밥은 이에 가장 애용되는 수단으로, 온몸과 머리를 가린 질밥 아래 한국 걸그룹을 흉내 낸 헤어스타일과 미니스커트를 걸치고 사회적 터부를 얌전히 지키는 동시에 사적 취향을 만족시켜 나가고 있다.

인도네시아 이슬람은 근현대사의 굴곡을 거치면서 단순한 종교적 믿음 이상의 의미를 가지고 사회 내부에 깊숙이 자리 잡았다. 네덜란드와 일본의 제국주의 지배에 대한 항거, 독립 후 근대화의 과정에서 이슬람교는 인도네시아 사회에서 가장 중요한 문화 정체성의 지주가 되어 왔다. 이들의 종교 양식은 주류 문화에 대한 하나의 대항문화를 형성하고 공동체의 구심점이 되어 왔다. 그 사회적 의미는 결코 단순한 신앙이나 정치적 이데올로기로만 환원될 수 없는 복합적 의미를 지닌다.

이와 같은 맥락에서 인도네시아 청소년들 간에 번지는 한류의 인기는 자유와 발전의 미래를 추구하는 청소년들의 정신과 인도네시아 사회에 대한 비판의식, 서구 문화에 대한 반문화, 아시아적 대안을 찾는 자기 정체성을 모두 담고 있다. 이는 학술적 해석의 문제이기에 앞서, 청소년들의 취향 속에 그대로 나타나고 말로 이야기되는 현실의 문제이다. 인도네시아 한류가 보이는 이 같은 사회의식과 문화 정체성은 종교적으로 경도되고 날로 급진화하는 이슬람 종교 기반 속에서 대안의 문화를 찾고자 하는 처절하고 절박한 일상의 문화 투쟁이라고 할 수 있다.

인도네시아 청소년들은 인도네시아 주류 사회가 보이는 실패한 사회 체제를 비판하고 희망의 출구를 발견하기 위해 한국 아이돌에서 이상형을 발견하고 있다. 이는 매우 유연하고 일상적인 방식이지만, 경직된 종교 전통에도 서구적 개방과 발전에도 절망한 젊은이들이 대안을 발견하고자 한국 아이돌에 동기화된 결과이다. 한국 아이돌이 대변하고 있는 노력과 인간성, 완벽한 퍼포먼스는 대중문화의 상품을 넘어선 하나의 롤모델로 그들에게 다가가고 있는 것이다. 이들이 이상화하는 한국 미디어의 표상은 새로운 아시아의 모델이며, 현실의 권력을 해체할 대안 모델이기도 하다.

제9장 프랑스의 소프트 테러와 한류의 소프트 파워

1. 서론

한국 미디어에 대한 세계인의 관심이 유럽까지 번지면서, 런던이나 파리 같은 유럽의 대도시 도심에서 한류 팬들이 벌이는 플래시몹과 한국 문화 이벤트를 보도에서 접하는 것은 더 이상 낯선 풍경이 아니다. 유럽의 주요 매체에서도 한류의 부상에 주목하게 되어 BBC와 『르피가로』 같은 정통 미디어에서 한류의 인기를 알리고 있으며, 한국 문화 특집을 내보내기도 했다. 이런 변화에 부응하여 이제 한류를 말할 때 으레 유럽 주요 도시에서 가진 팬클럽 활동을 보도하는 것이 한류의 글로벌한 성공의 하나의 상징처럼 우리 사회에 자리 잡기에 이르렀다.

유럽에서 한국 미디어와 케이팝의 부상은 몇 가지 점에서 문화적 차원에서 의미하는 바가 크다. 일단 런던이나 파리 같은 명실상부한 국제도시에서 케이팝의 인기는 아프리카나 남미 같은 비유럽 문화권의 대중문화나 전통문화를 일상적으로 받아들이는 일상적인 현상의 한 부분이기도 하지만, 다른 문화권과 달리 특히 한국의 케이팝은 청소년을 중심으로 수용되고 있다는 점에서 차이가 있다. 다문화에 대한 선호가 디아스포라나 이국적인 것을 추구하는 기성세대가 아니라 유럽 사회에서 문화적 이벤트에 소수층인 청소년을 주축으로 하고 있다는 점은 특기할 만한 현상이다.

더 나아가 케이팝에 대한 유럽 청소년 팬덤에 주목해야 하는 이유는 주류 미디어 이론에서 설명하지 못하는 현상을 보이고 있기 때문이다. 즉 이들 팬의 선호도와 활동이 '사생팬'에 버금갈 정도로 매우 강렬하다는 점, 이들은 전통 미디어를 이용하지 않고 신미디어 기술에 대한 의존도가 높다는 점, 유럽의 케이팝 팬층은 인종적·민족적 성향이 강하게 개입된다는 점을 특징으로 들 수 있다. 이 세 가지 특징은 각각 새로운 미디어 이론이 필요할 정도로 새로운 현상이라 할 수 있다. 즉 유럽의 케이팝 팬들의 열성도는 새로운 하위문화 연구가 필요한 부분이고, 이들이 뉴미디어 기술을 이용하는 패턴은 매스미디어와 다른 새로운 미디어 기술에 대한 문화 연구가 필요한 부분이며, 유럽 케이팝 팬들의 다문화적 배경을 설명하기 위해서는 새로운 미디어 사회학 이론이 필요하다. 이와 같은 유럽의 한류 현상은 기존 이론으로 설명할 수 없는 다양한 이론적 함의를 가지는데, 본 연구에서는 특히 다문화 배경에 초첨을 두고 사회 문화적 문제를 설명하는 데 집중하고자 한다.

현재 유럽에서 떠오르는 가장 뜨거운 감자는 역시 문화 갈등과 테러리즘의 문제이다. 현재 유럽을 공포의 도가니로 몰아넣고 하루가 멀다고 퍼지고 있는 공포의 테러는 표면적으로는 종교 갈등으로 비화하고 있지만, 내면적으로는 인종주의 문화의 확산, 다문화정책의 실패로 비판받고 있다. 유럽의 화약고가 되어 버린 프랑스와 영국에서 테러는 소위 '외로운 늑대'로 불리는 자국민에 의해 자행되었고, 국제 테러단체와의 연계는 어디까지나 국가 통합과 다문화주의적 결속의 실패가 나은 표면적 현상일 뿐이라는 시각이 대두되고 있다. 언제 어디서 터질지 모르는 '외로운 늑대'의 위협이 전 유럽을 공포의 도가니로 만들고 있는 것이다. 그러나 이것도 자세히 보면 완전히 예측 불허한 무작위 위협은 아니고 몇 가지 특징을 유추해 볼 수 있다. 우선 이들은 강경 이슬람 추종자라는 사실 외에 주로 젊은이이며, 주류 사회의 외곽에 살며, 사회 적응에 문제를 안고 있고, 일상의 어떤 변화의 계기를 통해 급격하게 과격화되어 테러에 동원되고 있다는 공통점을 보인다.

우선 지역적으로 이들 테러리스트는 프랑스의 경우 거의 예외 없이 대도시 주변 지역인 방리유 출신이다. 영국에서도 이들은 전통 노동계급의 주거 지역이 재구조화되면서 경제 위기와 빈곤 문제로 불안정해진 지역 출신이라는 지정학적 특징을 보인다. 또한 테러리스트들에 대한 보도 내용을 보면 이웃이나 학교에서 얌전하거나 모범생이었다는 진술이 많이 나오고, 어느 순간 이슬람 단체와 연관되면서 급격히 과격화되었다는 보도를 자주 접하게 된다. 이런 배경과 특징에서 엿볼 수 있듯이, '외로운 늑대'로 대변되는 오늘날 소프트테러는 몇몇 예외적인 과격분자의 일탈 행위로만 보아 넘길 수 없는 유럽 사회 내면의 구조적 문제와 청소년 문화의 위기와 연관성을 지니고 있다.

본 연구에서는 오늘날 사회 위기와 문화 갈등의 문제를 이해하기 위해 유럽 사회의 문화 갈등과 청소년 문화의 위기를 설명하고자 하며, 이를 위해 유럽에서 한류 팬덤이라는 지극히 일상적인 미디어 수용의 양상을 통해 이를 살펴보고자 한다. 물론 유럽의 한류 팬들이 테러와 연관이 있는 것은 아니고, 이들 중 외로운 늑대로 돌변한 사례가 있는 것도 아니다. 그러나 케이팝과 한국 미디어에 열광하는 유럽 청소년들의 일상을 자세히 들여다보면, 유럽 내 사회 변화와 일상적 문화 갈등을 감지할 수 있으며, 이들 청소년이 당면한 문제에 직면하여 정체성의 혼란을 느끼면서 새로운 돌파구를 찾아 헤맨다는 사실을 엿볼 수 있다. 본 연구와 같이, 일상적이고 구조적 문제에서 현재 세계가 직면한 문화 갈등과 청소년의 문제를 설명하는 것이 몇몇 테러 사건에 집중하여 표면적으로 문제에 접근하는 연구보다 더 중요한 발견을 보일 수 있다.

2. 프랑스 청소년 문화와 한류 팬덤

프랑스 청소년들 사이에서 케이팝은 보편적으로 소비되는 것은 아니고, 일부 팬덤을 중심으로 소비되고 있다. 이들 팬 대부분은 처음에는 제이팝에 열중하다가 일본 미디어를 통해 케이팝을 알게 되는 경우가 많다. 프랑스의 많은 어린이가 어린 시절 일본 애니메이션을 즐기는데, 커서까지 일본 대중문화를 애호하는 취향으로 이어지는 경우가 많다. 한류 팬들 중에는 일본 대중문화 취향으로 제이팝을 듣다가 이 시기 일본 미디어에서 한국 대중음악이 많이 소개되어 케이팝에 대해 알게 되고 좋아하게 되면서 마침내 케이팝의 팬이 되었다고 하는 사람들이 많다. 한류 팬이 된 이후 이 중 많은 사람이 열성 팬으로 변모하면서 그들 일상에 가장 중요한 의미로 자리 잡게 된다.

본 연구는 프랑스의 한류 팬덤을 중심으로 민속지학 연구를 시행했으며, 케이팝 팬들과 심층 인터뷰 및 참여 관찰을 진행했다. 인터뷰는 2011-2012년 중 4개월간 진행되었으며, 파리에 거주하는 11명의 청소년을 대상으로 심층 인터뷰와 참여 관찰, 집단 토론을 수행했다. 이외 파리에서 있었던 플래시몹 행사와 한국 문화 이벤트에 참여하여 그곳에 참여한 케이팝 팬들을 대상으로 단기 인터뷰를 실시했다.

〈표 9-1〉은 본 연구에 참여한 프랑스 청소년 명단이다. 인터뷰 대상자는 프랑스 내 케이팝 팬클럽 사이트를 통해 자원한 사람들을 대상으로 충원했다. 프랑스에 있는 케이팝 팬클럽 사이트 열 군데에 참여자를 구하는 공고를 게시했으나, 두 개 사이트에서 응답이 왔고, 'Sarang-Azn'에서 7명, 'Soompi'에서 4명이 본 연구에 참여하게 되었

〈표 9-1〉 연구 참여자

이름	성별	나이	출신	국적	가족 구성	경제 수준	케이팝 수용 시간
A	여	18	앤틸리스	프랑스	부, 모, 자매 6	중	5시간 이상
L	여	18	앤틸리스	프랑스	모	중	5시간
D	여	19	튀니지	프랑스	부, 모, 형 1, 매 1	상	5-6시간
S	여	15	아랍	프랑스	부, 모, 자매 4, 형제 3, 조카 3	중	5시간
TG	여	18	아프리카	프랑스	모, 형제 2	중	10시간
P	여	19	중국	프랑스	부, 모, 형 1	중	5시간
TM	여	15	백인	프랑스	부, 모, 형 2, 매 1	상	1시간
AL	여	21	모로코	프랑스	부, 모, 매 1	중	5시간
SM	여	16	백인	프랑스	부, 모, 형 1	중	2-7시간
AM	여	18	백인	프랑스	부, 모(이혼), 매 1	중	5시간
MP	여	15	스페인	프랑스	부, 모	중	3시간

다. 연구 과정에서 두 개 그룹별 집단 인터뷰를 실시했으며, 집단 인터뷰 후에 개별 인터뷰 시간을 정하여 3-4회 인터뷰를 했다. 집단 인터뷰는 간단한 설문조사를 포함하여 2시간 동안 진행되었으며, 개별 인터뷰는 1시간 동안 진행했다. 집단 인터뷰 시에는 통역이 동행되었으며, 개별 인터뷰는 일부 통역이 내동되있으나 대부분 통역 없이 진행되었고, 사용 언어는 모두 프랑스어였다. 인터뷰는 모두 카페나 학교 등 공공장소에서 진행되었으며 모두 파리 시내에서 진행되었다. 인터뷰 외에 한국 문화 이벤트나 플래시몹 행사에 참여하고, 팬클럽 모임에도 참여하여 참여 관찰을 수행했다. 면대면 인터뷰 외에 이메일을 통해 온라인으로 인터뷰가 이어져 총 4개월의 조사 기간이 소요되었다.

프랑스 한류 팬들은 대부분 전통 미디어를 이용하지 않고 모두 인터넷과 SNS를 통해 미디어를 수용하고 있었다. 케이팝은 주로 유튜브를 통해 감상하거나 조사하고, 텔레비전이나 라디오의 수용은 극히 제한적이었다. 케이팝을 집중으로 수용하는 시간만 하루에 평균 5시간 이상이며 10시간 수용하는 사람도 있고 한국 미디어 수용을 위해 많은 시간을 소셜 미디어 이용에 할애하고 있다는 것을 알 수 있다.

이들은 대부분 일본 대중문화를 통해 한국 드라마와 케이팝에 처음 접하게 되었다고 한다. D와 S만이 예외였는데, D는 아랍 텔레비전을 통해 케이팝을 처음 듣게 되었고, S는 가족의 소개로 한국 드라마를 보게 되면서 케이팝을 알게 되었다는 반응이었다. 이 둘은 유년시절을 프랑스에서 보낸 것은 아니어서 출신 지역의 영향을 받은 반면, 다른 사람들은 모두 프랑스 출생으로 여느 프랑스 어린이들처럼 어린 시절 일본 만화를 보고 자라면서 자연스럽게 일본 대중문화에 노출되었고, 그것이 한국 대중문화에 대한 노출로 이어지게 된 것이다. 이들 팬은 한국 미디어에 노출된 이후 한국 대중문화를 일본 것보다 더 선호하게 되면서 팬클럽에 가입하게 되었다고 한다.

1) 케이팝의 매력과 프랑스 청소년의 정체성

본 연구 과정에서 프랑스의 케이팝 팬들이 가장 많이 언급한 말은 외모와 관련된 것이었다. 집단 인터뷰에서 외모에 대한 언급이 나오면 진행이 어려울 만큼 저마다 목소리를 높여 서로 말하려 하고, 선호하는 남자 아이돌의 복근 사진을 핸드폰으로 보이면서 주의를 끄는 여학생도 있는가 하면 서로 웃고 장난치느라고 인터뷰에 집중하지 못하는 모습을 보였다. 급기야는 서로 자신이 좋아하는 가수를 지지하다 논쟁으로 번지고, 집단 인터뷰 중 우는 학생까지 나오는 불상사가 있었다. 이같이 프랑스 청소년 팬들은 케이팝에 대해 깊은 팬심과 아이돌에 대한 강한 애착을 나타냈다.

MP: 케이팝 스타는 핸섬하고 섹시해요.

TM: 섹시하면서도 천박하지 않아요.

L: 다 핸섬하면서도 각자 다른 스타일을 가지고 있어요.

S: 케이팝 아이돌은 내 롤모델이에요. 외모, 인간성 행동 스타일 모든 면에서.

D: 아이돌은 외모가 물론 중요하죠. 그러나 도덕성과 매너도 케이팝 아이돌이 가진 장점이에요.

청소년 시절 인기 스타의 멋진 외모에 끌리고 판타지를 갖게 되는 것은 일견 자연스러운 일일 것이다. 프랑스 청소년들이 어린 시절부터 가진 일본 만화 주인공에 대한 판타지를 바탕으로, 케이팝 아이돌들은 일본 만화를 찢고 나온 것 같은 외모와 의상, 또 현란한 퍼포먼스로 이국적인 성적 판타지를 채워 준다고 보는 시각이 가능하다(Hong 2012).

하지만 케이팝 팬들과 인터뷰가 심층적으로 진행될수록 이들의 선호가 심리적인 것을 넘어 사회적 함의를 내포한다는 것을 발견할 수 있었다. 우선 프랑스 청소년들이 케이팝 아이돌에 이끌리는 이유로 외모에 대한 언급 외에 가장 많이 언급된 단어는 '하모니'이다. 이는 외모를 말하면서 동시에 가장 많이 언급한 단어로 그들이 케이팝 스타에게 매혹되는 이유이기도 하다. 이들 청소년이 케이팝 아이돌에 대해 가진 이미지는 완벽하다는 것이고 그 완벽이 바로 '하모니', 즉 조화와 균형이었다. 계속되는 인터뷰 가운데 그들은 자신이 느끼는 매력을 더욱 구체적으로 말했는데 조화와 균형이란 곧 외모와 인간성, 또 외모와 행동의 조화를 가리키는 것이었다. 청소년 팬들이 개인적으로 아이돌의 인간성을 속속들이 알 수는 없겠지만, 그들이 많은 시간 인터넷을 통해 조사하고 정보를 공유하면서 발견한 사실과 콘서트에서 보이는 아이돌들의 매너, 예능 프로그램을 통해 보이는 그들의 행동 양식과 노력하는 과정들을 종합해 보면서 이들은 외모와 인간성이 어우러진 완벽성의 조화를 최고의 매력 조건으로 인식하고 있었다. 특히 인터뷰 중에는 케이팝 아이돌들의 팬 서비스에 대한 언급이 많았는데, 다른 나라 스타들과 달리 케이팝 아이돌이 겸손하고 자상한 인간성으로 팬을 위해 노력하는 모습을 높이 사고 있었다.

프랑스의 청소년 팬들은 케이팝을 찬양하는 가운데서 미국 가수나 프랑스 가수와 자주 비교하곤 했다. 이들은 미국 팝이나 프랑스 팝 가수들이 천박하고 지나치게 '섹시'하다는 문제를 지적하면서 케이팝을 가수들의 외모 면에서만이 아니라 미학적으로도 우월한 것으로 평가했다. 또한 자국이나 미국의 음악을 비판할 때는 항상 서구 문화 전반에 대해 비판적 시각을 드러냈다. 아시아의 문화를 우월한 것으로 인식하면서, 케이팝이 음악적으로나 시적으로나 우수하고, 댄스나 퍼포먼스도 미적으로 우월하다고 응답했다.

프랑스의 케이팝 팬들이 보이는 이와 같은 평가는 케이팝에 대한 일반적인 평가 특히 한국 내에서 케이팝에 대한 평가와 비교해 보면 대조적이다. 주지하다시피 케이팝은 한국 대중음악 전체를 일컫는 것이 아니라 글로벌한 수용자를 겨냥한 기획사들이 주도한 일종의 프로젝트 음악이고, 한국 내에서는 미학적으로 높이 평가되는 음악 장르는 아니다. 대형 기획사에 의해 기획된 음악으로, 장르적으로는 댄스팝 위주의 음악으로, 장르의 편중성과 소위 말하는 '진정성' 없는 기획 음악으로 미학적으로는 저평가되기도 했다.

더 나아가 케이팝의 대규모화로 외국 뮤지션들이 대거 합류하게 되면서 케이팝 작곡가의 절반은 한국인이 아니라 서구인이라는 분석도 있다(Yoon 2015). 이는 케이팝의 정체성 문제에 혼란을 일으켰고, 케이팝은 한국 음악이 아니라는 극단적인 주장까지 나오기에 이른다(Siriyuvasak & Shin 2007).

이와 같은 케이팝에 대한 국내 평가와는 대조적으로 프랑스 팬들은 외모나 볼거리뿐 아니라 케이팝을 음악적 차원에서 미학적으로 높이 평가하고 이를 선호하고 있었다. 이들이 케이팝을 미학적으로 높이 평가하는 데는 문화적 의미가 담겨 있는 것으로 보인다. 여기에는 청소년으로서의 문화 정체성이 크게 작용하는데, 90년대 이후 미국 대중음악과 유럽 대중음악이 청소년 문화를 끌어안지 못하고 기성 음악이 지나치게 성인물로 인식되어 청소년들과 정서적 거리를 보인다는 점에서 이유를 찾을 수 있다. 청소년들은 기성세대와 다른 세대 인식으로, 청소년을 타깃으로 한 케이팝을 선호한다고 말했다. 프랑스 청소년들이 서구 대중음악을 천박하고 과도한 성적 표현을 보인다면서 반감을 가지게 되는 것도 청소년들의 취향과 정서에 맞는 그들의 문화로 음악이 표현되지 못하고 있는 것에 대한 반감의 표현이었다.

더 나아가 프랑스 한류 팬들이 케이팝을 미학적으로 높이 평가하는 것은 음악성에 대한 일반적인 평가 기준을 넘어선 새로운 기준을 적용하고 있기 때문이다. 대중음악에 대한 음악성 평가는 통상 록음악 중심으로 기준이 설정되어 상업 음악과 대비되는 진정성과 독립성이 강조된다. 그러나 한류 팬들은 이런 기준을 벗어나 상업문화 내부에도 존재하는 다양한 가치를 평가하여 음악과 퍼포먼스, 소리와 비주얼한 측면을 모두 고려한다. 또 시간 예술로서의 음악 이외의 내면적인 면, 즉 가수들의 인간성과 노력, 트레이닝의 과정 등 다양한 요소들을 총체적으로 고려하여 평가를 한다. 기성세대의 기준이나 학문적 기준으로 평가하는 음악 미학을 주어진 그대로 받아들이지 않고, 프랑스 청소년 팬들은 노력과 시간을 들여 많은 자료를 찾고, 공유한 정보와 의사소통을 통해 음악 미학의 기준을 스스로 설정하여 그들이 선호하는 케이팝 아이돌을 미학적으로도 평가했다.

2) 팬덤 공동체의 커뮤니케이션과 소프트 파워

〈표 9-1〉에서 보듯이 프랑스의 청소년 팬들은 많은 시간을 케이팝에 투자하고 있다. 단순히 케이팝을 듣는 데 그치지 않고, 많은 정보를 찾고 또 정보를 게시하고 집단 활동을 조직하면서 가장 중요한 취미 활동으로 케이팝을 즐기고 있다.

> A: 내 컴퓨터는 24시간 켜져 있어요. 언제라도 페이스북에 접속할 준비를 해 놓는 거죠. 다른 취미는 없고 오직 한국 미디어 팬사이트 서치하는 거.
>
> L: (팬클럽 사이트) 관리하는 데 하루 5-6시간 정도 할애해요. 방학 중에는 종일 하고요.
>
> TM: 케이팝이 텔레비전에 나오는 것도 아니고 콘서트도 잘 없기 때문에 인터넷 통해서만 정보를 찾을 수 있어요. 케이팝을 즐기려면 노력을 들여야 해요.
>
> MP: 보통 사람들이 케이팝을 접할 기회는 좀처럼 없기 때문에 우리가 케이팝 찾는 데 도와주고 시간을 들여야 해요.

케이팝이 유럽 전체적으로 정규 방송에 나오는 것도, 또 콘서트가 자주 있는 것이 아님에도 주요 매체에서 케이팝에 대해 관심을 가지고 보도와 사설을 내보내고 있는 것은 순전히 이들 팬의 활동 때문이라고도 할 수 있다. 오늘날 케이팝이 빌보드 차트 상위를 오르내리는 것도 이 청소년 팬들의 열성적 선전과 활동 때문이라고 해도 과언이 아니다. 이들은 팬클럽에서 지위를 불문하고 모두 케이팝 알리기에 나서서 온라인 홍보 대사처럼 활동하고 있다. 많은 시간과 노력을 온라인에 쏟아붓다 보니 온라인과 소셜 미디어에서의 권력 주체는 현실 세계에서 권력에 소외된 청소년이 되곤 한다. 연령, 성별, 인종적으로 소수 계층에 속하는 이들 팬은 유럽 사회에 새로운 트렌드를 이끌고 아시아의 새로운 정체성을 설파하는 아방가르드로서의 역할을 수행하는 것이다.

소셜 미디어에서 가족보다 긴밀한 공동체를 형성하며 팬클럽 활동을 하다 보니 부작용도 나온다. 앞서 집단 인터뷰에서 다툼과 눈물까지 보이게 되는 것도 이런 긴밀한 네트워크의 부작용이라 할 수 있다. 개인 인터뷰에서 L과 TG는 팬 활동 중에 가장 어려운 점이 이러한 케이팝 팬들 간의 다툼과 경쟁이라는 말을 했다. 이런 문제 때문인지 프랑스의 케이팝 팬클럽은 다른 나라에 비해 조직적이지 않고, 각자 행동하는 경우가 많다. 같은 유럽권에서도 영국의 케이팝 팬클럽이 수백 명에 이르는 회원을 두고 있는 반면, 프랑스 팬클럽 성원은 수십 명 규모이고 많은 것도 100명 이내이다. 이번 연구 대상 청소년들도 팬클럽 활동에 선택적으로 참여하고 팬클럽 외에 다른 그룹이나 개인이 개최하는 다양한 이벤트에 참가하는 특징을 보인다. 이런 특징이 프랑스 팬들의 열성도가 낮다는 것을 의미하는 것은 아니다. 그들은 각자의 방식으로 매우 열의 있는 활동을 하고 있다.

3) 유럽 사회의 문화 갈등과 케이팝 팬덤의 분화 성제성

본 연구 과정 중 참여 관찰을 위해 플래시몹에 참여하게 되었는데, 그곳에서 많은 케이팝 팬들을 만날 기회가 있었다. 파리에서 다문화 이벤트가 가장 많이 열리는 트로카데로 광장에서 가진 2012년 플래시몹 행사에서 60명 정도의 케이팝 팬들이 모여 신곡을 틀어 놓고 춤을 추는 행사였다. 그 행사 전후에 참여자들과 단기 인터뷰를 하게 되었다. 플래시몹에서 만난 참여자들의 대부분은 고교생들이었고 유색인종이 대다수였으며, 파리 외곽, 즉 방리유 출신인 것을 발견할 수 있었다. 이들은 행사장에서 처음 만난 본 연구자를 '언니'라고 부르면서 대화하는 데 거리낌이 없었으며, 단기 인터뷰에도 흔쾌히 응하고 개인사에 대해서도 거리낌 없이 말해 주었다. 이들은 서로를 '언니'라고 부르며 한국 문화에 대한 존중과 열망을 나타내고 있었다.

앞서 설명했듯이 프랑스에서 방리유는 대도시의 외곽지역이라는 단순한 지역적 명칭 외에 중요한 사회적 의미를 가지고 있고, 프랑스 문화 정책의 문제점을 암시하는 민감한 단어로 이해된다. 연구가 행해진 2018년만 해도 파리 폭동의 여파로 한국 관광객들이 피해를 보는 일이 일어났는데, 이 경우도 파리 방리유 올네수부아(Aulnay-sous-Bois)에서 발생한 폭동이 한국 관광객이 유숙하고 있던 생드니 지역까지 번진 것이다. 생드니는 파리 테러범이 검거된 지역이기도 하다. 파리 폭동이 가장 크게 폭발한 것은 파리의 방리유인 클리시수부아(Clichy-sous-Bois)에서 발생한 2005년 이슬람 청년들의 과격 폭동으로 프랑스뿐만 아니라 전 세계를 떠들썩하게 했다.

2005년 폭동 이후 프랑스 정부에서는 다문화 정책을 새로 세우고 사회 통합을 위해 이민 정책과 청년 정책을 재구조화하여 방리유를 재정비했지만, 2005년 프랑스의 폭동의 연장으로 테러의 위협은 현재까지 거듭되고 있다. 지금까지 프랑스 사회에서 인종 문화 갈등의 문제는 해결될 기미를 보이지 않고, 사회적 불안정과 테러의 위협은 날로 증가하고 있다. 이에 트로카데로에서 있었던 2013년 대규모 폭동 사건에 대해 유럽의 일간지들은 프랑스를 유럽의 화약고로 묘사하기도 했다.

해결되지 않은 사회 불안과 사회 통합의 실패, 다문화 정책의 좌절을 겪으면서 프랑스의 청소년들, 특히 다문화 가정의 청소년들은 이중고를 겪으며 그들의 성장기를 보내고 있다. 유럽을 휩쓴 경제 위기,

사회 갈등, 또 인종주의와 민족주의 두 개의 갈등의 회오리바람 속에서 프랑스 청소년들은 좌절에 휘말릴 수밖에 없다. 이런 상황에서 청소년들에게는 과격한 이념을 추종하거나, 일상 속에서 의미를 발견하고 고통을 견디면서 미래의 희망을 걸어 보는 두 가지 선택의 기로에 직면하게 된다.

이런 상황에서 케이팝 팬들은 후자를 선택하고 그들만의 문화적 정체성을 함양하고자 노력하고 있는 것으로 보인다. 앞서 말했듯이 프랑스의 많은 케이팝 팬들은 다문화 가정 환경에서 성장했고, 방리유에 거주하는 중·하층 계급에 속하는 경우가 대부분이다. 백인인 경우도 프랑스 주류 사회 가치에 대해서는 비판적이고 다문화에 대한 관용과 공감도가 높은 경향을 보인다. 이들은 프랑스 사회의 문제, 청소년 문화의 현실을 비판적으로 인식하고 새로운 대안을 찾고자 노력하는 모습을 보인다.

이런 현실 인식 속에서 프랑스 케이팝 팬들은 케이팝에 대해 강한 애착을 보이며, 케이팝 팬으로서의 정체성을 그 어느 것보다 중요한 자신의 문화 정체성으로 삼고 있다. 프랑스 청소년 팬들은 외적으로도 케이팝 팬이라는 것을 공공연히 드러내고 다니는데, 많은 사람 가운데서도 케이팝 팬이라는 것을 당장 알 수 있게 표시한다. 그들은 팔찌나 신발, 의상, 팬시 등 케이팝 관련 물품을 구매하고 착용하여 케이팝 팬이라는 것을 만천하에 드러내고 다니는 것을 즐긴다. 본 연구에 참여한 학생 중에는 자신이 좋아하는 아이돌 그룹의 팔찌를 열 개씩이나 차고 다니는 이도 있었으며, 아이돌이 착용한 운동화를 팬클럽 회원들이 일종의 유행처럼 신고 다니며 자신의 정체성을 드러내는 모습도 자주 목격할 수 있었다. 이런 특징은 다른 나라 특히 유럽 내 다른 나라 팬들이 케이팝 팬임을 드러내기를 망설이는 것에 비해 확연한 차이를 보인다. 예를 들어 영국의 팬들이 대규모 조직적 활동을 하면서도 일상에서 케이팝 팬으로서의 자신의 정체성을 드러내지 않는 반면, 프랑스 팬들은 조직 활동에는 소극적이지만 개인 생활 공간에서는 팬으로서의 정체성을 드러내기 좋아하는 차이를 보였다.

단순한 음악적 취향이나 한때 심취하는 성장기 통과 의례라고 하기에는, 프랑스 청소년 팬들에게 케이팝은 이처럼 훨씬 중요한 의미를 가진 것이었다. 이들에게 케이팝은 그들의 정체성과 깊이 연관되어 있다. 케이팝 팬이라는 정태적인 정체성에 그치지 않고, 자기 사회에 대한 문제의식과 문화적 저항, 새로운 대안 찾기의 몸부림에 다름 아닌, 더욱 심층적인 문화 정체성을 노정하고 있는 것이다.

A: 제 주위 사람들을 보면 단지 인생 즐기는 데만 관심이 있는 것 같아요. 그러나 난 달라요. 저는 배우는 데 관심이 있어요. 그래서 한국을 좋아하고, 한국 문화를 배우고, 한국어도 배우고 있어요. 한국 요리도 관심 있고요. 나는 친구들과 놀러 나가는 대신에 집에서 인터넷을 보고 정보를 찾고 다른 문화를 배우는 데 애쓰고 있어요.

L: 저는 아시아 음악뿐 아니라 다른 모든 음악에 개방적이에요. 다른 애들은 밖에 나가 술 마시고 클럽 가서 춤추고 하지만 저는 집에서 케이팝을 알리기 위해 힘쓰죠. 엄마도 저의 이런 취미를 존중해요. 처음에는 케이팝이 이상하다고 생각하셨지만. 프랑스 청소년 문화는 문제가 많죠. 범죄에 관련되고, 예절이 없고, 미래에 직업도 얻기 어렵죠. 저는 앙티유 출신인데 교육에 매우 엄격하고 어른을 공경하는 아시아와 좀 비슷해요.

D: 전 프랑스 청년문화에 대해 마이너스 A+제곱을 주고 싶어요. 열둘이나 열세 살만 되면 술 마시고 담배 피우고, 옷이며 쓰는 말투며 천박하기 그지없죠. 프랑스의 '자유정신'이라는 것이 젊은이들을 망치고 있어요. 한국 관습은 훌륭하고 아랍과 비슷한 점이 많아요. 우리도

어른을 공경하고 어린이들을 잘 보호하죠.

이렇듯 인터뷰 참가자들은 프랑스 청년 문화에 대해 매우 비판적이었으며, 그들은 여느 다른 청소년과 다르다는 점을 강조했다. 케이팝과 한국 미디어를 즐기는 것을 문제 많은 서구 문화에 대한 새로운 대안으로, 한국을 미래의 희망이라고 인식하고 있음을 알 수 있는 지점이다. 다문화 가정 출신의 이들은 자기 문화와 유사한 점을 한국 문화에서 찾으면서 자신의 정체성을 한국 대중문화에서 찾으려 했다. 이는 단순한 취미나 놀이에 그치지 않고, 배움의 과정이기도 하고, 진정한 자유와 톨레랑스의 구현이라고 이들은 말하고 있다.

인터뷰 과정에서 참여자들은 프랑스 주류 사회의 문화적 편견을 심각한 태도로 비판했다. 또 그들이 즐기는 케이팝뿐 아니라 아시아에 대해 무지하거나 차별하는 태도를 보이는 프랑스인을 큰 문제점으로 지적했다. 청소년 참여자들은 대부분의 프랑스 사람이 한국, 중국, 일본 사람을 모두 똑같다고 여기며 언어도 같은 줄 안다며 그들의 무지를 탓했다. "아시아 사람은 다 키 작고, 왜소하고, 개고기 먹는 족속 아냐?"라는 말을 공공연히 하는 프랑스 주류 사회의 인종적 편견을 지적하면서, 케이팝 팬으로서 자신은 남들과 다르고 관용적이며 타 문화에 빈삼하나는 것을 자부심으로 여기기도 했다.

한편 이들 프랑스 케이팝 팬은 주류 사회를 비판하고 문화적 갈등에 저항하면서도, 그들 자신의 디아스포라 문화로 돌아가는 것은 원치 않았다. 이들은 출신 지역의 대중문화를 그리 즐기지 않으며 토속 문화에 대해서도 저항을 느끼고 있음을 발견할 수 있었다. 개인 인터뷰 과정에서 다문화 가정의 청소년들은 자신이 디아스포라 문화에 강하게 노출되어 있고, 부모를 위시한 다른 가족 성원들은 디아스포라 문화 정체성이 강함을 진술했다. 그러나 자신들은 토착 문화나 디아스포라 문화와 일정 거리를 유지하고자 한다고 했으며, 출신 문화에 반감을 보이는 경향도 보였다. A의 경우는 특히 연계 가족들 모두 카리브 음악과 문화에 심취하고 토착 문화를 강요하는 것으로부터 벗어나고 싶다는 생각을 표현했다. 이들 청소년이 서구 문화와 프랑스 대중문화에 반발하고 저항 문화 속에서 정체성을 형성하면서도 토착 문화로 회귀하고자 하지 않는 것은 포스트식민주의 이론에서 메미(Memmi 1957/2013)가 말한 토착주의에 대한 비판과 경계심과 맥을 같이하는 것으로 보인다. 이들이 보이는 문화 성향은 포스트식민주의 이론에서 말하는 식민 문화에 동화하고 선망을 보이는 심리와는 다르며, 식민 문화에 대한 반발로 토착 문화에 탐닉하는 성향과도 차이가 있다.

이들 청소년이 미래를 위해 희망을 찾고 자신을 다시 추스르고 동기화하기 위해 발견한 것은 새로운 대안으로서의 한국 문화이다. 이들에게 케이팝과 한국 드라마는 단순한 오락 이상이며 자신의 정체성에 깊이 각인된 그들 문화의 일부인 것이다. 이들은 프랑스 주류 사회의 가치와 자신의 출신 문화 모두에 저항하고 그로부터 일정한 거리를 유지하면서 대안을 모색하고 있다. 대부분의 여가를 케이팝 감상과 전파에 몰두하면서 자신이 희망하는 이상적인 모습의 정체성을 찾아가는 것이다. 프랑스의 케이팝 팬들은 때로는 토착 문화와의 유사성으로 인해 한국 문화를 선호하고, 때로는 서구 문화를 능가하는 엔터테인먼트 가치에 끌리면서 한국 대중문화에 매혹되었다. 이들이 케이팝에 그토록 많은 시간과 열정을 쏟아부을 수 있는 것은, 토착 문화와 서구 문화 양쪽에서 충족할 수 없는 그들의 이상과 욕망을 발견했기 때문이다.

3. 소결

유럽의 한류 팬덤은 기존의 커뮤니케이션 이론과 문화 연구의 성과를 뒤집기에 충분한 새로운 시각의 단초를 제공한다. 유럽의 한류는 주류 미디어의 전략과 이론에 전혀 들어맞지 않는 아래로부터의, 수용자 중심의 대중문화 현상을 나타내고 있다. 프랑스의 케이팝 팬덤에서 보듯이 프랑스 텔레비전이나 음악 산업에 케이팝은 등장하지 않는다. 그럼에도 불구하고 순수히 팬덤 활동에 의해 파리 시내에서 케이팝 플래시몹이 수천, 수만에 이르는 인원을 모으고, 아레나의 케이팝 공연은 온라인 예매가 시작된 지 불과 수 분 만에 값비싼 티켓이 매진되는 이변이 발생한다. 파리의 케이팝 공연에서는 프랑스 팬들뿐 아니라 영국 등 주위 유럽 국가 케이팝 팬들이 원정을 와서 국적과 나이를 불문하고 모두 하나가 되는 진풍경을 연출하기도 한다. 이는 미디어의 영향이나 산업 전략에 의해 가능한 것이 아니고, 팬들의 힘에 의해 수용자 주도로 이룩해 낸 결과이다. 이 과정에서 소셜 미디어를 통한 네트워킹이 중요하게 작용한 것은 물론이다. 21세기 미디어 혁명이라고도 불리는 소셜 미디어의 발전이 가장 적나라하게 힘을 발휘한 결실을 유럽의 케이팝 팬덤에서 찾을 수 있다.

한편 한국 미디어의 글로벌한 성공이 또 다른 형태의 서구 문화의 자기증식적 유연한 포섭의 결과라고 보는, 혼종성 개념을 근간으로 한 비판적 시각도 유럽의 한류를 설명하는 데는 한계가 있다. 비판주의 입장에서 보면 케이팝은 서구 대중음악의 한 변형이며, 아시아 인물에 의해 서구적 정체성을 나타내는 파농이 말한 포스트식민주의적 가면의 일종이라고도 볼 수 있다. 케이팝이 특히 장르적으로나 내용적으로 서구 문화산업의 형식을 그대로 따르고 있으며 서구 문화인에 의해 작성된 내용이 모방되고 있다는 점은 부정하기 어려운 사실이다. 이런 관점에서 한류의 글로벌한 성공은 서구의 변형 혹은 기껏해야 하이브리티, 혼종성의 표현일 뿐이라는 시각이 문화 연구에서 양산되는 것도 이해할 수 있다.

하지만 이런 시각이 일정 부분 설명력을 제공한다고 하더라도 계급 관계를 기조로 한 비판주의 시각이나 문화주의 시각을 반영한 하위문화 연구, 포스트식민주의 이론으로 유럽의 케이팝 팬덤의 현실을 설명하는 데는 한계가 있다. 이는 현재의 케이팝 팬덤 현상은 비판주의가 주로 초점을 두는 계급 관계나 인종주의적 시각으로 설명되지 않는 부분이기 때문이다. 또한 문화 연구가 초점으로 하는 저항 문화만으로도 설명되지 않는 부분을 현재 유럽의 한류 현상에서 찾을 수 있다. 기존의 포스트식민주의 연구가 디아스포라 연구에 치중한다는 점을 고려하면 복합적이고 양면적인 유럽의 한류 현상을 포스트식민주의 이론으로 설명하는 데는 한계가 있을 수밖에 없다.

본 연구 결과 유럽의 케이팝 팬덤 현상은 주류 문화에 저항하면서도 주류 문화의 형식을 받아들이고 있으며, 비서구를 지향하면서도 디아스포라 문화에 등을 돌리는 이중적 성격을 띠고 있다는 점을 발견할 수 있다. 이런 이중성은 저항성과 혼종성에 모순을 제기하지만, 이는 포스트식민주의 이중성을 넘어 오히려 수용자의 주체적 개입과 정체성 확립의 적극적인 과정으로 나타난 결과이며, 이론적 전제와 거리가 있는 새로운 현상으로 주목받을 만한 것이다.

프랑스 케이팝 팬들은 계급적·인종적·젠더적·지리적 경계를 넘어 어떤 사회적 구분으로 나누어지지 않는 새로운 단위로 공동체를 형성하고 네트워킹하면서 그들의 정체성을 확립해 가고 있다. 그중 다수가 다인종, 다문화 가족의 배경을 가지고 사회적으로 하위 계층인 방리유에 거주하고 강한 디아스포라 문화에 노출되어 생활하면서도 이들 케이팝 팬들은 기존의 구분 짓기를 따르지 않고, 주어진 선택이 아니라 새로운 대안을 찾고자 시도한다. 사회의 구조적 모순과 인종적 편견이 만연한 방리유의 삶 속에서 청소년들은 과격한 저항 문화에 가담하든지, 사회적으로 조건화된 위치에 순응하여 보수적 노동계급으로 성장하든지 두 개의 선택의 갈림길에 통상 놓이게 된다. 이 선택에 따라 저항 문화는 급진 과격 테러 활동으로 치환될 수도 있고 폭력 패거리 문화라는 과격한 방식으로 비화될 수 있다. 물론 많은 사람이 그렇듯이 한때 거친 시절을 보내고 다시 사회에 가장 순응적인 보수 노동자로 성장하는 경우가 대부분일 것이다. 청소년들이 둘 중 어떤 선택을 하든 많은 비판 연구자들이 발견하듯이 사회 소수 계급에 속하는 다문화 청소년들이 사회 변방의 소외 계층으로 통합되는 경우가 대부분일 것이다.

그러나 프랑스의 케이팝 팬들은 그들이 처한 지역적·인종적 여건에 그대로 따르지 않고 제3의 대안을 찾아 한류를 즐기고 있는 것으로 보인다. 이들은 그들의 의지와 생활 태도로 프랑스적 톨레랑스를 새롭게 정의하면서 프랑스 주류 사회의 위선적 톨레랑스를 고발하고, 그들의 진정한 톨레랑스를 일상에서 실천한다. 그들의 대안 찾기는 주류 문화에 대한 저항이지만, 동시에 주류 문화에 대한 전면적인 부정이 아니라 일정 부분 공유하고 적응하는 특징을 보인다. 케이팝 팬들은 엔터테인먼트 산업이 생산한 상업적 오락 거리를 향유하고 판타지의 틈새를 엿보면서 동시에 사회적·문화적 대안을 찾는 것이다. 하루 5시간 이상을 케이팝에 대한 정보를 찾고 공유하는 이들 팬에게 케이팝이 거대 문화산업의 전략의 산물이며, 케이팝 아이돌이 보이는 이상적 이미지가 짜여 있는 각본에 의한 것이고 상업화의 결과라는 점은 더 이상 비밀이 아니다. 한국 사회가 결코 이상향은 아니고, 그 안에 사는 사람들, 특히 청소년들에게 엄혹한 현실로 작용한다는 점에 대해서도 이들은 절대 무지하지 않다. 그럼에도 불구하고 이들이 케이팝에 심취하면서 한류에서 대안을 모색하는 것은 주어진 대로가 아니라 그들의 일상 속에서 주체적으로 확립하고 네트워킹을 통해 공유한 문화적 정체성 형성의 과정을 소중히 여기기 때문이다. 그들에게 한류 팬덤은 일개국인 한국의 문화에 의존하거나 동일화하는 문화적 실천이 아니다. 그들에게 한류는 새로운 대안이자 새로운 이상으로서 스스로 발견하고 동일화해 가는 담론이기도 하다. 이는 그들이 케이팝을 통해 듣고 춤추는 일상적 문화 향유가 사회적 발전과 휴머니즘의 균형, 산업성과 미학의 하모니로서 미래의 희망을 이끌기를 바라는 욕망을 반영하고 있다.

참고문헌

강동완 · 박정란(2014). 「북한주민의 통일의식 조사 연구」, 『통일정책연구』 23(2): 1-31.

강영숙(2016). 『테러학』, 서울: 도서출판 진영사.

길은배(2002). 『사회문화 변동에 따른 북한 청소년의 변화전망과 대책연구』. 서울: 한국청소년개발원.

김경일(2005). 「범아시주의의 '다자성'과 동북아시아 지역 다자협력」, 『한국동북아논총』 37: 5-29.

김근식 · 조재욱(2016). 「북한시장화 실태와 정치권력 관계 고찰」, 『한국과 국제정치』 98: 167-194.

김동기 · 양일모(2007). 「아시아주의 경험과 동아시아 연대의 모색」, 『시대와 철학』 18(3): 65-96.

김동환 외(2006). 『북한의 사회문화』. 파주: 한울.

김병로(2014). 「탈북자 면접조사를 통해 본 최근 북한사회의 변화」, 『북한연구학회보』 18(2): 147-172.

김병연(2009). 『체제이행과 경제통합: 동유럽, 중국, 독일 그리고 북한』. 서울: 대한발전전략연구소.

김수정 · 양은경(2006). 「동아시아 대중문화물의 수용과 혼종성의 이해」, 『한국언론학보』 50(1): 115-135.

김시홍(2011). 「East Asia and Europe compared: regionalism in flux」, 『유럽연구』 29(2): 37-59.

김영하(2005). 「한말 일제시기의 신라 발해 인식」, 임형택 외, 『동아시아 민족주의의 장벽을 넘어』. 13-46쪽. 서울: 성균관대학교출판부.

김용호(2000). 「남북방송의 체제연합방안과 방송위원회의 역할」, 남북한방송교류를 위한 정책연구, 『방송위원회 정책연구』 2000년 5월호, 11-47쪽.

김윤나(2008). 「북한이탈 청소년의 문화적응 과정 분석: 적응유연성을 중심으로」, 『한국청소년연구』 19(3): 139-168.

김한규(2005). 「역사상의 중국과 중국시의 범주」, 임형택 외, 『동아시아 민족주의의 장벽을 넘어』. 87-124쪽. 서울: 성균관대학교출판부.

김형준(2008).「대중문화를 통한 한국 이미지 형성과 소비: 인도네시아 네티즌 사례」, 『비교문화연구』 14(1): 123-149.
김호기(2007).『한국 시민사회의 성찰』. 서울 아르케.
도홍렬(1994).「남북한 청소년의 생활과 문화」,『한국청소년연구』 2(1): 145-160.
문화콘텐츠진흥원(2011).『케이팝이 주도하는 신한류』. 서울: KOCCA.
박상익(2008).『북한의 관료문화』. 파주: 한국학술정보.
박성현 외(2013).『한류 포에버』. 서울: 한국문화산업교류재단.
박진규(2006).「문화현상으로서 한류의 일관성과 다양성: 아시아 각국 신세대들이 생산하는 한류의 의미를 중심으로」, 한국방송학회 학술대회 발표문.
박한규(2004).「아시아주의를 통해 본 전전 일본의 동아시아 정체성」,『일본연구논총』 20: 199-230.
성숙희(2005).『북한이탈주민의 남한 방송수용』. 서울: 커뮤니케이션북스.
신윤환 · 이한우(2006).『동아시아의 한류』. 경기: 전예원.
심두보(2004).「국제커뮤니케이션 현상으로서 한류와 하이브리디티」,『프로그램/텍스트』 11: 65-85.
안승국(2009).「성장과 위기의 인도네시아 정치경제」,『아태연구』 16(2): 139-151.
양순창(2005).「손문의 대아시아주의에 나타난 일방성과 다자성」,『대한정치학회보』 13(2): 313-333.
양은경(2006).「동아시아 문화정체성 형성과 텔레비전의 소비」,『한국방송학보』 20(3): 198-238.
오양열 외(2004).『최근 10년간 북한 문화예술의 흐름과 남북문화교류 전망』. 서울: 한국문화관광정책연구원.
유세경 · 이경숙(2001).「동북아시아 3국의 텔레비전 드라마의 문화적 근접성 연구」, 『한국언론학보』 45(3): 230-267.
유승관(2009).「한 · 일 양국 수용자의 드라마 시청과 국가이미지 형성에 대한 비교 연구」,『방송통신연구』 68: 193-220.
윤경원 · 나미수(2005).「일본 청소년의 한국 대중문화 수용과 문화적 정체성」,『한국방송학보』 19(1): 7-46.
윤선희(2009).「아시아 공동체의 문화 정체성」,『한국언론정보학보』 46: 37-74.
윤선희(2012).「신한류 수용의 문화적 맥락과 여성적 정체성에 대한 문화연구」,『한국방송학보』 26(2): 46-86.
윤지원.(2017).「무차별적 '소프트타깃(Soft Target)' 테러 급증과 우리의 대응방안」, 『국방과 기술』 461: 74-81.
윤진표 · 제대식(2000).「인도네시아의 민주화 연구」,『국세정치논총』 40(3): 317-336.
윤해동(2008).「식민지기 조선의 사회주의적 근대화 지향과 침략적 지역주의」,

『Transnationalism and Nationalism in the Era of Globalization』. 한양대학교 비교역사문화연구소 학술대회.
이금순(2003). 『북한이탈주민 적응실태 연구』. 서울: 통일연구원.
이기춘(2001). 『(통일에 앞서 보는) 북한의 가정생활문화』. 서울: 서울대학교출판부.
이기현(2003). 『남북한 방송문화교류의 현황과 과제』. 서울: 커뮤니케이션북스.
이기형(2005). 「탈지역적으로 수용되는 대중문화의 부상과 '한류 현상'을 둘러싼 문화정치」, 『언론과 사회』 13(2): 189-213.
이동수(2016). 「동아시아 공동체의 역사와 미래」, 『정치와 평론』 18: 37-64.
이동연(2006). 『아시아 문화연구를 상상하기』. 서울: 그린비.
이민규 · 우형진(2004). 「탈북자들의 텔레비전 드라마 시청에 따른 남한사회 현실 인식에 관한 연구: 문화 계발 효과와 문화 동화이론을 중심으로」, 『한국언론학보』 48(6): 248-273.
이성시(2004). 「동북아시아 변경의 역사」, 『근대의 국경, 역사의 변경』. 123-148쪽. 서울: 휴머니스트.
이수연(2008). 『한류 드라마와 아시아 여성의 욕망』. 서울: 커뮤니케이션북스.
이수인(2014). 「인도네시아 무슬림 여성 액티비즘의 실천전략과 특징」, 『아태연구』 21(1): 5-43.
이수인(2015). 「인도네시아 진보적 무슬림 여성들의 베일에 대한 인식과 실천」, 『아세아 연구』 58(4): 208-273.
이우승(2000). 「남북방송교류 활성화 방안 연구」, 『방송위원회 정책연구』 2000년 5월호, 49-106쪽.
이주철(2003). 「북한주민의 남한 방송 수용 실태와 의식 변화」, 『통일문제연구』 15(2): 315-338.
이준웅(2006). 「중국 한류 현상에 대한 매개된 문화 간 커뮤니케이션 효과 모형 검증연구」, 『한국방송학보』 20(3): 277-323.
이창현(2000). 「탈북자들의 남한방송 수용과 문화적응: Q 방법론을 통한 방송프로그램 선호유형 분석을 중심으로」, 『한국방송학보』 14(2): 151-186.
임규섭(2013). 「포스트사회주의시대, 중국의 전통문화에 대한 정치적 함의」, 『중국학연구』 63: 73-98.
임석준(2014). 「북한의 한류 연구」, 『북한학 연구』 10(2): 84-110.
임순희(2000). 『북한의 대중문화: 실태와 변화전망』. 서울: 통일연구원.
임지현(1999). 『민족주의는 반역이다』. 서울: 소나무.
임지현(2004). 「고구려사의 딜레마」, 임지현 엮음, 『근대의 국경, 역사의 변경』. 18-38쪽. 서울: 휴머니스트.
임지현(2007). 「Transnational History as a Methodological Nationalism: Comparative

Perspectives on Europe and East Asia」, 『Globalization from Below: Theory and Praxis of Transnationalism』. 한양대학교 비교역사문제 연구소 학술대회.
임춘성(2017).「중화인민공화국」, 『마르크스주의 연구』 14(4): 234-257.
전규찬 · 윤태진(2005).「Realizing the Korean Wave into an Asiatic Cultural Flow」, 『한국방송학보』 19: 66-87.
전영선(2007).『북한의 대중문화: 이해와 만남, 소통을 위한 모색』. 서울: 글누림.
전우택 · 윤덕용 · 엄진섭(2004).「남한 내 탈북자들의 의식 및 생활 만족도 연구」, 『신경정신의학』 43(1): 93-104.
정대수(2006).『동유럽의 변혁과 언론의 역할』. 서울: 집문당.
정동준(2016).「북한 주민의 남한 문화 경험이 통일의식에 미치는 영향」, 『통일과 평화』 8(2): 112-147.
정병권 외(2005).『동유럽 · 발칸, 민주화와 문화갈등』. 서울: 한국외국어대학교출판부.
정철현(2008).『북한의 문화정책』. 서울: 서울경제경영.
정희진 · 이계희(2010).「신한류가 일본과 중국관광객들의 한국 재방문의도에 미치는 영향」, 『관광학연구』 34(6): 249-270.
조한범(2002).『남북한 사회문화공동체 형성 방안 연구』. 서울: 통일연구원.
조한혜정 외(2003).『한류와 아시아의 대중문화』. 서울: 연세대학교출판부.
진승권(2003).『동유럽 탈사회주의 체제개혁의 정치경제학, 1989-2000』. 서울: 서울대학교출판부.
하종원 · 양은경(2002).「동아시아 텔레비전의 지역화와 한류」, 『방송통신연구』 55: 67-103.
하종필(2003).『북한의 종교문화』. 서울: 선인.
한국관광공사(2004).『한류 조사』. 서울: 한국관광공사.
한상일(2005).「일본과 동아공동체 담론」, 임형택 외, 『동아시아 민족주의의 장벽을 넘어』. 319-342쪽. 서울: 성균관대학교출판부.
한은경(2005).「한류의 소비자 지각상 경제적 파급효과」, 『한국방송학보』 19(3): 325-360.
허진(2002).「중국의 '한류(韓流)' 현상과 한국 TV 드라마 수용에관한연구」, 『한국방송학보』 16(1): 496-529.
허진(2006).「한류(韓流)의 확산과 방송교류의 확대」, 『지역발전연구』 6(1): 261-278.
홍석경(2013).『세계화와 디지털 문화 시대의 한류』. 서울: 한울아카데미.
홍철(2004).「근대 동북아시아 범아시아주의(Pan-asianism)의 일방성과 다자성 고찰」, 『대한정치학회보』 12(1): 105-127.
황태희 외(2017).「누가 북한을 이해하고 오해하는가?」, 『국제정치논총』 57(2): 243-289.

Adorno, T.(1938/1978). On the fetish-character in music and the regression of listening, *The Essential Frankfurt School Reader*. Oxford: Basil Blackwell.

Adorno, T.(1941/1973). *Philosophy of Modern Music*. London: Bloomster.

Althusser, L.(1969). *For Marx*. B. Brewster(trans.). London and New York: Verso.

Anderson, B.(1983). *Imagined Community*. New York: Verso.

Andirahman Alamsyah & Vedi Hadize(2017). Three Islamist generations, one Islamic State, *Critical Asian Studies*. 49(1): 54-72.

Ang, I.(1996). *Living Room Wars: Rethinking Media Audiences for a Postmodern World*. London: Routledge.

Aparicio, F., & C. Jáquez(2003). *Musical Migrations: Transnationalism and Cultural Hydridity in Latin/o America*. New York: Palgrave.

Arac, J.(ed.)(1991). *After Foucault: Humanistic Knowledge, Postmodern Challenge*. New Jersey: Rutger's University Press.

Armez, M.(2010). Empowering woman through Islam, *Journal of Islamic Studies* 21(1): 59-88.

Azumah, J.(2015). *Challenging Radical Islam*. New York: Research Library.

Barthes, R.(1977). *Image-Music-Text*. London: Macmillan.

Beeson, M.(2005). Rethinking regionalism: Europe and East Asia in comparative historical perspective, *Journal of European Public Policy* 12(6): 969-985.

Bendix, R.(1964/1996). *Nation-building & Citizenship*. New Jersey: Transaction Publishers.

Bennett, A.(2002). Researching youth culture and popular music: a methodological critique, *The British Journal of Sociology* 53(3): 451-466.

Berman, P.(2003). *Terror and Liberalism*. New York: W. W. Norton & Company.

Bernstein, G.(1991). *Recreating Japanese Women, 1600-1945*. Berkeley: University of California Press.

Bhabha, H.(1994). *The Location of Culture*. London: Routledge.

Bird, S. E.(2003). *The Audience in Everyday Life: Living in a Media World*. London: Routledge.

Bordo, S.(1992). *Unbearable Weight: Feminism, Western Culture and the Body*. Berkeley: University of California Press.

Brenner, A. & C. Fontaine(eds.)(2000). *The Song of Songs: A Feminist Companion to the Bible*. Sheffield: Sheffield Academic Press.

Certeau, M.(1988). *The Practice of Everyday Life*. Berkeley: University of California Press.

Chen, Kuan-Hsing(2010). *Asia as Method*. Durham: Duke University Press.

Chua, B. H.(2012). *Structure, Audience and Soft Power in East Asian Pop Culture*. HK: Hong Kong University Press.

Clifford, J.(1988). *The Predicament of Culture*. MA: Harvard University Press.

Clifford, J. & G. Marcus(eds.)(1986). *Writing Culture: The Poetics and Politics of Ethnography*. Berkeley: University of California Press.

Cogan, B. & G. Cogan(2006). Gender an authenticity in Japanese popular music: 1980-2000, *Popular Music and Society* 29(1): 69-90.

Cohen, S.(1993). Ethnography and popular music studies, *Popular Music* 12(2): 123-138.

Coutas, P.(2006). Fame, fortune, fantasi: Indonesian Idol and the new Celebrith, *Asian Journal of Communication* 16(4): 371-392.

Crane, K.(1995). The cost and benefits of transition, *East-Central European Economies in Transition*. New York: Sharp.

Cyruss, C.(2003). Selling an image: girl groups of the 1960s, *Popular Music* 22(2): 173-193.

Czepczyński, M.(2008). *Cultural Landscape of Post-Socialist Cities*. Surrey: Ashgate.

Dancey & P. Le Guern(eds.)(2011). *Stereo: Comparative Perspectives on the Sociological Study of Popular Music in France and Britain*. Surrey: Ashgate.

Dao, C.(2000). *East Asian Project*. Tokyo: Mabook.

Dawe, K.(2009). The woven world: unravelling the mainstream and alternative in Greek popular music, D. Scott(ed.), *The Ashgate Research Companion to Popular Musicology*. Surrey: Ashgate.

Deleuze, G. & F. Guattari(1983). *Anti-Oedipus*. London: University of Minnesota Press.

Deleuze, G. & F. Guattari(1988). *Thousand Plateaus*. London: University of Minnesota Press.

Dewi, N.(2011). Formation of youth identity in Indonesian chick Lit, *K@ta* 13(1): 134-146.

Dibben, N. (2002). V. Constructions of femininity in 1990s girl group music, *Feminism & Psychology* 12: 168-175.

Dirlik, A.(2015). Beijing consensus, *China Information* 26(3): 277-302.

Dobbins, J. et al.(2007). *Nation-Building*. Washington: Rand National Security.

Doi Takeo(2005). *Understanding Amae*. Kent: Global Orient.

Douglas, S.(1994). *Where the Girls Are: Growing Up Female with Mass Media*. New York: Random House.

Droogsman, Rachel(2007). Redefining Hijab: American Muslim women's standpoint on veiling, *Journal of Applied Communication Research* 35(3): 294-319.

Drury, S.(2004). *Terror and Civilization: Christianity, Politics and the Western Psyche*. London: Palgrave.

Early, G.(1995). *One Nation Under a Groove: Motown and American Culture*. NJ: Ecco Press.

Emerson, R.(1995). *Writing Ethnographic Fieldnotes*. Chicago: University of Chicago Press.

Fealy, G. & S. White(2008). *Expressing Islam: Religious Life and Politics in Indonesia*. Jakarta: ISEAS.

Fiske, J.(1989). *Understanding Popular Culture*. London: Routledge.

Fiske, J.(2011). *Reading Popular*(2nd edition). London: Routledge.

Flora, P.(ed.)(1999). *State Formation, Nation-building and Mass Politics in Europe.* Oxford: Oxford University Press.

Floyd, S.(1995). *The Power of Black Music*. New York: Oxford University Press.

Forrester, G.(ed.)(1999). *Renewal or Chaos: Post-Sheharto Indonesia*. Singapore: Institute of Southeast Asian Studies.

Foucault, M.(1961). *Madness and Civilization*. New York: Routledge.

Foucault, M.(1969). *Archeology of Knowledge*. London: Routledge.

Foucault, M.(1974). *Archeology of Knowledge*. New York: Vintage.

Foucault, M.(1975/1977). *Discipline and Punish*. New York: Vintage.

French, D. et al.(2011). Friendship and the religiosity of Indonesian Muslim adolescents, *Journal of Youth Adolescence* 40: 1623-1633.

Frith, S.(2011). Writing the history of popular music, Dancey & Le Guern(eds.), *Stereo: Comparative Perspectives on the Sociological Study of Popular Music in France and Britain.* Surrey: Ashgate.

Frith, S.(ed.)(2000). *Popular Music: Critical Concepts in Media and Cultural Studies. I. Music and Society*. London: Routledge.

Frith, S.(ed.)(2004). *Popular Music: Critical Concepts in Media and Cultural Studies. IV. Music and Identity.* London: Routledge.

Frye, T.(2010). *Building States and Markets after Communism: The Perils of Polarized Democracy*. Cambridge: Cambridge University Press.

Gaar, G.(1992). *She's a Rebel: The History of Women in Rock & Roll.* Seattle: Seal Press.

Gandhi, L.(1998). *Postcolonial Theory*. New York: Columbia University Press.

Garnham, N.(1979). Contribution to a political economy of mass-communication, *Media, Culture & Society* 1(2): 123-146.

Gebesmair, A.(2009). The transnational music industry, D. Scott(ed.), *The Ashgate Research Companion to Popular Musicology.* Surrey: Ashgate.

Gellner, E.(1983). *Nations and Nationalism*. Ithaca: Cornell University Press.

Giroux, H.(1992). Popular culture as a pedagogy of pleasure and meaning, *Border Crossing.* New York: Routledge.

Gokariksel, Banu & Anna Secor(2016). The post-Islamist problemate: question of religion and difference in everyday life, *Social and Cultural Geography*(online). https://www.academia.edu/27402233/The_post-Islamist_problematic_questions_of_religion_and_difference_in_everyday_life

Goodchild, P.(1996). *Deleuze and Guattari*. London: Sage.

Grossberg, L.(1984). Another boring day in paradise: rock and roll and the empowerment of everyday life, *Popular Music* 4: 225-258.

Hamayotsu, K.(2014). Conservative turn?: religion, state and conflict in Indonesia, *Pacific Affiairs* 87(4): 815-825.

Hann C.(ed.)(2002). *Postsocialism*. London: Routledge.

Hebdige, D.(1979). *Subculture: The Meaning of Style*. London: Methuen.

Hebdige, D.(1988). *Hiding in the Light*. London: Routledge.

Hefner, R.(2000). *Civil Islam: Muslims and Democratization in Indonesia.* Princeton: Princeton University Press.

Henry, L.(2007). The ASEAN way and community integration: two different models of regionalism, *European Law Journal* 13(6): 857-879.

Hesmondhalgh, D.(1998). Globalization and cultural imperialism: a case study of music industry, *Globalization and the Third World*. New York: Routledge.

Hobsbaum, H.(1994). *Nation and Nationalism.* London: Cambridge University Press.

Hobsbawm, H.(1996). *Ethnicity and Nationalism in Europe Today, Mapping the Nation*, Gopal Balakrishnan(ed.). New York: Verso.

Hoggart, S. & R. Kaufman(1995). *The Political Economy of Democratic Transition*. Priceton: Princeton University Press.

Hollander, E. et al.(2009). Television performance in Indonesia, *Asian Journal of Communication* 19(1): 39-58.

Holt, F.(2007). *Genre in Popular Music*. Chicago: University of Chicago Press.

Hong, S.(2012). Paper Present to Crossroads in Cultural Studies Conference. Paris: CCSC.

Huntington, S.(1997). *The Clash of Civilization and the Remaking of World Order*. New York: Simon & Schuster.

Imamura, A.(1996). *Re-imaging Japanese Women*. Berkeley: University of California Press.

Iwabuchi, K.(2000). Becoming 'culturally proximate', B. Moeran(ed.), *Asian Media Production*. Japan: Curzon Press.

Iwabuchi, K.(2001). Uses of Japanese popular culture: trans/nationalsm and postcolonial desire for 'Asia', *Emergence* 11(2): 199-222.

Iwabuchi, K.(2002). *Recentering Globalization: Popular Culture and Japanese Transnationalism*. Durham, NC: Duke University Press.

Iwabuchi, K.(2008). Lost in TransNation: Tokyo and the urban imaginary in the era of globalization, *Inter-Asia Cultural Studies* 9(4): 543-556.

Iwabuchi, K.(2010). Globalization, East Asian media cultures and their publics, *Asian Journal of Communication* 20(2): 197-212.

Iwabuchi K. & B. Chua(eds.)(2008). *East Asian Pop Culture: Analyzing the Korean Wave*. HK: Hong Kong University Press.

Iwabuchi, K., S. Muecke, & M. Thomas(eds.)(2004). *Rogue Flows: Trans-Asian Cultural Traffic*. HK: Hong Kong University Press.

Jasen, M.(1975). *Japan and China from War to Peace*. Chicago: Rand McNally.

Jung, E.(2014). Islamic organizations and electoral politics in Indonesia: the case of Muhammadiyah 1, *South East Asia Research* 22(1): 73-86.

Jung, D.(2006). *Changes in Eastern Europe and Journalism*. Seoul: Jipmundang.

Kean, M. et al.(2007). *New TV, Globalization and the East Asian Cultural Imagination*. HK: Hong Kong University Press.

Keightley, K.(2001). Rethinking rock, S. Frith et al.(eds.), *Cambridge Companion to Pop and Rock*. Cambridge: Cambridge University Press.

Kinsella, S.(1995). Cuties in Japan, Skoo & Moeran, *Women Media and Consumption in Japan*. pp. 220-254. Hawaii: University of Hawaii Press.

Klein, M.(1946). Notes on some schizoid mechanisms, *International Journal of Psychoanalysis* 27: 99-110.

Kolsto, P.(2000). *Political Construction Sites: Nation-building in Russia and the Post-Soviet States*. Boulder: West view.

Kremenyuk, V.(1994). *Conflicts in and around Russia*. Westport: Greenwood Press.

Krims, A.(2003). Marxist music analysis without Adorno, A. Moore(ed.), *Analysing Popular Music*. Cambridge: Cambridge University Press.

Krims, A.(2009). Studying reception and scenes, D. Scott(ed.), *The Ashgate Research Companion to Popular Musicology*. Surrey: Ashgate.

Kristeva, J.(1982). *Powers of Horror*. New York: Columbia University Press.

Kristeva, J.(1987). *Tales of Love*. New York: Columbia University Press.

Kruse, H.(1993). Subcultural identity in alternative music culture, *Popular Music* 12(1): 33-41.

Lacan, J.(1977). *Ecrits: Selection*. A. Sheridan(trans.). New York: Norton.

Lacan, J.(1979). *The Four Fundamental Concepts of Psychoanalysis*. New York: Alan Sheridan.

Lacan, J.(1981). *The Four Fundamental Concepts of Psychoanalysis*. A. Sheridan(trans.). New York: Norton.

Lacan, J.(1982). *Feminine Sexuality*. New York: MacMillan.

Laughey, D.(2011). Mapping British music audiences: subcultural everyday and mediated approaches, Dancey & Le Guern(eds.), *Stereo: Comparative Perspectives on the Sociological Study of Popular Music in France and Britain*. Surrey: Ashgate.

Lee, J.(2006). Crossing and crossers in East Asian pop music: Korea and Japan, *World Englishes* 25(2): 235-250.

Leonard, M.(2007). *Gender in the Music Industry: Rock, Discourse and Girl Power*. Hampshire: Ashgate.

Lewis, L.(1990). *Gender Politics and MTV: Voicing the Difference*. Philadelphia: Temple University Press.

Lindvall, H.(2011). Behind the music, *The Guardian*. April 20. http://www.guardian.co.uk

Little, M.(1985). Winnicott working in areas where psychotic anxieties predominate, *Free Association* 1D: 9-42.

Marcus, G. & M. Fischer(1986). *Anthropology as Cultural Critique*. Chicago: University of Chicago Press.

Marie Mushaben, Joyce(2008). Gender, hiphop and Pop-Islam, *Citizenship Studies* 12(15): 507-526.

Marx, K. & F. Engels(1967). *Capital: A Critique of Political Economy, Vol. 1*. New York: International Publisher.

Marx, K. & F. Engels(1976). *The German Ideology*. London: Lawrence and Wishart, and New York: International.

Memmi, A.(2013/1957). *The Colonizer and the Colonized*. New York: Routledge.

Meurs, M. & R. Ranasinghe(2003). De-development in post-socialism conceptual and measurement issues, *Politics & Society* 31(1): 35-53.

Middleton, R.(1983). 'Play it again Sam': some notes on the productivity of repetition in popular music, *Popular Music* 3: 235-270. Reprint in S. Frith(ed.), *Popular Music*

Analysis. pp. 136-169.

Middleton, R.(1990). *Studying Popular Music*. Milton: Ashgate.

Middleton, R.(1993). Popular music analysis and musicology: bridging the gap, *Popular Music* 12(2): 1-24.

Middleton, R.(2001). Pop, rock and interpretation, S. Frith et al. (eds.), *Cambridge Companion to Pop and Rock*. Cambridge: Cambridge University Press.

Mock, J.(1998). Mother or mama: the political economy of bar hostesses in Sapporo, Anne E. Imamura(ed.), *Re-imaging Japanese Women*. pp. 170-190. LA: University of California Press.

Moehn, F.(2011). New dialogues, old routes: emergent collaboration between Brazilian and Angolan music makers, *Popular Music* 30(2): 175-190.

Moser, Sarah(2016). Educating the nation: shaping student-citizens in Indonesian school, *Children's Geographies* 14(3): 247-262.

Müler, H.(2000). *Das zusammenleben der Kulturen*, 이영희 옮김, 『문명의 공존』. 서울: 푸른숲.

Mulvey, L.(1989). *Visual and other Pleasure*. Basingstoke: Macmillan.

Mushaben, J.(2008). Gender, HipHop and Pop-Islam: the urban identities of Muslim youth in Germany, *Citizenship Studies* 12(5): 507-526.

Nandy, Ashis(1983). *The Intimate Enemy: Loss and Recovery of Self under Colonialism*. Bombay: Oxford University Press.

Napier, S.(1998). Vampires, psychic girls, flying women and sailor scouts, *The World of Japanese Popular Culture*. Cambridge: Cambridge University Press.

Ng, B. W. M.(2002). Japanese popular music in Singapore and the hybridization of Asian music, *Asian Music* 34(1): 1-18.

Nilan, P., L. Parker, L. Bennett, & K. Robinson(2011). Indonesian youth looking towards the future, *Journal of Youth Studies* 14(6): 709-728.

Nolte, S. & S. Hastings(1991). The Meiji state's policy 1890-1910, Gail Lee(ed.), *Recreating Women*. pp. 151-170. Berkeley: University of California Press.

O'Brien, L.(1995). *Shebop: The Definitive History of Women in Rock, Pop and Soul*. London: Penguin.

Otmazgin, N.(2011). Commodifying Asian-ness: entrepreneurship and the making of East Asian popular culture, *Media, Culture and Society* 33: 259-274.

Pels, P. & O. Salemink(2002). *Colonial Subjects: Essays on the Practical History of Anthropology*. Ann Abor: University of Michigan Press.

Plummer, M. G. & R. W. Click(2006). The ASEAN economic community and the

European experience, ADB Working Paper Series on Regional Economic Integration, No. 1, July.

Quayson, A.(2000). *Postcolonialism: Theory, Practice or Process*. Cambridge: Polity Press.

Rabasa, A.(2014). *Political Islam in Southeast Asia: Moderates, Radical and Terrorist.* New York: Routledge.

Rabinow, P.(1977). *Reflections on Doing Fieldwork in Morocco*. Berkeley: UC Press.

Rabinow, P. at al.(2008). *Designs for an Anthropology of the Contemporary*. Durham: Duke University Press.

Rahman, Taufiqur(2017). Contexualizing Jihad and mainstream Muslim identity in Indonesia, *Asian Journal of Communication* 27(4): 378-395.

Ramage, D. E.(1995). *Politics in Indonesia: Democracy, Islam and the Ideology of Tolerance*. London: Routledge.

Rautiainen-Keskustalo, T.(2009). Pop Idol: global economy-local meaning, D. Scott(ed.), *The Ashgate Research Companion to Popular Musicology*. Surrey: Ashgate.

Rinaldo, R.(2013). *Mobilizing Piety: Islam and Feminism in Indonesia*. Oxford: Oxford University Press.

Rofil, L. E. F. et al.(2015). Bridging identities through religious television contents, *Asian Journal of Communication* 26(1): 42-57.

Rokkan, S. & S. Eisenstadt(1973). *Building States and Nations*. Beverly Hills: Sage.

Roy, A. G.(2009). Black, White and Brown on the dance floor, D. Scott(ed.), *The Ashgate Research Companion to Popular Musicology*. Surrey: Ashgate.

Said, E.(1978). *Orientalism*. New York: Pantheon Book.

Said, E.(1993). *Culture and Imperialism*. New York: Knopf.

Saluz, C. N.(2009). Youth and pop culture in Indonesian Islam, *Studia Islamika* 16(2): 215-242.

Shim, D.(2006). Hybridity and the rise of Korean popular culture in Asia, *Media, Culture & Society* 28(1): 25-44.

Silverberg, M.(1991). The modern girl as militant, G. L. Bernstein(ed.), *Recreating Japanese Women, 1600-1945*. pp. 240-262. Berkeley: University of California Press.

Siriyuvasak, U. & H. Shin(2007). Asianizing K-pop: production, consumption and identification patterns among Thai youth, *Inter-Asia Cultural Studies* 8(1): 99-136.

Slay, B.(2000). The Polish economic transition, *Communist and Post Communist Studies* 33(1): 49-70.

Slobin, M.(ed.)(1996). *Retuning Culture: Musical Changes in Central and Eastern Europe*. Durham: Duke University Press.

Smith, A.(1971). *Theories of Nationalism*. New York: Harper & Row Publisher.

Smith, A.(1996). *Nations and Nationalism in a Global Era*. Oxford: Blackwell.

Smith, H.(2015). *North Korea: Markets and Military Rule*. Cambridge: Cambridge University Press.

Smith, N.(2009). Beyond the master narrative of youth, D. Scott(ed.), *The Ashgate Research Companion to Popular Musicology*. Surrey: Ashgate.

Smith, S.(1999). *Dancing in the Street: Motown and the Cultural Politics of Detroit.* Mass: Harvard University Press.

Sparks, C. & A. Reading(1995). Re-regulating television after communism, *Democracy and Communication in the New Europe.* NJ: Hampton Press.

Spivak. G.(1988). Can the subaltern speak? *Marxism and Interpretation of Culture.* Urbana: University of Illinois Press.

Stenning, A.(2005). Post-socialism and the changing geographies of the everyday in Poland, *Transactions of the Institute of British Geographers* 30(1): 113-127.

Stokes, M.(2003). Talk and text: popular music and ethnomusicology, A. Moore(ed.), *Analyzing Popular Music*. Cambridge: Cambridge University Press.

Stras, L.(ed.)(2010). *She's so Fine: Reflection on Whiteness, Femininity, Adolescense Class in 1960s Music.* Surrey: Ashgate.

Straton, J.(2010). Englishing popular music in the 1960s, Bennett & Straton(eds.), *Britpop and the English Music Tradition*. Surrey: Ashgate.

Tomsa, D.(2012). Moderating Islamism in Indonesia, *Political Research Quarterly* 65(3): 486-498.

Tyler, S.(1986). Post-modern ethnography, *Writing Culture*. Berkeley: University of California Press.

Van Wichelen, S.(2010). *Religion, Politics and Gender in Indonesia*. New York: Routledge.

Warwick, J.(2007). *Girl Groups, Girl Culture*. New York: Routledge.

Weintraub, A.(2006). Dangdut Soul: Who are the people in Indonesian popular music? *Asian Journal of Communication* 16(4): 411-431.

Williams, R.(1961). *Long Revolution*. New York: Columbia University Press.

Williamson, J. & M. Cloonar(2007). Rethinking music industry, *Popular Music* 26(2): 305-322.

Wilson, M.(1999). *Dreamgirl & Supreme Faith: My Life as a Supreme*. New York: Cooper Square Press.

Winnicott, D. W.(1969). The use of an object, *International Journal of Psychoanalysis* 50: 711-716.

Yoon, S.(2015). Forbidden audience: media reception and social change in North Korea, *Global Media and Communication* 11(2): 167-184.

Young, R.(1995). *Colonial Desire: Hybridity in Theory, Culture and Race.* London: Routledge.

Žižek, S.(1993). *Tarrying with the Negative: Kant, Hegel, and the Critique of Ideology*. Durham: Duke University Press.

Okonogi, K.(1978).『家庭のない家族の時代』. 東京: 筑摩書房.

찾아보기

발간사

아시아의 시대가 열렸고, 동시에 아시아연구의 전성시대가 도래했습니다. 서울대학교 아시아연구소는 2009년 9월 출범한 이래 '지역과 주제를 결합한 아시아 연구의 글로벌 허브'를 목표로 아시아 연구 기반 구축 및 기초연구 활성화를 위해 노력해 왔습니다. 아시아연구소는 지난 10년의 활동을 겸허히 돌아보며 '아시아의 미래, 교류와 협력, 그리고 지역 정보 공유'를 키워드로 '아시아와 세계를 잇고, 새로운 미래를 빛는 세계적 아시아 연구 플랫폼'이 되고자 합니다.

물론 아시아의 시대가 온다고 해서 아시아 사람들이 잘살고 평화롭게 협력하는 공동체가 이루어진다는 것은 아닙니다. 아시아 지역 혹은 국가 사람들이 어떤 공동체를 만들어 가고 싶은가, 아시아 공동체가 인류에게 어떤 도움이 되는 것인가를 꾸준히 질문하고 이에 대한 답을 찾아야 합니다. 서구 식민지 경험 이후 아시아 각국은 지속적인 내부 갈등과 적대, 민족주의와 인종차별, 혐오가 심해지고 있는 상황입니다. 아시아를 중심으로 교역, 이동, 그리고 협력이 꾸준히 증가하고 있음에도 불구하고 갈등 요인은 오히려 확대되고 있습니다. 이런 견지에서 서울대학교 아시아연구소는 아시아를 둘러싼 다양한 이슈와 도전 과제에 대한 이론적 연구는 물론 실천 및 정책적 대안을 제시하여 아시아 공동체를 형성하는 데 기여하고자 합니다.

서울대학교 아시아연구소는 이미 시작된 4차 산업혁명에 부응하는 지식의 생산과 공유, 그리고 후속세대 양성에도 책임을 다하고자 합니다. 이를 위해 이론적으로는 학문 간 융합, 교류, 미래 창발적 지식 창출에 힘을 다하며, 실천적으로는 아시아의 교류와 상호작용에 주목하고, 정책적으로는 아시아 지역 정보의 수집과 공유를 통해 적합한 정책 대안을 발굴하는 데 초점을 맞추고자 합니다.

이러한 연구 및 학술 활동 과정의 결실이 서울대학교 아시아연구소총서입니다. 지난 10년의 연구 축적을 토대로 서울대학교 아시아연구소는 국내외 연구자 간 연구 협력을 적극적으로 지원하여, 여기서 양산된 우수한 연구 성과 및 결과물을 지속적으로 발간해 나갈 것입니다. 아시아연구소총서가 아시아의 새로운 미래와 아시아 공동체를 이루어 가는 데 중요한 밑거름이 되기를 기대합니다.

서울대학교 아시아연구소

윤선희

현재 한양대학교 미디어커뮤니케이션학과 교수로 재직하고 있으며, 전공 분야는 문화 연구, 영상 커뮤니케이션이다. 미국 오레곤대학에서 정치경제학, 문화 연구 전공으로 박사학위를 받았다. 방송, 영화, 디지털 미디어 등 다양한 매체에 대한 문화 연구 특히 수용자 연구에 다수 성과를 보였고, 특히 수용자 연구에 성과를 보여 국제 저명 학술지와 국내 등재지에 20여 편의 관련 논문을 실었다. 저서로는 『영상산업과 문화 연구』, 『사이버 문화와 여성』, 『광고 문화』가 있다. 최근 문화 연구의 외연을 확대하고자 영국 케임브리지대학, 미국 예일대학 방문 교수로 있으면서 신학, 철학, 음악학 연구에 매진하여 그 성과로 논문 "Asian Modernization and Mediatization of Religion", "Tuning in Sacred: Youth Culture and Contemporary Christian Music" 등을 썼다.